国家出版基金项目
NATIONAL PUBLICATION FOUNDATION

中国竹器

ZHONGGUO ZHUQI ZHUQI SHEJI

竹器设计

第二卷

张小开 张福昌 著

合肥工业大学出版社
HEFEI UNIVERSITY OF TECHNOLOGY PRESS

内容简介

本书为“中国竹器”丛书第二卷。本书从中国竹器产品设计的角度，首次系统地阐述了中国竹器在不同设计范式下的设计思想及竹器的功能、造型和文化的设计演变。本书主要内容有中国竹资源、中国竹类产品系统、竹材的特性与加工工艺、传统竹器的特征与设计、传统竹器的衰落与转型、工业时代竹器的特征与设计、后工业时代竹器的特征与设计等。本书对中国竹器从传统到现代的演变过程和设计规律的阐述，为当下中国竹材的利用与开发提供了新的思路。

图书在版编目（CIP）数据

中国竹器. 第二卷, 竹器设计 / 张小开, 张福昌著. -- 合肥 : 合肥工业大学出版社, 2019.4
ISBN 978-7-5650-4467-0

Ⅰ. ①中… Ⅱ. ①张… ②张… Ⅲ. ①竹制品 – 产品设计 – 中国 Ⅳ. ①F768.5

中国版本图书馆CIP数据核字(2019)第066760号

中国竹器·竹器设计

项目负责人：钟小要
策　　划：汤礼广
责任编辑：张　燕　汤礼广
责任校对：马栓磊
责任印制：郑　洁　樊珊珊
出　　版：合肥工业大学出版社
地　　址：合肥市屯溪路193号
邮　　编：230009
网　　址：www.hfutpress.com.cn
发　　行：全国新华书店
印　　刷：安徽联众印刷有限公司
开　　本：889mm × 1194mm　1/16
印　　张：16.25
字　　数：350千字
版　　次：2019年4月第1版
印　　次：2019年5月第1次印刷
标准书号：ISBN 978-7-5650-4467-0
定　　价：90.00元
市场营销部：0551-62903198

序 言

古往今来，每一个伟大民族都有自己博大精深的文化，每一个国家都把文化作为推动社会发展进步的重要力量之一。中华民族是一个勤劳和富有智慧的优秀民族，其所孕育出的灿烂文化，经历了五千年的文明发展，如今愈加光彩夺目。中华文化是中华民族伟大复兴取之不尽、用之不竭的力量源泉，是国家核心竞争力的重要因素。历史告诉我们，对我国传统文化资源的挖掘、整理、保护、继承和开发是繁荣我国文化的重要途径，是构建新时代国家新文化体系的重要保障，是推动我国建立高度文化自信的前提，更是新时代全体中国人肩负的重要历史使命。

在我国丰厚的文化遗产中，竹器及竹文化是我国传统文化的重要代表之一。英国著名科学史学家李约瑟（Joseph Needham）在其巨著《中国科学技术史》中指出，东亚文明为“竹子文明”，中国为“竹子文明”的国度。这体现了中国竹文化在世界文化史上的独特形象和重要影响。

国际竹藤组织（International Bamboo and Rattan Organisation，简称 INBAR）的文章《世界竹类资源概况》指出：全球的竹产业已发展成为一个与约 25 亿人的生产、生活密切相关且年产值近 50 亿美元的产业。全球竹子约有 150 属、1225 种。目前全世界竹林面积已达 2200 万公顷，占森林面积的 1% 左右。尽管全球森林面积急剧下降，但竹林面积却以每年 3% 的速度递增，年竹材产量 1500 万～ 2000 万吨。世界竹子分布区可分为亚太竹区、美洲竹区和非洲竹区三大竹区。其中，亚太竹区是世界竹子的分布中心，竹林面积占世界竹林面积的 45% ，竹种资源占世界竹种资源总数的 80%。

竹产业是一个历史悠久和全球公认的绿色产业，拥有巨大的经济价值、生态价值和文化价值。在当今全球气候变暖、木材资源短缺的背景下，研究我国竹产业和竹文化对传承传统文化、减轻环境问题和资源短缺问题带来的压力以及解决竹产区的就业问题、消除贫困、振兴地域经济具有重要的学术价值和现实意义。

我国是世界上竹类资源最丰富的国家，现有竹类植物 500 多种，竹林面积达 720 万公顷。竹产业涉及建筑、建材、家居等多个领域，竹产品形成 100 多个系列，数千个品种；竹产业与花卉业、森林旅游业、森林食品业一起，成为中国林业发展中的四大朝阳产业。据不完全统计，中国竹产业产值 1981 年仅有 3.49 亿元，但到 2015 年竹产业产值就达 1923 亿元，每年以 20% 的速度增长。我国竹产业不仅成为我国经济新的增长点，而且带动了世界各地竹产区竹产业的发展。

我国是竹材利用历史最悠久、应用领域最广泛的国家。考古资料证明，我国先民在新石器时代初期就已开始用竹材制造竹器。目前我国发现较早的竹器实物有距今 6800 ～ 7800 年的湖南洪江高庙遗址出土的竹篾垫子，距今 6000 ～ 7000 年的浙江田螺山遗址出土的竹编器物以及距今 4700 ～ 5200 年的浙江钱山漾遗址出土的 200 余件各式竹筐、竹篓、竹簸箕，等等，显示了我国古代先民很早就掌握了竹器的制作和使用技术。商周时代的铜矿竹器和竹乐器、汉代马王堆墓的漆绘龙纹勺、魏晋南北朝时期典籍记载的竹器、唐代的竹椅与尺八、宋代斗茶专用的竹茶具、明代的嘉定竹刻、清代的江浙竹篮等，显示了我国竹器及其文化不断繁荣和发展的历史，并由此证明我国是名副其实的“竹子文明”的国度。

中国竹器在跨越七千年的历史发展过程中，不但产生了很多竹器类型和品种，而且形成了我国特有的竹文化内涵。例如，《诗经 · 卫风 · 淇奥》开创了“以竹比德”的先河；至魏晋时期，书法家王徽之对竹感叹“何可一日无此君”；唐代以李白为代表的“竹溪六逸”高风绝尘；宋代苏轼有“宁可食无肉，不可居无竹。无肉令人瘦，无竹令人俗”的诗句；明代有松竹梅“岁寒三友”和梅兰竹菊“四君子”；清代郑板桥喜欢画“胸中之竹”；等等。竹器在传承和发展过程中，竹文化的内涵不断升华，竹子成为中华民族追求崇高人格品质和民族气节的象征。这从文化和精神层面上再次证明了中国是“竹子文明”的国度。

这套“中国竹器”丛书分为《中国竹器 · 竹器历史》《中国竹器 · 竹器设计》《中国竹器 · 竹器品类》和《中国竹器 · 地域竹器》四卷，分别从中国竹器的历史发展、造物与设计规律、品种类别、地域分布与特点等不同维度全面归纳整理和分析阐述中国竹器的物质与非物质文化特征，较为系统地总结中国七千年竹器发展的历史，探讨传统竹器的造物思想与设计规律，阐述现代竹产业的设计思想、发展方向、转型途径与方式等。“中国竹器”丛书四卷相对独立，又互为整体。

“中国竹器”丛书的研究定位就是挖掘、归纳、整理中国竹器造物及竹文化的系统资源，努力探索和搭建中国竹器造物及竹文化的理论框架体系，传承、丰富和繁荣中华民族传统竹文化，同时为推动我国竹产业高质量和可持续发展提供有益的历史经验。

“中国竹器”丛书始于 2004 年张小开博士《多重设计范式下竹类产品系统的设计规律研究》的论文选题。“中国竹器”丛书作者之一的张小开博士在毕业后不但没有中断论文选题的研究，而且不断扩大选题研究范围和领域，确立更高、更系统的研究方向和目标。他不仅刻苦地检索和查阅历史文献，同时还历尽千辛万苦深入全国各地竹产区进行实地考察、调研与走访，几乎走遍了中国所有的竹产区以及部分非竹产区，获取了大量有关中国竹器现状的第一手珍贵资料，并遴选典型的竹器品类和不同地域竹器，初步构建了中国竹器的品类体系，并总结了中国竹器的地域分布特征。在研究的过程中，他与参与本书写作的作者精诚合作、全力以赴，还得到近百个单位和个人为课题研究提供的无私帮助。经过前后近十五年的努力，数十人的共同协作，终于迎来了“中国竹器”丛书的出版。

“中国竹器”丛书的出版虽填补了国内外关于中国竹器研究的空白，但由于我国竹文化源远流长，博大精深，本丛书的研究只是从竹器造物的角度窥其一斑，书中涉及的竹器种类和数量也只是我国竹器中的沧海一粟，因此本书仍存在诸多不足之处：关于各个历史时期的竹器还缺乏翔实的考古出土实物资料给予有力佐证；关于现代竹产业在后工业文明时代的创新发展思路研究，所提供的我国竹产业转型升级与创新实践的案例还不够丰富；对竹产业中高科技产品的开发以及竹资源在新的领域的利用、创新设计还有待进一步探究；等等。当然，对这些问题的研究不可能一蹴而就，还需要进一步做细致、深入的工作。

“中国竹器”丛书不是对我国竹器与竹文化研究的终点，而是新的起点，希望这套丛书的出版，能够起抛砖引玉的作用，吸引更多的专家、学者及社会其他人士共同参与到竹器与竹文化研究和中国传统文化的保护与传承、振兴与创新发展研究之中。尽管我国竹产业的经济规模位于世界前列，但我们必须清醒地认识到我们对竹资源的开发利用还没有完全摆脱传统模式的束缚，竹产业基本上属于劳动密集型产业，生产效率低，易污染，产品质量不易控制，容易受到“技术壁垒”影响，等等，因此我国竹产业的转型升级和高质量发展任重道远。为使我国成为世界竹产业和竹文化的强国，为弘扬民族传统文化，振奋民族精神，希望“中国竹器”丛书的作者不忘初心，牢记使命，继往开来，再创辉煌。

江南大学设计学院教授、博士生导师

日本千叶大学名誉博士

張福昌 張福昌印

2019 年 3 月 18 日

目　录

第 5 章
传统竹器的衰落

第 6 章
工业模式下的竹器设计

第 7 章
后工业模式下的竹器设计

第 8 章

当下竹器设计的五大支点

第1章 竹资源

1.1 世界竹资源

一、概况

竹子是禾本科竹亚科（Bambusoideae）植物，已知全球约有 150 属，1225 种。全球竹林面积达 2200 万公顷，占森林面积的 1%左右，年生产竹材 1500 万～ 2000 万吨（表 1-1）。近年来，全球森林面积急剧下降，竹林面积却以每年 3%的速度递增。竹子广泛地分布于地球的北纬 46° 至南纬 47° 之间的热带、亚热带和暖温带地区，但主要集中分布于南北回归线之间的广大地区。除了欧洲大陆以外，其他各大洲均发现有第四纪冰川之后的本土竹种。

表 1-1　世界竹种及分布情况

国家和地区	面积（10^4hm^2）	属	种
澳大利亚—太平洋群岛	20.0	6	10
孟加拉国	49.15①	13	33
缅　甸	217.0	17	100
柬埔寨	38.74②	4	10
中　国	601.0③	39	500
印　度	400（另说 896.0④）	19	136
印度尼西亚	210.4⑤	—	143
日　本	15.9⑥	13	230
朝　鲜	0.8	10	13
马来西亚	42.17⑦	10	70
菲律宾	0.8	12	55
斯里兰卡	8.0	7	14
泰　国	6.7	13	60
越　南	84.6⑧	20	150 ～ 200
南北美洲	160.0	18	270
非洲含马达加斯加岛	150.0	14	50

① 数据来源：《全球森林资源评估 2005——孟加拉国竹资源》，联合国粮食与农业组织林业部、国际竹藤组织。

二、世界竹林的分布

根据竹子分布的区域，全球可分为三大竹区（图 1-1，图 1-2），即亚太竹区、美洲竹区和非洲竹区，有些学者单列“欧洲引种区”和“北美引种区”。三大竹区同约 25 亿人口的生活相关。

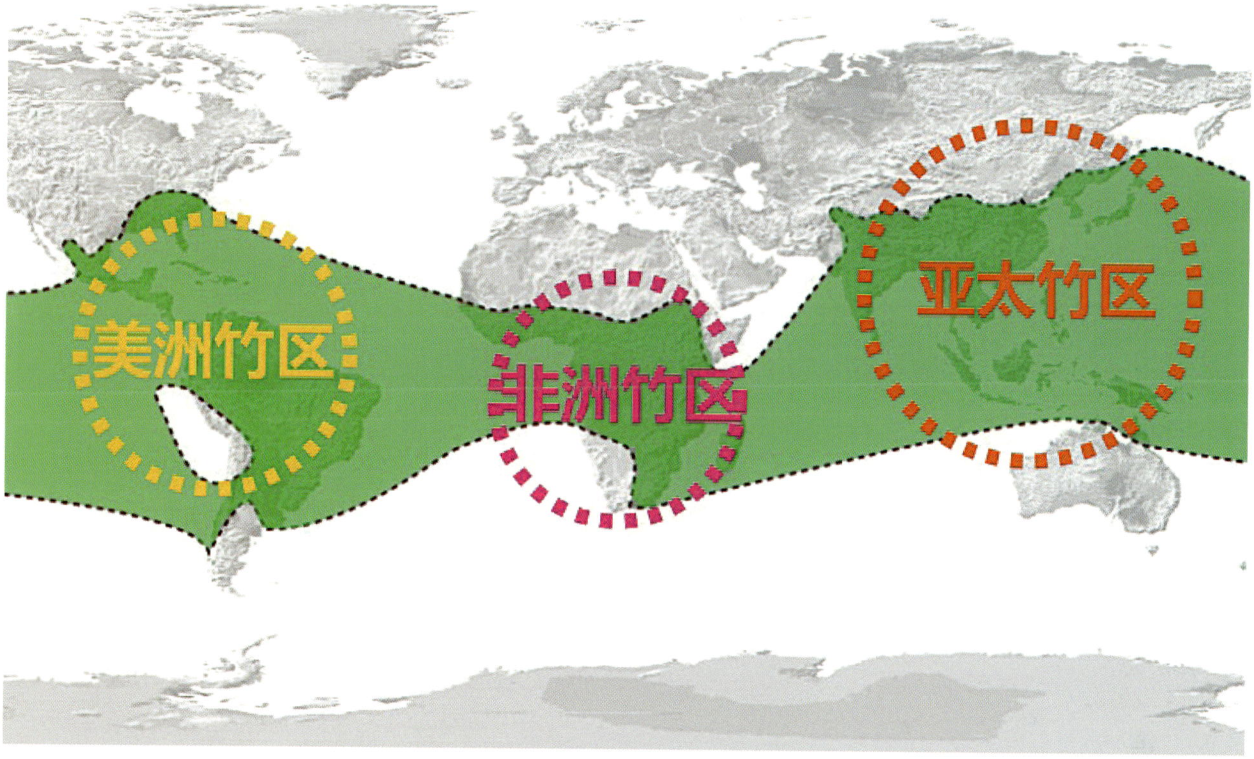

图 1-1　世界竹子分布区域

② 数据来源：Meng Mongrak, Programme Officer and Trainer, Department of Nature Conservation and Protection, Ministry of Environment, #48, Samdech Preach Sihanouk, Tonle Bassac, Phnom Penh, Cambodia。

③ 根据第八次全国森林资源清查相关数据，我国竹林面积为 601 万公顷（《全国竹产业发展规划（2013—2020 年）》统计数据为 672.74 万公顷，江泽慧在《世界竹藤》一书中的统计数据为 720 公顷）。

④ 数据来源：印度国家竹业部（National Bamboo Mission）；网址：nbm.nic.in/grow_bamboo.html。但该数据是估值，故国内外专家对此数据持怀疑态度。

⑤ 数据来源：Bamboo Resources of Indonesia，Species and Distribution of Bamboo In Indonesia。Ir. I.M. Sulastiningsih, MSc.，Forestry Engineering and Forest Product Processing Research Center (FEFPProc)，Bogor, Indonesia。网址：http://arkn-fpd.org/index.php/product/detail/Bamboo-Resources-of-Indonesia-#.V_EPu4h97IU。

⑥ 数据来源：日本农林水产省林野厅官方数据，数据日期平成十九年（2007 年）3 月 31 日。网址：http://www.rinya.maff.go.jp/j/tokuyou/tokusan/megurujoukyou/pdf/4take.pdf。

⑦ 数据来源：Azmy Hj. Mohamed and S. Appanah. Bamboo resources conservation and utilization in Malaysia. FRIM, Kepong, Kuala Lumpur, Malaysia。

⑧ 数据来源：Ngo Thi Minh Duyen，越南森林科学研究所森林发展研究中心（Research Centre for Forest Tree Improvement, Forest Science Insititute of Vietnam, Hanoi, Vietnam）。

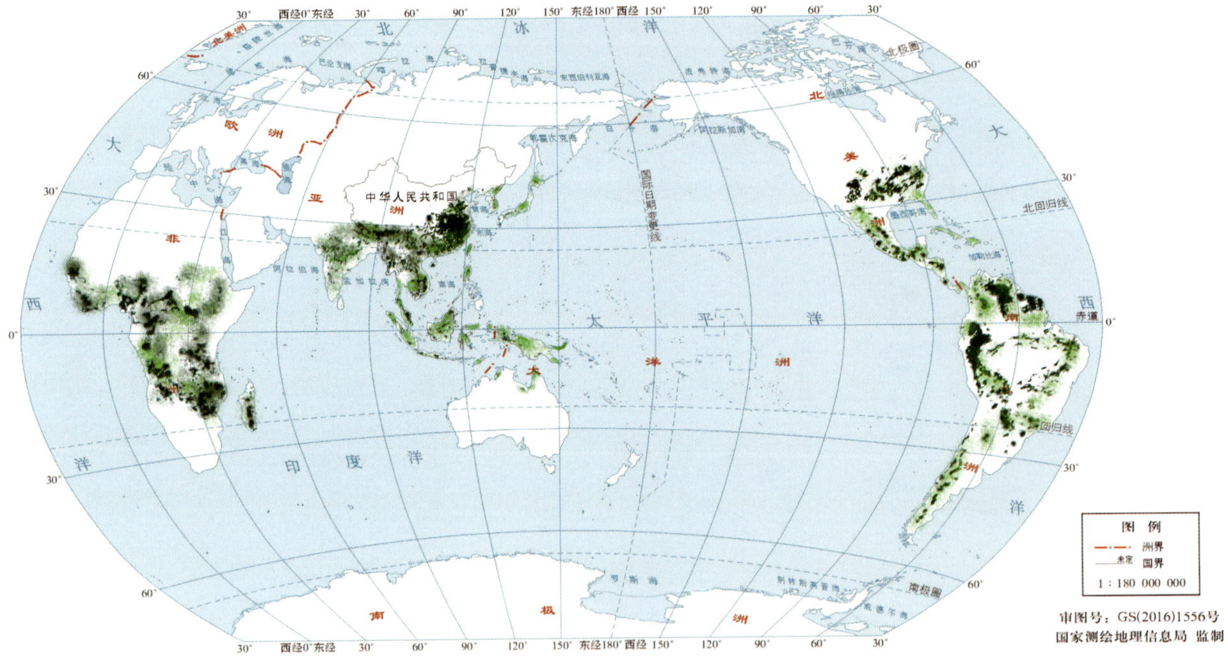

图 1-2 世界竹林分布示意图

1. 亚太竹区

亚太竹区是世界最大的竹区，南至南纬 42° 的新西兰，北至北纬 51° 的库页岛中部，东至太平洋诸岛，西至印度洋西南部。亚太竹区有竹子 50 多属，900 多种，其中有经济价值的约 100 种。该竹区主要产竹国家有中国、印度、缅甸、泰国、孟加拉国、柬埔寨、越南、日本、印度尼西亚、马来西亚、菲律宾、韩国、斯里兰卡等。

2. 美洲竹区

美洲竹区南至南纬 47° 的阿根廷南部，北至北纬 40° 的美国东部，共有 18 属，270 多种。美洲竹类植物中，青篱竹属为散生型，其余 17 属均为丛生型。在北美，除大青篱竹及其两个亚种外，没有本土竹种。在南北美洲，竹子分布主要集中在东部。20 世纪以来，南北美洲还从亚洲引入了大量的竹种。

3. 非洲竹区

该区竹子分布范围较小，南起南纬 22° 的莫桑比克北部，北至北纬 16° 的苏丹东部，面积约为 150 万公顷。在这个范围内，竹区分布于塞内加尔南部、几内亚、利比里亚、科特迪瓦南部、加纳南部、尼日利亚、喀麦隆、加蓬、刚果（布）、刚果（金）、布隆迪、乌干达、卢旺达、肯尼亚、坦桑尼亚、马拉维、莫桑比克，以及马达加斯加岛，形成了从西北到东南横跨非洲热带雨林和常绿落叶混交林的斜长地带，这是非洲竹子分布的中心。此外，在非洲北部苏丹境内的尼罗河上游河谷地带和埃塞俄比亚的温带山地森林地区也有成片的竹林分布。然而，非洲大陆的竹类区系很贫乏，根据调查，本地竹种有锐药竹和高山箭竹等几种，加上引入的竹种也不过十几种，分属山竹属、滇竹属和青篱竹属，形成大面积的天然纯林，或与其他树种伴生的混交林。例如，在肯尼亚的山区就有青篱竹13万公顷，在埃塞俄比亚有滇竹10万公顷。

4. 欧洲、北美引种区

世界竹子主产区主要分布于亚洲、非洲、拉丁美洲的一些国家。欧洲没有原产竹种，北美洲原产的竹子也只有少数几种。近百年来，英、法、德、意、比、荷等欧洲国家和美国、加拿大等北美洲国家从亚洲、非洲、拉丁美洲的产竹国家引入了大量的竹种。例如，美国从中国引种的刚竹属竹种就有35个。2000年，“欧洲竹子协会”成立。

三、亚太竹区竹产业发展

亚太竹区是世界上最大的竹区，有竹子50多属，900多种，面积1400万公顷，约占世界竹林总面积的64%。其中，丛生竹最多，约占3/5；散生竹次之，约占2/5。

印度的竹子，有19属，136种，共400多万公顷。印度人称竹子为“穷人的木材”，竹子利用率可以同木材相媲美，消耗量很大。目前，印度是世界上使用竹材造纸最多的国家，全国近百个造纸厂有一半以上使用竹子做原料，竹材在造纸原料中的比例为45%～60%。印度用竹子生产的纸有牛皮纸、新闻纸等普通用纸，还有贴面纸、证券纸和文具纸等高级用纸。

缅甸国土面积虽然仅有60余万平方千米，但却生长着约100种竹子，竹林面积高达217万公顷。为了充分利用本国丰富的竹资源，缅甸近年相继建造了几个竹材造纸厂。如按人均计算，缅甸是竹材消耗量最大的国家之一。

日本现有竹子13属，230多种，竹林面积15.9万公顷，除北海道外，其他地区均有竹子生长，60%集中在九州。日本竹林97%为私人所有，采用集约化经营管理方式，年产竹材20万～30万吨。日本竹材加工利用程度较深，多数用于制作工艺品、日用品和装饰品等。全国从事竹制品生产的工人有10万人。竹子加工厂多为小型工厂和家庭作坊。20世纪六七十年代是日本竹产业发展的鼎盛期，后因生产成本等问题，80年代开始走向衰退。20世纪80年代中期，日本竹笋加工等技术转移到中国，中国成为日本竹笋产品的生产基地。

四、美洲竹区竹产业发展状况

美洲竹区面积约为160万公顷，该竹区仅有几种大型竹种，绝大多数为小型低矮竹种，经济价值较低。拉丁美洲的南北回归线之间的墨西哥、危地马拉、洪都拉斯、哥伦比亚、委内瑞拉等地区和巴西的亚马孙河流域，均是竹子分布的中心，竹种多、面积大。

美国原产的竹子只有几种，除大青篱竹及其两个亚种外，没有本土竹种。19世纪末期，美国就开始引进竹种。20世纪初期，美国农业部即对竹子制浆技术进行了研究，在世界各地进行了较大规模的竹种采集和引进。20世纪70年代末，美国成立了“竹子协会”，开展了大量关于竹子的教育、宣传和引种工作。美国竹子加工和交易活动也非常活跃，有40～50家生产和经营竹产品的企业，其中大部分为竹制品分销商。美国竹子园艺业发展异常迅猛，现有进行竹种买卖的竹种园、竹子苗圃150余个，其中有6个规模较大的生产销售公司，12个专门的竹子苗圃，10个有权进口外来竹种的公司，建立了较完善的产供销服务体系。美国也是目前世界上最大的竹制品进口国。

巴西建有小型竹浆造纸厂。除用于造纸外，竹子在该地区主要用于造园和室内外装饰。

五、非洲竹区竹产业发展状况

非洲多国政府和私营部门已经开始推动竹子的商业化发展。环保人士认为，竹子不仅有利于解决气候变化问题，还有可能通过碳信用额度交易增加收入。这使得竹子的潜在利益变得更大。到目前为止，原本就生长竹子的18个非洲国家，即贝宁、布隆迪、喀麦隆、厄立特里亚、埃塞俄比亚、加纳、利比里亚、肯尼亚、马拉维、马达加斯加、莫桑比克、尼日利亚、卢旺达、塞内加尔、塞拉利昂、坦桑尼亚、多哥和乌干达都已加入国际竹藤组织。国际竹藤组织总干事费翰思（Hans Friederich）认为，竹子可能是未来非洲绿色经济发展的强有力的支柱之一。他认为，竹子有利于消除贫困和保护环境。由于很多非洲国家正面临着自然资源短缺和贫困问题，因此，竹资源的开发能为其中的一些问题提供一种实用且快速的解决方案。

1. 肯尼亚：竹子成为绿色机遇的宝库

肯尼亚竹产业的发展采用多个利益相关方共同参与的方法，相关政府部门、非政府组织、研究机构和大学等利益相关方共同协商处理问题，并得到肯尼亚林业研究所的支持。到目前为止，绿色盆栽公司（Green Pot Enterprises）是竹产业发展的最大利益相关方。该企业建立于2014年，旨在促进肯尼亚竹种植业的发展，并帮助该国最大限度地实现竹产业的商业化。2014年，该企业的农民已经在纳罗克郡400多公顷的土地上种植了竹林，2015年将把种植面积扩大约800公顷，2016年还将继续把竹林种植面积增至约1600公顷。

2. 坦桑尼亚：竹子成为5000名农村妇女的新收入来源

国际竹藤组织称，在坦桑尼亚，竹子作为一种非木材林产品，其重要性在过去20年逐步增强。在当地，竹子被用于家具、手工艺品、住宅栅栏、香蕉种植园的农用支架的制作、鲜花种植，以及竹篮和牙签等家庭小手工业产品的生产。国际竹藤组织通过与国际农业发展基金会合作，帮助坦桑尼亚建立了100个竹林培植园，支持创办了诸多微型企业，还在特别设立的竹业培训中心对1000名当地人进行了培训。现在，在这些农村社区，大约有5000名妇女从事手工竹艺工作，以竹子为原材料为当地学校制作课桌，同时还售卖竹炭。

3. 埃塞俄比亚：竹子作为战略农作物的潜力巨大

埃塞俄比亚是非洲竹林面积最大的国家，拥有100万公顷左右的原生竹林（图1-3）。该国拥有的竹子总量占非洲总量的67%。该国的竹子分为两个品种：一类是高地竹，由高原地区的农民种植和管理；一类是锐药竹，自然生长在低地。尽管埃塞俄比亚拥有大面积的原始竹林，但对竹材的利用基本处于原始状态。竹子目前主要用来保护水域，为其他农作物遮阳；竹林被用作防风林，也被用作自然覆盖物帮助防旱。日常生活中，人们也把它当作燃料，或用来制作栅栏和家具，有时，竹笋还可以用来当作食物和动物饲料。在埃塞俄比亚，竹子的附加值仍相对较低，因此竹子的出口收入仍然有限。埃塞俄比亚有3家竹业工厂（图1-4），整个产业雇员数量为1000多人。

4. 加纳：曾经受到忽视的竹业如今发展壮大

目前，非洲西部国家加纳约有 40 万公顷的竹林，大多为天然竹林。加纳也引进了一些外来竹种，比如从印度引进的竹壁较厚的比玛竹，从埃塞俄比亚引进的几乎实心的锐药竹。

国际竹藤组织驻加纳负责人迈克尔·夸库（Michael Kwaku）称：“不久以前，竹子在加纳一直是一种非商业性的、开放的资源。在过去几年，竹子的用途和商业价值逐渐受到人们的重视。竹制自行车、竹炭、竹制家具、竹板和竹制建筑物支柱等产品的商业开发已经开始。”竹林也正被用来恢复矿区受损的土壤。

5. 赞比亚：充分创新

赞比亚的本土公司赞比亚自行车公司正在生产竹制自行车、用于农产品运输的双轮拖车和富有创意的竹制救护车。这些救护车靠自行车牵引，将提供给该国首都卢萨卡周边的诊所使用。

六、欧洲的竹产业发展状况

虽然欧洲没有原产竹种，但由于当地居民的爱好，以及对环境美化和生态保护的重视，竹产品在欧洲也备受欢迎。尤其是北欧地区，虽然不种植竹子，但因当地居民崇尚自然主义，因此这里也有不少竹产品设计和家居公司（图 1-5，图 1-6）。

图 1-3　埃塞俄比亚竹林
（引自非洲竹子公司官方宣传片）

图 1-4　埃塞俄比亚竹加工场景
（引自非洲竹子公司官方宣传片）

图 1-5　竹筐、竹灯（丹麦霍森斯市家居用品店）

图 1-6　丹麦家居用品品牌 Tinekf Home 设计和制作的系列竹产品
（产地：丹麦欧登塞市）

1.2 中国竹资源

中国的竹类资源丰富，栽培利用历史悠久。英国著名科学史学家李约瑟（Joseph Needham）在《中国科学技术史》中指出，东亚文明过去被称作“竹子文明”，中国则被称为“竹子文明的国度”。我国有竹类植物39属，500多种，面积、蓄积量、竹制品产量和出口额均位居世界第一，素有“竹子王国”之誉。

中国竹子种类多、面积广、经济价值高，天然竹林广泛分布于除新疆、内蒙古、黑龙江等少数省（自治区）外的27个省、自治区、直辖市，集中分布于浙江、江西、安徽、湖南、福建、广东等地区，以及西部的广西、贵州、四川、重庆、云南等地区的山区。据统计，中国竹类植物主要分布在北纬40°以南的地区。中国现有竹林面积720万公顷①，其中纯竹林420万公顷，原始高山竹丛300万公顷。在420万公顷的纯竹林中，毛竹有300万公顷，占70%；每年的竹材砍伐量为800万～900万吨，其中商品竹材600万吨左右②。

根据《全国竹产业发展规划（2013—2020年）》统计，2010年底，全国16个主要产竹省份竹林面积672.74万公顷，具体数据参见表1-2。

表1-2　全国16个主要产竹省份竹林面积　（单位：公顷）

省份	福建	江西	四川	湖南	浙江	广东	广西	安徽
面积	1041475	986448	860019	847196	831900	651400	340900	340000
占比	15.48%	14.66%	12.78%	12.59%	12.37%	9.68%	5.07%	5.05%
省份	湖北	云南	陕西	重庆	贵州	江苏	海南	河南
面积	239105	193447	117294	111825	106482	31085	16491	12347
占比	3.55%	2.88%	1.74%	1.66%	1.58%	0.46%	0.25%	0.18%

注：数据引自《全国竹产业发展规划（2013—2020年）》。

① 关于中国竹林面积，不同的统计口径所公布的数据略有不同，此处引用的是江泽慧在《世界竹藤》一书中的统计数据。另外几种不同的统计数据有：一是国家林业局在2014年第八次全国森林资源清查中的统计数据，全国竹林面积为601万公顷，占全国森林资源的3%；二是国家林业局在《全国竹产业发展规划（2013—2020年）》中的统计数据，“截至2010年底，全国竹林面积672.74万公顷，占森林面积的3.48%。”统计数据不一致，主要是因为在非纯竹林和分散竹林的统计上有一定误差。

② 江泽慧．世界竹藤[M]．沈阳：辽宁科学技术出版社，2002.

1.3 中国竹林分布

由于我国各地气候、土壤、地形的不同和竹种生物学特性的差异，中国竹子分布具有明显的地带性和区域性。我国著名竹类学专家薛纪如等将我国竹林划分为五大竹区，也有将五大竹区简化为四大竹区的，如浙江安吉竹子博物馆把西南高山竹区和琼滇攀缘竹区合二为一（图 1-7）。

1. 北方散生竹区

北方散生竹区包括甘肃东南部、四川北部、陕西南部、河南、湖北、安徽、江苏和山东南部、河北西南部等地区。该区约分布竹类 10 属 29 种，以及 10 个变种和变型。该区竹类以刚竹属（*Phyllostachys*）等散生竹为主。

依据竹林的分布特点，该区又可分为 3 个自然的亚区：①北亚热带湿润气候淮河、汉水上游竹区；②暖温带半湿润气候黄河中下游竹区；③暖温带半干旱气候陕甘宁竹区。

2. 江南混合竹区

江南混合竹区包括四川东南部、湖南、江西、浙江、安徽南部和福建西北部。该区具有散生竹和丛生竹混合分布的特点，是中国竹林面积最大的地区，竹子资源最为丰富，其中毛竹林的面积有 280 万公顷。该区是我国人工竹林面积最大、竹材产量最高的地区，尤以毛竹为甚，是我国毛竹分布的中心地区，竹产业较为发达。

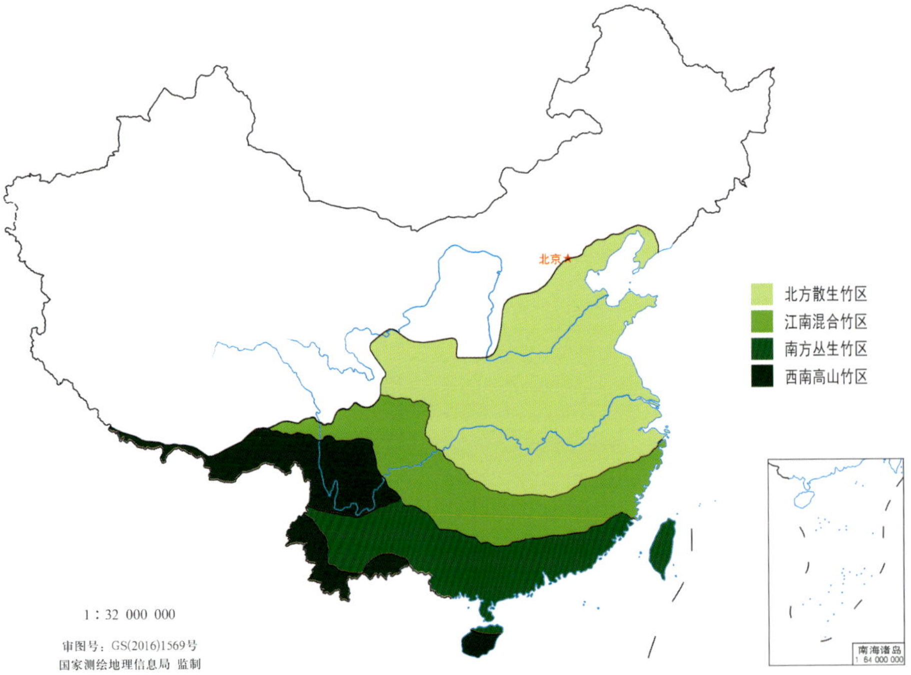

图 1-7 中国竹林分布示意图

3. 西南高山竹区

西南高山竹区主要包括地处横断山区的西藏东南部、云南北部、四川西部和南部。该区主要以熊猫的主食箭竹属（*Fargesia*）和玉山竹属（*Yushania*）等合轴散生型高山竹类为主，一般分布在海拔 1500 ～ 3600 米或更高的地带。

4. 南方丛生竹区

南方丛生竹区根据竹种组成和生存条件的不同分为两个亚区。

一是华南亚区，包括台湾、福建沿海、广东南岭以南和广西东南部，处于南亚热带季风常绿阔叶林带和热带季雨林带，主要竹种有刺竹属（*Bambusa*），种类最多，数量最大，为该属的分布中心，还有思劳竹属（*Schizostachyum*）；东部的福建还有复轴混生型唐竹属（*Sinobambusa*）竹种出现。

二是西南亚区，包括广西西部、贵州南部和云南省，主要竹种有牡竹属（*Dendrocalamus*）、巨竹属（*Gigantochloa*）、空竹属（*Cephalostachyum*）、泰竹属（*Thysostachys*）等丛生竹类，尤以牡竹属种类最多，是该属的分布中心。

5. 琼滇攀缘竹区

琼滇攀缘竹区包括海南岛中南部，云南南部和西部边缘，西藏东南部的察隅、墨脱。本区具有多种攀缘性丛生竹类，主要有藤竹属（*Dinochloa*）、梨藤竹属（*Melocalamus*）、思劳竹属和刺竹属的一些种类。

1.4 中国竹产业

我国是世界上最大的产竹国，竹类种质资源、竹林面积、竹材蓄积量和产量均居世界首位。我国是全球最大的竹产品出口国，在竹加工技术研发和竹产品创新方面，处于世界先进水平。经过多年发展，我国竹林面积、立竹量增长较快，产业规模逐步扩大，竹制品经营加工和综合利用取得较大进展，产业化进程明显加快，一批竹制品新兴企业正在崛起，主要产品已经覆盖竹建材、日用竹制品、竹材人造板、竹炭、竹家具、竹纤维、竹饮料等十大系列1000多个品种，应用领域已发展到建筑、造纸、新材料、家具、包装、运输、医药、食品、纺织、旅游等方面。

2010年，全国竹材产量14亿根，加工竹笋166万吨，竹人造板产量358万吨，竹地板产量111万立方米，竹家具产量1125万件，竹纤维制品产量12万吨，竹浆产量217万吨，竹制日用品产量377万吨，竹产业总产值1173亿元。

根据国家林业局的相关统计，中国竹产业产值1981年仅为3.49亿元人民币；1999年则达到200亿元人民币；2004年，竹产业产值约450亿元人民币，出口创汇8亿美元。2010年，我国竹产业产值达1173亿元人民币，从业人员达775万人。2015年，竹产业产值已经达到1923亿元人民币，年产竹材23.5亿根（图1-8）。

根据国家林业局每年发布的相关数据，表1-3列出了1981—2015年我国历年竹产量（即单根竹的产量）。由图1-9可以看出，我国竹产量30余年来一直较平稳地增长，2001年后基本处于快速增长期。

如果考虑我国竹产值和竹产量的关系，则更能反映我国竹产业的发展水平。根据国家林业局的相关数据，目前单根竹子原材料的价格约为15元。2015年全年竹产业产值为1923亿元人民币，竹产量为23.5亿根，可计算出单根竹材的产值是1923/23.5=81.8（元／根）。图1-10所示是1981—2015年我国竹产业单根竹材的产值发展状况。从中可以看出，我国竹产业单根竹材的产值在过去30余年中快速提高，应该说在1990年前后一直稳步发展至今，令人惊叹。但细看2010—2015年数据，可以发现，这几年，我国竹产业产值与产量比基本持平，显示出我国竹产业高速发展并达到一个新的平衡点，单根竹产值的突破需要新的推手。这个推手显然是提高竹类产品的附加值，提升竹类产品的品质和开发非物质资源，创新、创立竹类产品品牌，完善国内竹类产品的低、中、高档产品系统，减少劳动密集型、粗加工的低端产品，稳定中端产品，大力开发创新型的高端产品，形成高品质、高品牌认知度的现代竹类产业。

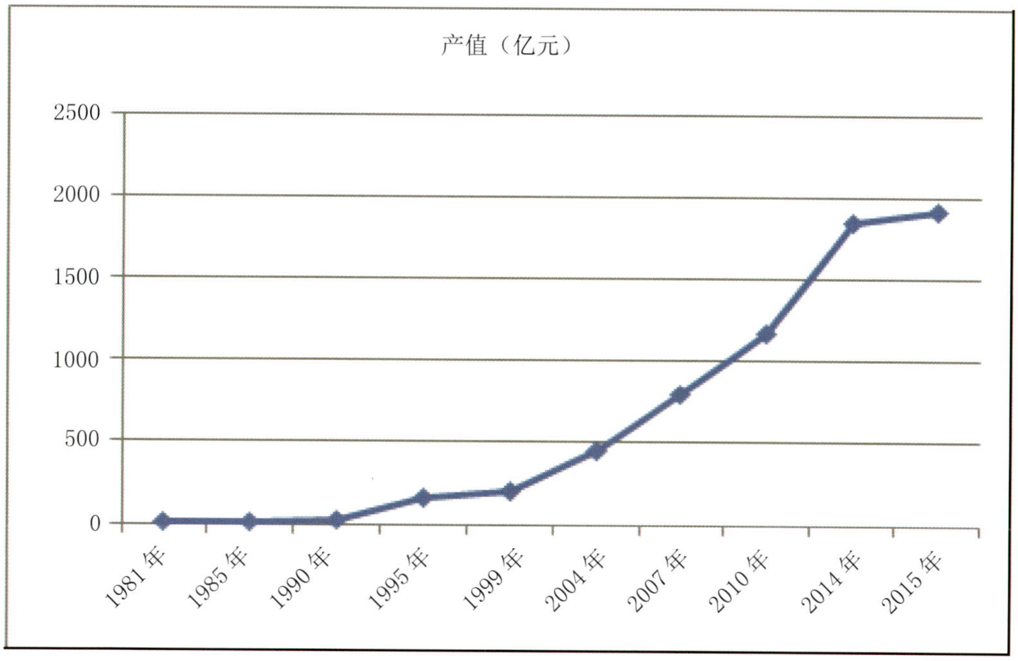

图1-8 1981—2015年全国竹产业产值

表1-3 1981—2015年我国历年竹产量

年 份	产量（万根）	年 份	产量（万根）	年 份	产量（万根）	年 份	产量（万根）
1981年	8656	1990年	18714	1999年	53921	2008年	126220
1982年	10183	1991年	29173	2000年	56183	2009年	135650
1983年	9601	1992年	40430	2001年	58146	2010年	143008
1984年	9117	1993年	43356	2002年	66811	2011年	153929
1985年	5641	1994年	50430	2003年	96867	2012年	164412
1986年	7716	1995年	44792	2004年	109846	2013年	187685
1987年	11855	1996年	42175	2005年	115174	2014年	222440
1988年	26211	1997年	44921	2006年	131176	2015年	235000
1989年	15238	1998年	69253	2007年	139761		

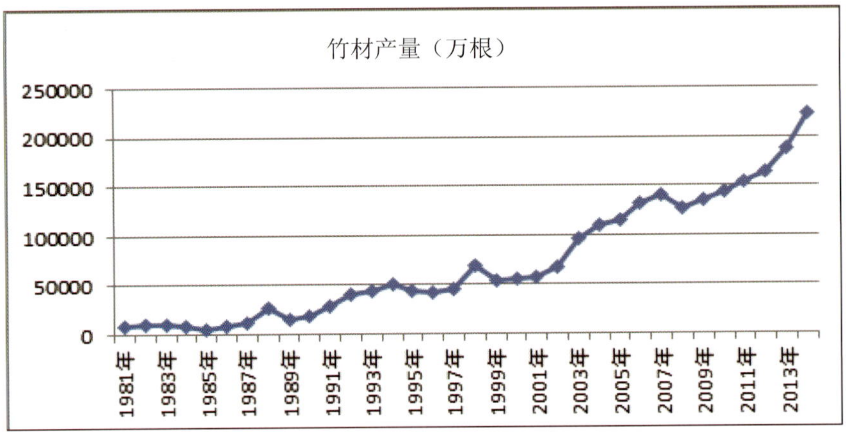

图 1-9　1981—2014 年全国竹材产量

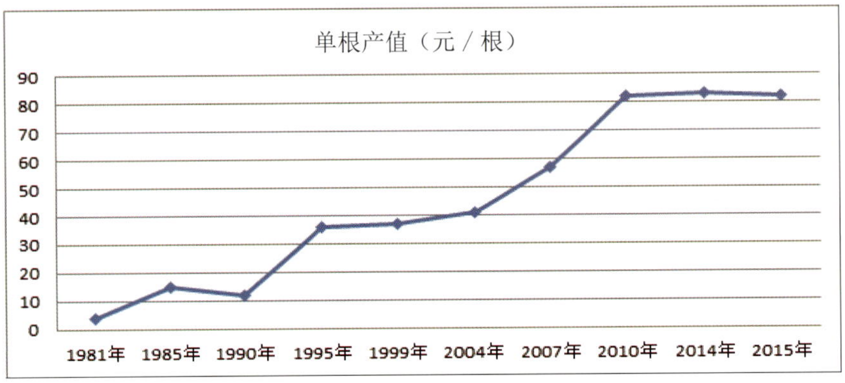

图 1-10　1981—2015 年全国单根竹材产值比

从产品附加价值角度来看，我国竹产业目前的附加价值比率为 81.8/15 ≈ 5.5 ∶ 1。那么，当下中国竹产业应该突破的附加值比率基准就是 5.5 ∶ 1。

近年来，尽管我国竹产业得到了蓬勃的发展，但是仍存在一些问题，主要表现在：一是各地区之间发展不平衡；加工企业规模普遍偏小，企业综合实力弱；竹资源综合利用率低；产品附加值不高。二是虽然竹制品在国内有悠久的使用历史，但是消费者对现代竹制品的认知度偏低；竹产品过多依赖国际市场，国内市场份额小、增长慢、需求不足[①]。

① 国家林业局．全国竹产业发展规划（2013—2020 年）．

第2章 竹类产品及其系统

2.1 竹子及其材料特性

一、竹子及其分布

1. 竹子

竹子属单子叶植物中的禾本科竹亚科（Bambusoideae）。它形态特殊，茎具节且中空（仅极少数例外），不柔不刚。全株分为地下茎、根、芽（笋）、枝、叶、竹箨、花与果实等部分（图2-1，图2-2）。竹子一般呈常绿乔木状或灌木状，有的高达30米，有的矮小，仅高1米左右(图2-3)；有的不能直立，枝干沿地面蔓生或攀缘。其中，极少数为草本植物。

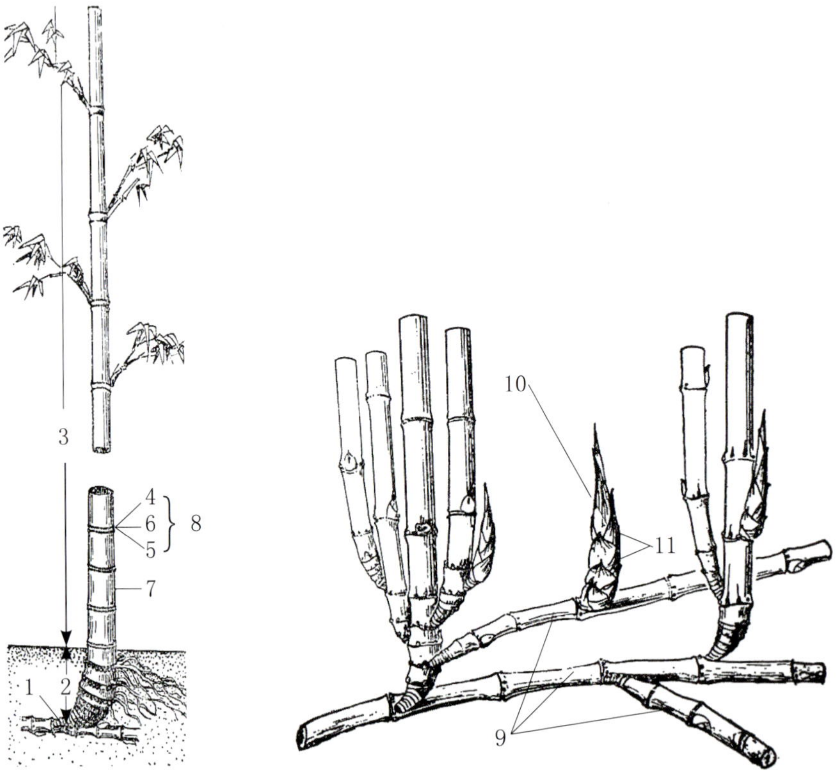

图2-1 竹子各部分结构[①]

1—竿柄；2—竿基；3—竿茎；4—竿环；5—箨环；6—节内；7—节间；8—节；9—竹鞭；10—竹笋；11—竹箨

① 胡长龙．竹家具制作与竹器编织［M］．南京：江苏科学技术出版社，1980:3-4.

图 2-2　不同类型的竹根系统

图 2-3　竹子的生长形态

同时，竹子的种类繁多，在第 1 章中我们已经提及世界上约有 150 属，1225 种，中国目前有 39 属，500 余种。根据竹种的不同，竹子的大小形态也略有差别，个别竹种甚至差别非常大（图 2-4）。不同的竹子又有不同的物理性能和用途，在这里就不一一列举。我们将在后面的章节中详细地讨论竹子的应用情况。

二、竹子的结构

1. 竹子的结构

采伐气干后的竹竿称为竹材。竹材之所以被广泛应用于各行各业，特别是常用于制作家具和编织品，是因为它具有特殊的内部构造。

我们把竹材纵向劈开后，可以明显地看到竹材的 3 个组成部分：竹壁、竹节和节隔（图 2-5）。竹材的圆筒形外壳，称为竹壁，它是用材的主要部分。竹壁上有两个相邻的环状突起，称为竹节，竹节的存在给竹工劈篾带来了一定的困难。在竹竿空腔内部竹节的位置上，有一个坚硬的板状横隔，称为节隔。节内与节隔连成一体，对整根竹材来说，它起着增强竹竿强度的作用。

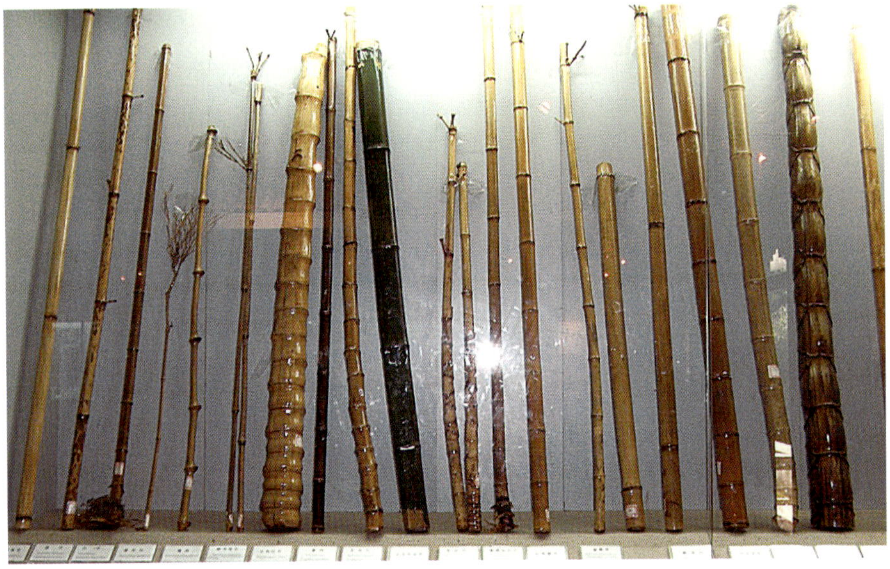

图 2-4 不同竹种的竹竿标本

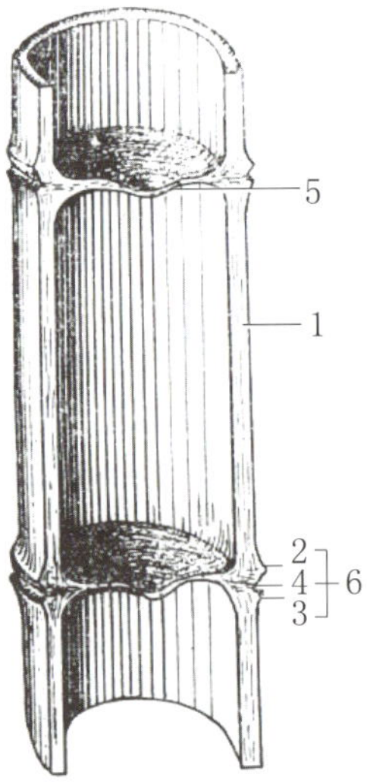

图 2-5 竹材的构造
1—竹壁；2—节环；3—箨环；4—节内；5—节隔；6—节

如把竹材横向锯断，用刨子刨平，在横断面上可以看清竹材的内部构造。如用显微镜放大观察，自外向内可以看到竹青、竹肉、竹黄 3 种不同的组织（图 2-6）。

（1）竹青是竹壁的最外围的部分，其组织紧密，质地坚韧，表面光滑并附有蜡质。在最外面的表层细胞内常含有叶绿体，所以幼年竹竿的表皮呈绿色，老年或干燥的竹竿表皮因叶绿体被破坏呈黄色（图 2-7）。由于竹青是由紧密排列的长柱状细胞组成，所以它最适宜劈篾编织。

（2）竹黄位于竹壁的最内方，由 8 ～ 15 层方砖状厚壁细胞组成，横向排列紧密，其组织坚硬，质地脆，一般为黄色。著名的竹翻簧工艺品就是利用这一部分材料制成的。

（3）竹青和竹黄之间的部位统称竹肉，主要由基本组织和维管束等构成。

①基本组织：主要由长短不一的圆柱状薄壁细胞组成。它在竹肉中所占比例最大，主要功能是贮存养分和水分。由于它的细胞壁随着竹株年龄的增长而不断增厚，细胞腔逐年缩小，其含水量也相应减少，所以老竹竿的干缩性较小。

②维管束：主要由纤维细胞和导管细胞组成（图 2-8）。纤维细胞，是一种梭形厚壁细胞。在竹竿中纤维长而密的部位，竹材力学强度就大，韧性也强。据测定，一般竹竿中部的纤维最长，基部中等，梢部较短，因此竹竿中部的劈裂性最好；竹壁外部纤维的分布密度大，中部中等，内部最少，因此竹壁的外部力学强度最大，劈裂性最好。导管细胞对称地分布在维管束中。它是一种竖向排列的长形圆柱细胞，是竹竿输送水分的通道，所以它最容易吸湿。导管腔吸水膨大，失水收缩，因此导管腔的直径大小与竹材膨胀和收缩关系极大。导管腔直径大小的变化规律是：竹竿基部的导管腔粗，梢部导管腔逐渐变细；竹壁内部的导管腔粗，外部的细。因此，竹肉部分吸湿或干燥时，胀缩变化大，竹黄和竹青部分变化小。这是竹材收缩、膨胀不均而造成迸裂的主要根源。

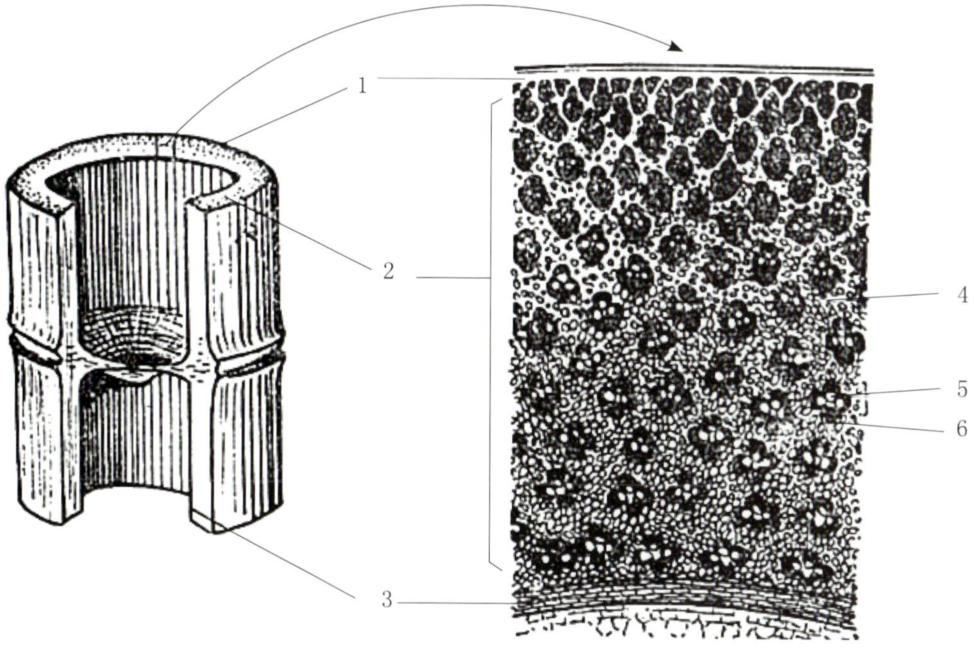

图 2-6 竹材的内部结构①

1—竹青；2—竹肉；3—竹黄；4—基本组织；5—导管；6—纤维

① 胡长龙．竹家具制作与竹器编织 [M]．南京：江苏科学技术出版社，1980:5.

图 2-7　切分后的竹片

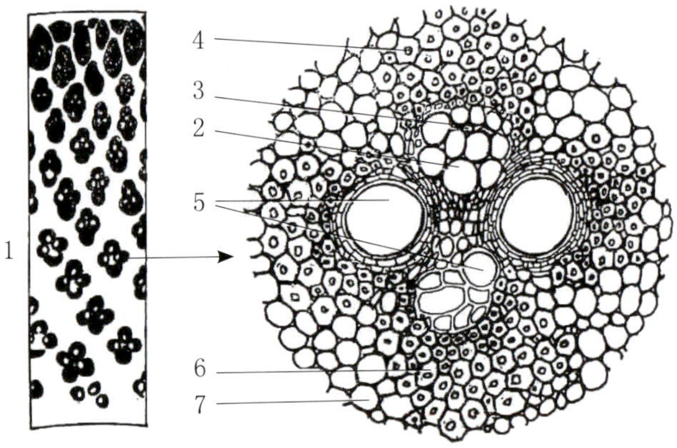

图 2-8　竹材维管束横切面①

1—竹材横切面；2—筛管；3—伴胞；4—韧皮纤维；5—导管；6—木质纤维；7—薄壁细胞

① 胡长龙．竹家具制作与竹器编织 [M]．南京：江苏科学技术出版社，1980:6.

2.2 竹材的供给特性

一、供给理论

供给（Affordance）理论最早是由詹姆斯·吉布森（James Gibson）在1966年提出的。不过，吉布森提出供给理论时并不是专指设计行业的。吉布森提出的供给理论最早是作为他的直接感知理论（Direct Perception）的一部分，意在说明相对于有机体的固有自然特征而言的环境物体的使用价值（Use-value）[①]。吉布森还强调："客体提供它所能提供的，因为这就是客体为什么是客体。"[②]这一理论很快被用于设计行业，现在"供给"主要是指"能指示产品的潜在功能或者所需操作的视觉线索"[③]。但同时有学者也认为，"供给"的含义是"物体和环境的物理特性影响其功能的一种性能"[④]，并解释"物体和环境适合某些功能，不适合其他功能。圆形的轮子比方形的轮子更适合滚动，所以说圆形的轮子更好地'供给'滚动……但是，这并不是说方的轮子就滚不动……而是说方的轮子的物理特性影响其功能和可能的使用"[⑤]。供给理论是从人和物之间的相互关系来看待物的，修正了早期人总是从自身的角度来感知对象物，而忽视了物体本身相对于人的固有特性。

本书主要是沿用最后一种对供给理论的解释，认为在设计中的供给理论不仅仅体现在产品本身，同时也体现在组成产品的设计材料上。在本书的研究中，供给理论主要体现在竹材作为一种材料，也有自己独特的供给特性。

二、竹子的供给特性

相对于主体"人"来说，竹材作为一种客体，具有哪些供给特性呢？我们继续沿用第2.1节中对竹类产品的分类方式来探讨竹子的供给特性。

1. 自然性

自然性是竹材的基本属性。在人类对材料的利用历史上，有天然材料、加工材料、合成材料、复合材料、智能材料等[⑥]。竹子是最早被人类利用的天然材料之一。

自然性是一种很重要的供给特性，特别是对

---

① Hisao-chen You, Kuohsiang Chen. Application of Affordance and Semantics in product design[J]. Design Study, 2007(1):23-24.

② Hisao-chen You, Kuohsiang Chen. Application of Affordance and Semantics in product design[J]. Design Study, 2007(1):23-24.

③ Hisao-chen You, Kuohsiang Chen. Application of Affordance and Semantics in product design[J]. Design Study, 2007(1):23-24.

④ 威廉·利德威尔，克里蒂娜·霍尔登，吉尔·巴特勒. 最佳设计100细则[M]. 刘宏照，王秀萍，王爱琴，译. 上海：上海人民美术出版社，2005:20.

⑤ 威廉·利德威尔，克里蒂娜·霍尔登，吉尔·巴特勒. 最佳设计100细则[M]. 刘宏照，王秀萍，王爱琴，译. 上海：上海人民美术出版社，2005:20.

⑥ 张道一. 工业设计全书[M]. 南京：江苏科学技术出版社，1994:3253.

于现代人类。不管是出于对自然的向往还是出于生态环境被破坏后对环境保护的认同等，现代人类都对自然有着前所未有的向往之情。“在当今的许多领域，自然与设计密切相关。我们到商场选择带花的装饰织品，或用自然纤维编织的平纹布料、灯芯绒或黄麻地毯，实心木料制作的家具，不含‘合成纤维’的纯棉布，‘环保型’洗涤剂或洗衣粉以及节能灯泡……我们期望通过这样的选择，更加贴近自然；同时，我们知道，这样的选择受特定的文化背景影响，而后者是由我们的亲身经历决定的。”[①]现代人对自然性的需求，在这段话中可窥见一斑。

2. 不规则性

不规则性是竹材的另一种重要的供给特性。竹材虽然主体是圆柱形，但是竹子中间有节，整个竹竿具有削尖度，是不均匀的。竹竿的底部竹壁比较厚，如一般的毛竹可达到 20 毫米，而梢部壁厚仅有 2 ～ 3 毫米[②]。同时，竹鞭、竹根、竹枝等更是随意生长，体现了植物生长的自然形态。这些自然形态基本上都是不规则的形态。竹材的壁厚也存在一定程度的不均匀性：最外层的竹青组织细密，质地坚硬，表面光滑，附着有一层蜡质；内层的竹黄组织疏松，质地脆弱；中间的竹肉性质介于竹青和竹黄之间。

这些不规则性是由竹材的材料特性决定的，也是竹材的供给特性之一。

3. 中空性

中空性的供给特性基本上贯穿于竹子的各个部位，除极少数竹种是实心的以外，绝大多数竹子的竹鞭、竹根、竹竿、竹枝都是中空的。

4. 韧性和弹性

竹子的各个部分都具有优良的韧性和弹性。由于竹子各部分粗细不均，其所能承受的力的大小也有所不同，但从总体上来看，竹子的韧性和弹性与其他自然材料相比是非常优秀的。

5. 各向异性

各向异性是借用了力学术语来描述材料的性质。这里不仅指竹子在力学上的各向异性，如竹竿的横向、纵向和弦向的受力各向异性，也指竹材在横向、纵向和弦向形态方面的各向异性。

竹材中的维管束走向平行且整齐，纹理一致，没有横向联系，导致竹材的纵向强度大，横向强度小，以至于竹材的纵横两个方向的强度比约为 30 ∶ 1，而一般的木材只有 20 ∶ 1[③]。

上述 5 点是竹材供给的一般特征，实际上，材料的供给特性也会随着材料特征的变化有所变化。如在对竹竿进行各种切分以后，切分后的竹材作为设计原始材料，其供给特性会有一定的差异，我们将在后面的分析中详细论述。

三、竹子供给特性与设计

材料的供给特性决定了该材料更适合完成什么样的功能，以及不适合完成某种功能。在这里，我们顺便探讨一下竹材的供给特性使竹子更适合去做什么，不适合做什么的问题。

---

① 艾伦•鲍威尔．自然设计 [M]．王立非，刘民，王艳，译．南京：江苏美术出版社，2001:8.
② 江泽慧．世界竹藤 [M]．沈阳：辽宁科学技术出版社，2002:234.
③ 江泽慧．世界竹藤 [M]．沈阳：辽宁科学技术出版社，2002:234.

探讨这一问题的意义，可以引用王朝闻的一句话来说明，即适用超实用[①]。王朝闻此处谈到的“适用”不是专门针对现代产品设计的，但是“适用”这个词在此处很恰当地表达了供给理论之所以存在的原因。

1. 竹材的自然性供给

既然现代人类需要与自然亲近，竹子又具有这样的供给特性，那么，在设计竹类产品时，竹材的自然性首先要作为一个表现的重点存在，适合的做法应该是尽力地保存与表现竹材的自然性（图 2-9 ～图 2-12）。其实，在竹子使用的数千年历史中，由于种种因素，人们对于竹子的自然性并没有给予充分的重视，特别是在中国几千年的自然经济形式下，自然性也不会被视为人们急需的稀缺的特殊性质。但是，在工业文明迅速发展后，人类和自然之间的距离越来越远，自然性很自然地就变成人们的一种向往。

图 2-9　新竹的自然肌理

① 杭间．中国工艺美学思想史 [M]．太原：北岳文艺出版社，1994:3. 这句话是王朝闻在给杭间的《中国工艺美学思想史》一书所作的序中提出的。王朝闻解释道：“它（山东现代陶罐）是农民下地劳动，当成容器带到田间作盛粥或盛水用的。有距离相等的四耳，用来系绳以便提携的构件。为了实用，所以对四耳提出了均衡的设计。但这四耳在供人静观时，可能引起四耳对称的美感。由此可见，陶罐那物质性的实用价值，和审美主体的精神需要相适应。所以，我这许多年来，说到美术工艺的实用性时，往往以适用二字代替实用二字。”

图 2-10　老竹的自然肌理

图 2-11　竹根的自然肌理

2. 竹材的不规则性供给

在现代工业生产中，不规则性可以说是一个缺点，而不是优点。因为材料的不规则性可导致无法进行量化生产。量化生产是建立在标准化基础上的，而不规则的材料是很难达到标准化要求的。也正因为不规则性供给的存在，竹材在现代加工体系下的利用显得非常有限，但是从另一个角度来说，它也增加了竹材的艺术性。根据竹材的特性，我们可以有两方面的设计：一方面就是努力考察竹材的不规则性供给，变不规则性供

图 2-12　竹叶的自然肌理

给为规则性供给或一定程度上的规则性供给。对于竹竿的各种切分即符合这一方面的设计。人们对竹材的利用并不完全是对整根竹子的利用，会进行适当的切分，如竹地板就是这方面的代表。另一方面就是充分发挥竹材的不规则性供给的特点，挖掘竹材设计的潜力与艺术性。

3. 竹材的中空性供给

这是一项很独特的供给特性。自然材料中具有中空性供给特性的最主要代表就是竹子。因此，中空性成为竹材设计的一大特色。同时，竹材的中空性又不同于人造的塑料管材和金属管材的中空性。竹材也因中空性使得积材远远小于木材，仅为木材的 1/3。也就是说，体积同为 1 立方米的竹材和木材，竹材的积材只有 1/3 立方米。这是竹材中空性供给不利的一面，但也使得竹材成为同等力学性能下质量相对较轻的一种材料，这在前文描述竹子的材料特性时已有论述。中空性供给特性使得竹材更适合做一定大小的容器和轻质且力学性能优良的产品。

4. 竹材的韧性和弹性供给

竹材的韧性和弹性，再加上竹材的可劈裂性，使得竹材非常适合用于编织。从大尺度的整根竹子的编织到小尺度的在 3 厘米长的范围内排列 10 ～ 30 根篾丝的编织工艺[①]，竹编工艺的造型千变万化（图 2-14，图 2-15）。竹材的这种特性是很多材料望尘莫及的。传统的竹弓、扁担等，都是利用了竹材的这一特性，特别是扁担，如果没有高韧性和高弹性的存在，人在肩挑重物的时候走路会很吃力。竹材的这种韧性和弹性供给特性在当代仍值得我们去重新认识。

5. 竹材的各向异性供给

各向异性供给特性为设计带来了困难，也给设计带来了特色。由各向异性供给特性所引起的竹材的可劈裂性，我们在前面结合竹材的韧性和弹性供给特性已经有所论述。各向异性供给特性的存在，要求设计师在进行设计时充分考虑竹材的这一特性，避免因违背自然规律带来冲突。

图 2-13　不完全规则的竹材

图 2-14　曲竹凳
（Grass 工作室设计）

图 2-15　“流”椅
（范承宗设计，中国台湾）

① 张齐生，程渭山．中国竹工艺摄影集 [M]. 北京：中国林业出版社，1997:3.

2.3 竹类产品及其分类

竹类产品在人们的生活中随处可见，即使在现代文明的大都市里，我们仍然能看到很多竹类产品。竹类产品种类繁多，可以说它们覆盖了人类生活的方方面面，特别是对生活在世界三大竹区的人们而言更是如此。其中，中国是世界产竹用竹规模最大、用竹历史最悠久的国家。外国人更是认为，竹子既是中国文化的典型代表之一，也是中国人生活中不可或缺的资源之一。在1896年出版的《竹子花园》（*The Bamboo Garden*）一书中，弗里曼·米特福德（A.B.Freeman-Mitford）这样描述中国和日本的竹子应用情况：

“竹子具有极重要的价值……它（竹子）可以搭建房子的框架和屋顶，同时又可制作成纸张用于窗纸和雨篷，以及走廊上的百叶窗。他的床、桌子、椅子、碗橱、许许多多的家具上的小物件都是用竹子做的。把竹子削切成碎片填进他的枕头和被褥。小贩们的量具，木匠的尺子，农民的水轮和灌溉用的管子，装鸟、蟋蟀或其他小动物的笼子，各种容器，从富人们昂贵的瓷器花瓶架到最底层的平民百姓、最不幸的无用之人使用的器具，这些都来自同一源头。船夫的竹筏、撑竹筏的工具，他的绳索、篷席、用来加快速度的桨；上朝官员、新娘等坐的轿子，坟墓里的棺材；刽子手行刑的残忍工具，懒洋洋的画家们用的扇子和阳伞，士兵用的矛、箭筒和箭，书法家的笔、学生用的书、艺术家的画笔和绘画素材，乐师的笛子、口琴、弦拨以及一打各式各样有着奇怪造型和奇特声音的乐器——用来制造全部这些东西的是竹子。”①

不言而喻，竹类产品是从摇篮到棺材，无所不包。下面我们将对中国传统社会使用的竹类产品进行一个系统的归纳总结和分析。

一、竹类产品的分类

1. 产品的分类

我们首先来分析“产品的分类”这一概念。到目前为止，学术界还没有一个统一的产品分类模式。我们先来看以下几种分类模式：

“为大批量生产而设计的单件作品数以百万计，但所有这些产品都可归入下列四大类。

“消费品是人们在家中或是休闲活动中所用的物品……商业和服务设备包括商场、办公室、加油站、商店、饭馆、理发店、美容店及医疗器械。这一类下属的小类别还包括书桌……和其他复杂的办公室机器等……耐用品是指笨重的设备和机器工具，农业机械设备、工业熔炉、发电机……交通工具的设计涵盖了与旅行有关的所有方面，从飞机、铁路到游艇……”②

① MEREDITH TJ . Bamboo for Gardens[M]. Portland: Timber Press, 2001:196.
② 玛乔里·艾略特·贝弗林．艺术设计概论 [M]. 孙里宁，译．上海：上海人民美术出版社，2006:299-300.

“至此，道具在器、棒两大原型的基础上，加上度具、传达之具，从而扩大为四大原型，就构成了 GK 集团的道具论……无论怎样，自从棒族和器族以及他们的成套组合等原型道具被创造出来以后，各种功能组合不断变化，但是几乎所有的道具都不过是原有道具新一轮的重组。”①

“我们特意把中国的传统器具按生产器具与生活器具两大类排列（军事器具姑且列在生产器具类）。排列后的结果可谓洋洋大观，要做全面的设计研究则是一个长期性的巨大工程。”②在具体的器具分类中，该书将生产器具分为农耕、工作、运输、纺织、计量、军事器具，生活器具则分为饮食、居所、交通、携佩、文化、陈设、生活杂具等器具。

其实，上述文字都是从不同的角度来对产品进行分类的。美国是从产品的使用类别进行分类的，日本 GK 集团是从产品的原型的角度来分类的（图 2-16）。当然，我们还可以从产品所使用的材料的角度来分类，从功能的角度来分类，从消费者的角度来分类……

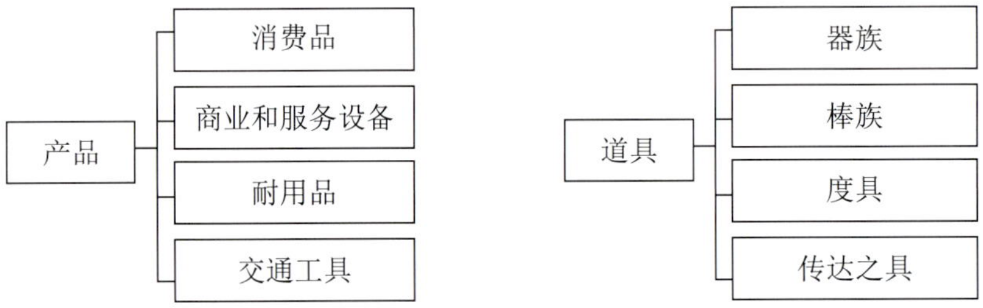

图 2-16　美国通用设计教材中的产品分类和日本 GK 集团的产品分类

分类的目的是找到更好的角度来进行研究。因此，分类角度的选择也必须根据相应课题而定。本书涉及的是竹类产品，我们不但要研究竹类产品系统本身，还要研究竹类产品在新的设计范式下的变迁、重塑等问题。因而，我们必须从根本上把握竹类产品的特征。产品的系统在人类生活方式的变迁中会逐渐变化，对竹子的应用更会因时代和技术的变迁而变化，唯一不变的就是竹子本身。因此，本书对竹类产品的分类是以一根竹子的结构为出发点的。

2. 竹类产品分类

根据上文的阐述，本书对竹类产品进行一个大致的分类（图 2-17）。

抛开具体的竹类产品的形态来抽象地讨论竹类产品的分类，这有助于我们对竹类产品的整体把握和认识。在图 2-17 所列的六大类型竹类产品中，人类利用最多的是竹竿类产品。这是一种必然性的结果，因为竹竿是竹子的主要成材部分。详细的产品分类及其特性，我们将在下面进行论述。

① 荣久庵宪司，野口瑠璃，伊坂正人，等．不断扩展的设计：日本 GK 集团的设计理念与实践［M］．杨向东，詹政敏，詹懿虹，译．长沙：湖南科学技术出版社，2004:31,37.

② 王琥．中国传统器具设计研究［M］．南京：江苏美术出版社，2004.

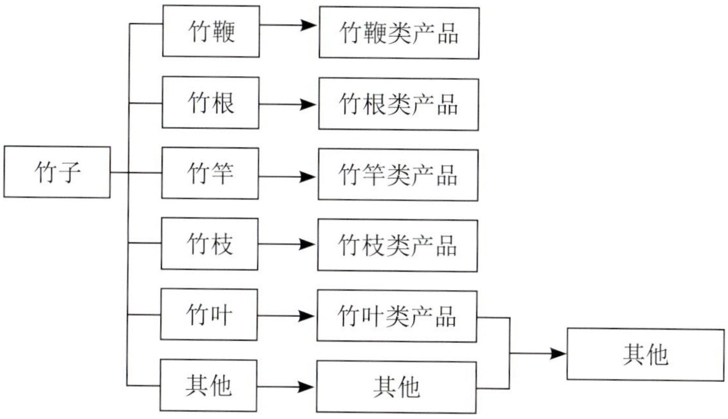

图 2-17 竹类产品的分类

二、竹鞭类产品

竹鞭是竹子吸收养分的地下根系，竹笋就是从竹鞭上生长出来的。竹鞭质地坚硬、韧性大、不易折断，应用的场合很多，如替代船上的缆绳、做工艺装饰品等。在实地考察时，有山里人告诉笔者，竹鞭不能随意挖掉，一来可以留着以后挖笋；二来竹鞭挖多了，容易造成水土流失。竹鞭对于他们来说最大的价值就是生长在地下，护土出笋。实际上，竹鞭作为一种生活资源，被直接用来制作产品的情况很少，从来没有被大规模地利用过。

表 2-1 所列产品是笔者收集到的主要竹鞭类产品。从这些产品来看，竹鞭类产品主要利用了竹鞭的独特外形、优良韧性和中空性三个特征。竹鞭类产品很大程度上都只能作为装饰品，只有制作成烟斗、笔杆和把手时才具有一定的实用价值。这些产品说明了竹鞭由于其材料的特殊性，在大多数情形下只能用来设计成具有装饰意义的产品。

表 2-1　竹鞭类产品

产品类别	备　注
（1）摆设工艺品 	利用竹鞭的独特外形和优良韧性
（2）佩戴饰品 	利用竹鞭的独特外形和优良韧性

（续表）

产品类别	备　注
（3）烟斗 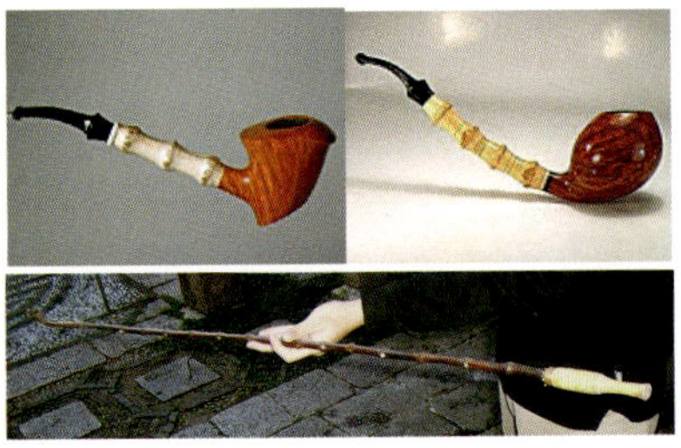	利用竹鞭的中空性
（4）笔杆 	利用竹鞭的独特外形
（5）把手 	利用竹鞭的优良韧性
（6）花器 	利用竹鞭的独特外形

三、竹根类产品

竹根一般是指图 2-1 所示的秆基部分。由于竹子品种的不同，竹根会呈现出不同的大小和形状。小的竹根只有手指般粗细甚至更细，而大的竹根，如毛竹、巨龙竹等的竹根，其直径可达十几厘米甚至几十厘米。同时，竹根并不像竹竿那样粗细均匀，竹根的完整形态一般是由细到粗的半纺锤体形状，这一形状也是比较独特的自然形态。而且，竹根部分的竹节分布得比较细密，还有大量的须根附着。这一形态也别具一格。因此，竹根的艺术表现力比竹鞭更好，同时竹根也具有一定的实用价值。

竹根在实际利用中，其产品种类也是相对有限的。竹根雕在竹根类产品中的数量占绝对优势，但是作为对产品系统的研究，我们不能因为其数量多而忽略其他产品的存在。由于竹根在形态上的特殊性，竹根的应用主要偏向装饰品和艺术品，如花器、竹根雕等。同时，又由于竹根的中空性特征，竹根可以制作成具有容纳功能的器具，如盒子、烟斗等。表 2-2 所列是笔者搜集到的竹根类产品的资料。

表 2-2　竹根类产品

产品类别	备　注	产品类别	备　注
（1）花器 	利用竹根的独特外形和中空性	（2）拐杖 	利用竹根的独特外形
（3）盒子 	利用竹根的中空性	（4）竹根雕 	利用竹根的独特外形
（5）乐器——胡琴 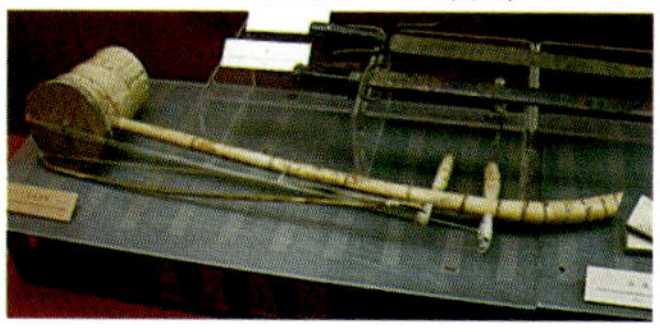	利用竹根的韧性	（6）烟斗 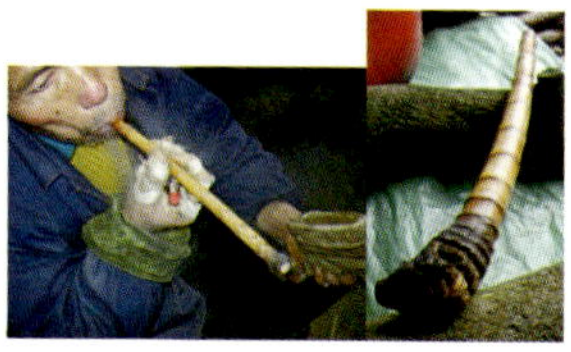	利用竹根的独特外形和中空性

四、竹竿类产品

竹竿是竹子最主要的利用部位，其所涉及的竹类产品种类极多。可以说，人类对竹子的利用大部分都集中在对竹竿的利用上。对于竹竿类产品，不能和竹鞭类、竹根类、竹枝类产品一样只进行简要的分析，我们首先应对作为材料的竹竿本身做一个分析，以利于我们对竹竿类产品进行合理的理解和把握。

如前所述，竹类产品品种丰富，从摇篮到棺材，都有涉及。如果用心观察一下，可以发现，这句话同样可以理解为用竹竿制作的产品也是从摇篮到棺材，应有尽有。至于竹鞭类、竹根类、竹枝类等产品只是对竹类产品做了一个很好的扩展和补充，体现了人类对于材料物尽其用的利用方式。在《中国竹文化研究》一书中，何明、廖国强对竹类产品做了一次很系统的总结，把中国的竹类产品分为竹制日常生活器物、竹制生产工具、竹建筑、竹制交通设施和工具、竹制文房用具、竹制工艺品、竹制乐器等几大类（图 2-18）[①]。但若是简单地遵循这样的分类，我们对竹竿类产品的把握还是有一定的局限性。这种分类方式把我们的思维局限在已经成形的产品上，为我们后面对竹类产品进行规律性总结带来了很大的影响。正如日本 GK 集团的荣久庵宪司所说：“几乎所有的道具都不过是原有道具新一轮的重组。”[②]所以，我们的研究不能陷入各式各样、纷繁复杂的具体产品中，特别是在考察竹类产品的规律及其在不同历史时期的迭代性时，更应该从本质上来考虑竹类产品所实现的功能与材料供给的关系[③]。当然，何明、廖国强对竹类产品的分析仍然具有很高的参考价值。

根据对材料供给特性的思考，我们先来分析一下一根竹竿的利用可能性。对于竹竿的利用无非是整竿的利用和局部竹竿的利用。整竿的利用很好理解，就是把竹竿作为一个造型元素进行设计；对局部竹竿的利用则涉及如何截取，从宏观方面来看，有横向切分和纵向切分两种。横向切分依据切分长度的不同又有多种截取方式，纵向切分同样也因截取的宽度和位置不同而分为多种截取方式。同时，对局部的切分不可能是一次性的切分，很多情况下，需对原材料进行多次切分。这样就不可避免地会对竹竿进行横向和纵向的综合切分，在这里我们称之为横纵切分。综上所述，我们可以把竹竿的利用情况简略地表示出来（图 2-19）。

1. 竹竿横向切分

竹竿的横向切分就是对竹竿的横向剪切（图 2-20）。根据截取下来的竹竿的长度，我们又可以把竹竿的横向切分分为无节切分、半节切分、一节切分、二节切分和多节切分等，每一种切分都可制成相应的产品。

---

① 何明，廖国强．中国竹文化研究 [M]．昆明：云南教育出版社，1994.

② 荣久庵宪司，野口瑠璃，伊坂正人，等．不断扩展的设计：日本 GK 集团的设计理念与实践 [M]．杨向东，詹政敏，詹懿虹，译．长沙：湖南科学技术出版社，2004:31.

③ 威廉·利德威尔，克里蒂娜·霍尔登，吉尔·巴特勒．最佳设计 100 细则 [M]．刘宏照，王秀萍，王爱琴，译．上海：上海人民美术出版社，2005:20.

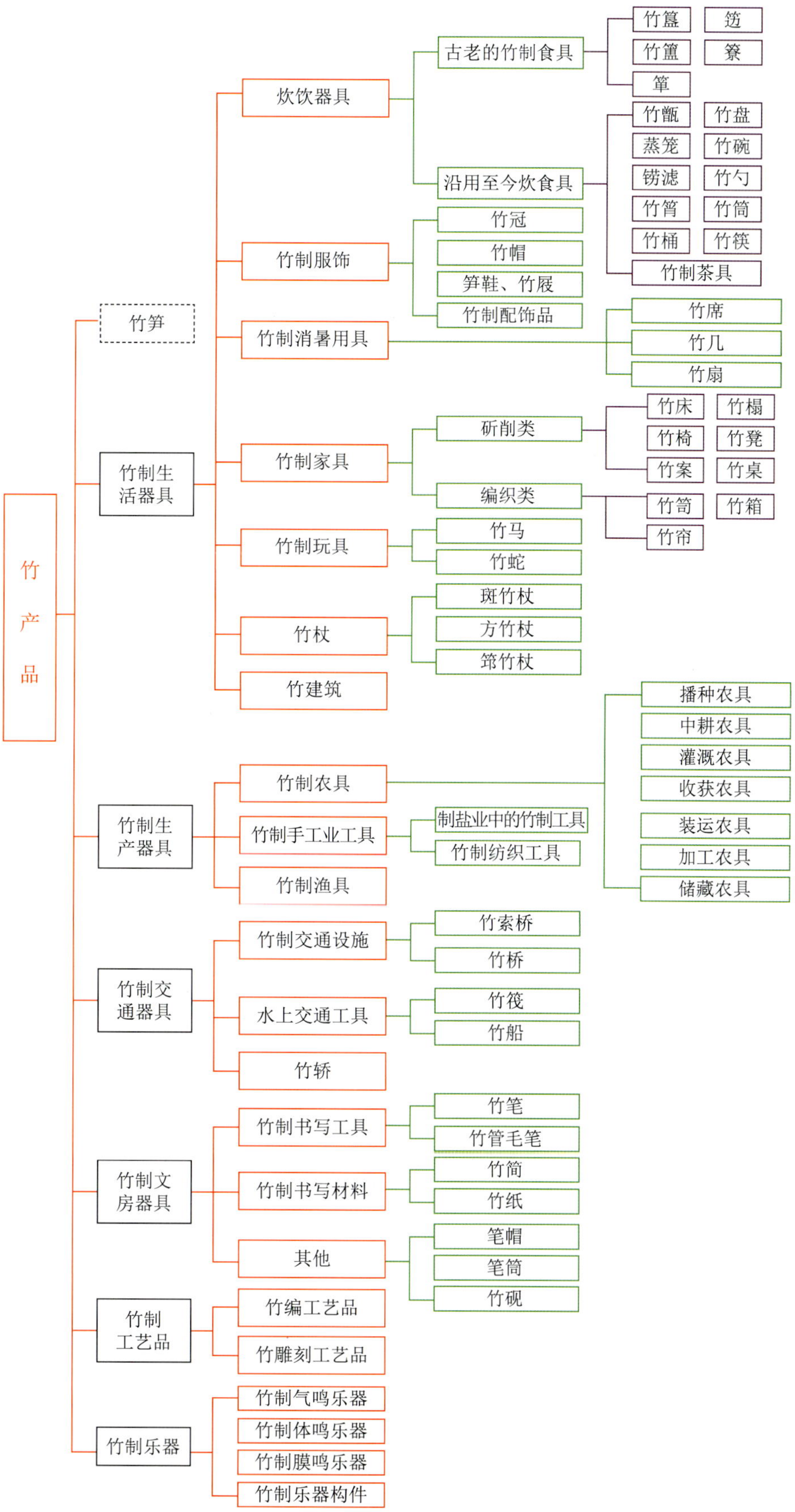

图 2-18　竹类产品的分类

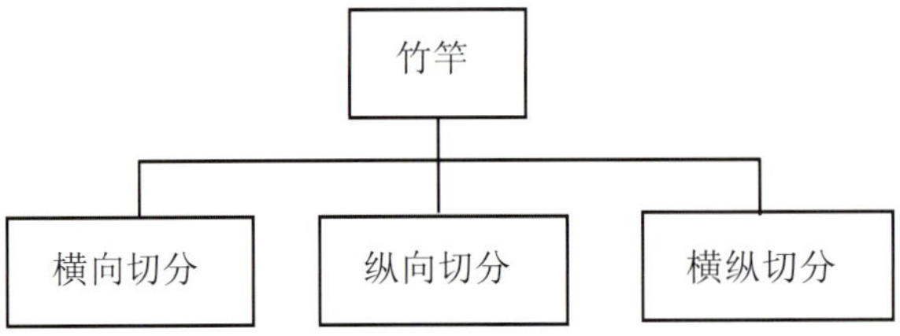

图 2-19　竹竿的切分形式

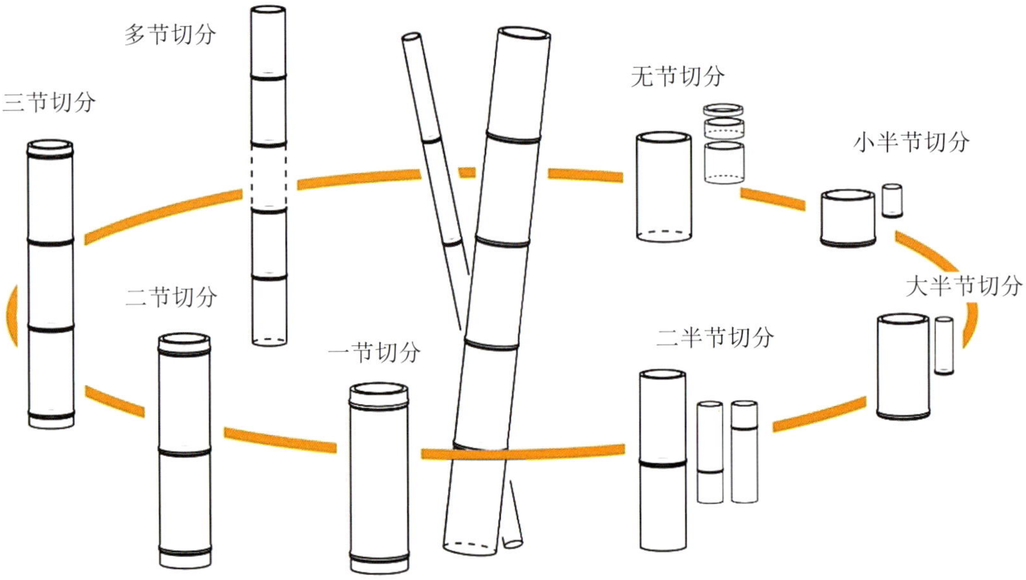

图 2-20　竹竿的横向切分

根据上述分析，本书对竹竿类产品的分类可延伸到竹竿横向切分类产品（表 2-3）。对这类产品进行收集归类后，我们总结出八大类竹竿横向切分类产品。在这里需要说明的是，本书不会对所有的竹类产品进行罗列，虽然笔者在做研究时已经收集了数以千计的竹类产品，但是在科学研究中，我们只需选取能说明问题的对象即可，没有必要罗列所有的产品。

在不同的切分层次上，所得材料的属性也会有细微乃至明显的变化。但是，不论竹类产品的品种有多么复杂，最终都是以竹材的切分方式为基础来利用的；不论竹类产品随着时间的迁移、社会的变迁、人类生活方式的改变发生怎样的变化，其不变的本质都是利用竹材的特性进行制作。

由表 2-3 可知，竹竿横向切分类产品共有无节切分、半节切分、一节切分、二节切分、三节切分、多节切分、横向切分综合利用等 8 个类别。每一个类别中又有各种不同功能的产品。同时，这些类别的竹产品之间的界限并不是非常清晰明确，如同一产品既可以用二节切分类的原料来制作，也可以用三节切分类的原料来制作；同样的，三节切分类的竹类产品也可用多节切分类的材料做成；等等。

表 2-3 竹竿横向切分类产品

产品类别	备 注
（1）无节切分类 	无节切分类竹产品的主要特征是中空性
（2）半节切分类 ①小半节切分 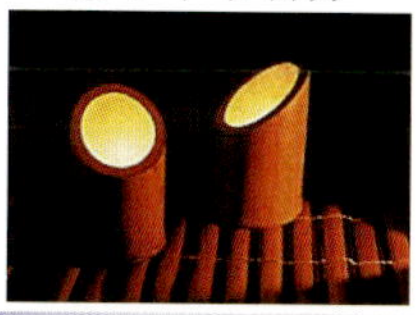  ②大半节切分   ③两个半节切分 	半节切分类竹产品的基本特征是一端封闭另一端开放，具有中空性。其中，两个半节切分方式，为竹产品的设计提供了一定的拓展空间
（3）一节切分类 	一节切分类竹产品的基本特征是两端封闭且中空
（4）二节切分类 	二节切分类竹产品的基本特征是较大的容积、50 ～ 100 厘米左右的长度，以及竹材本身的力学性能优良
（5）三节切分类 	三节切分类竹产品的基本特征是约 100 厘米或更长的长度，具有可弯曲性、韧性、中空性等

（续表）

产品类别	备　注
（6）多节切分类 	多节切分类竹产品的基本特征是 100 厘米以上的长度，具有中空性、可弯曲性、韧性等
（7）竹竿直接利用类 	竹竿直接利用类竹产品的基本特征是几米至十米的长度，重量小，力学性能优良等
（8）横向切分综合利用类 	横向切分综合利用类竹产品，实际上就是综合所有横向切分的各种可能性，制作所需的产品。其基本特征也综合了所有横向切分的优点

2. 竹竿的纵向切分

竹竿的纵向切分是指对竹子的顺纹切分（图 2-21）。为了方便研究，我们根据切分次数把竹竿的纵向切分分为 1/2 纵向切分、1/3 纵向切分、1/4 纵向切分、1/8 纵向切分、1/16 纵向切分以及更细的切分，最细的切分就是我们通常所说的竹篾了。

由于竹种的不同，竹竿的胸径也不甚相同。“竹材直径最小的仅 1 ～ 2 厘米……毛竹，其胸径也多数在 7 ～ 12 厘米，最大可达 18 厘米，而热带地区部分丛生竹直径可达 20 ～ 30 厘米。”[①] 图 2-21 所示的切分比例，主要是针对相对较粗的毛竹等竹种的竹竿而言的，其他胸径相对较小或较大的竹种的纵向切分比例可参照此方式，只不过切分的次数相应减少或增加。

竹竿纵向切分类产品主要有 7 类（表 2-4）。

同前面竹竿横向切分类产品一样，纵向切分类产品也没有绝对的界限，这里就不再赘述。

① 江泽慧．世界竹藤 [M]．沈阳：辽宁科学技术出版社，2002:234.

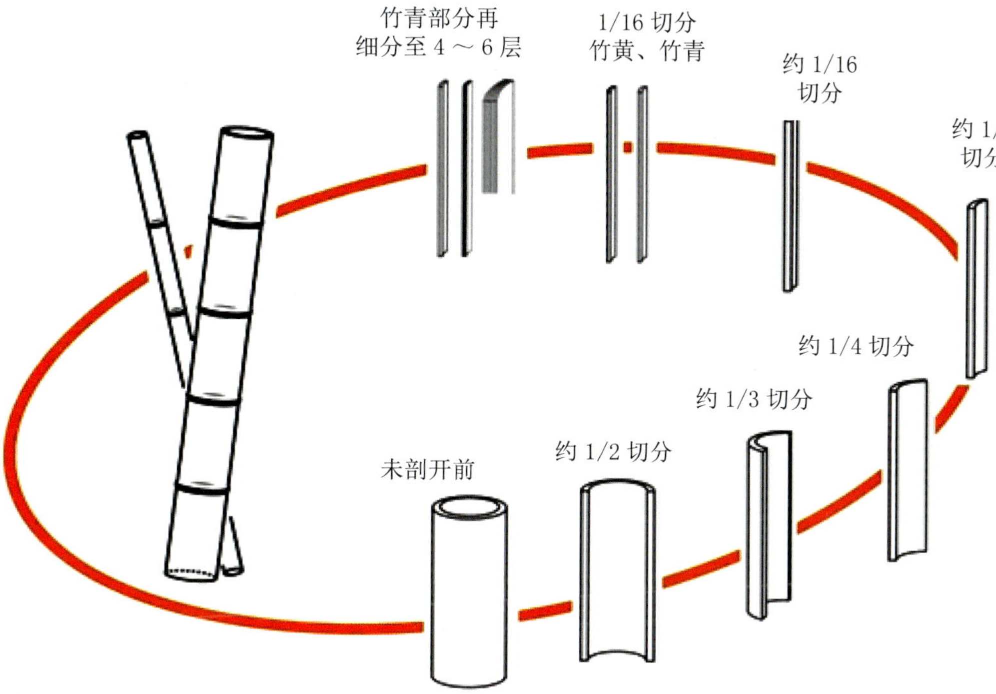

图 2-21　竹竿的纵向切分

表 2-4　竹竿纵向切分类产品

产品种类	备　注
（1）1/2 切分类 	1/2 切分类产品的基本特征是受力强度大、半圆形、中空
（2）1/3 切分类 	1/3 切分类产品的弧度明显减小，其利用以扁担为主

（续表）

产品种类	备　注
（3）1/4 切分类 	1/4 切分类产品主要用于制作一般生产生活用具的框架结构，既可使外观平整，又有很好的韧性，可以比较方便地进行弯曲成型
（4）1/8 切分类 	1/8 切分类产品具有良好的韧性，可对其进行简单的编织以扩大利用范围
（5）1/16 切分类 	1/16 切分类产品虽然还保留有一定的韧性，但承重范围基本上缩小到人手能拿起的重量，一般用于制作日常用品的边框和提梁等
（6）竹篾类 	随着竹竿切分程度的进一步加深，竹竿变成竹篾。这时，竹竿加工就变成我们日常所说的竹编工艺，约有 10000 种产品[①]
（7）纵向切分综合类 	纵向切分综合类产品可以说是一种必然产物，因为单品类的纵向切分类产品在很多情况下不能单独形成某一种功能

① 张齐生，程渭山．中国竹工艺摄影集［M］．北京：中国林业出版社，1997:2-4.

3. 竹竿的横纵切分

横纵切分就是在横向切分基础上再进行纵向切分，或是在纵向切分基础上再进行横向切分，还包括斜向的多次切分、固定形状的切分等。竹竿横纵切分类产品相对来说较复杂一点，随着切分顺序和次数的不同，所得到的结果也不一样，制作的产品范围也比较广。

对竹竿横纵切分类产品的分类是以横纵切分的侧重点为依据的，对竹竿进行横纵多次的切分无非是想得到特定的形状和特定的肌理效果以使其具有一定的功能。虽然本书列举的产品比较简单，但是再复杂的横纵切分类产品都是按照这些基本的切分方式来利用材料的。

根据收集归纳的结果，竹竿横纵切分类产品主要有四大类，见表 2-5。

表 2-5　竹竿横纵切分类产品

产品种类	备　注
（1）整节横纵切分类 	整节横纵切分类产品的主要特征是利用二节或数节竹竿作为原材料，进行纵向切分
（2）1/3 切分类 	横主纵辅切分类产品的主要特征是突出竹竿横向切分时形成的纹理
（3）1/4 切分类 	横纵均衡切分类产品的主要特征是横向、纵向切分时形成的纹理都很明显
（4）纵主横辅切分类 	纵主横辅切分类产品的主要特征是突出纵向切分时形成的纹理，着重表现纵向切分的效果

4. 各类切分的综合利用

对上述各种切分进行详细的阐述后，需要指出的是，在竹竿类产品的制作中，往往是既使用横向切分的原材料，也使用纵向切分的原材料，还会综合使用横纵切分的原材料。在必要的情况下，也可以使用其他辅助材料，如金属、塑料、木材等，但是竹竿类产品基本上是以竹竿为利用主体的。

五、竹枝类产品

一般来说，竹枝的韧性已经减弱到几乎没有的程度，只有较短的竹枝仍有些许韧性。相对的，其柔和性进一步加大。不同竹种的竹枝也有大小粗细的变化，小的细若钢丝，大的粗如手指。因此，其韧性也有一定的区别。

竹枝的另一个显著特征就是形态的零散细密和无规则性。这些特征既为竹枝的利用带来了困难，但同时也使其具有一定的特色。

竹枝的利用相对于竹竿来说较少，但是竹枝的利用也有其独特的地方。竹枝的弱韧性使其形态较易改变，如可进行平铺、捆束等，竹枝篱笆、竹扫帚、竹枝制作的花器等都利用了竹枝的这一特性。这使得毫无章法可循的竹枝发挥了它的特殊作用。无规则性的材料特性在特定的条件下反而能实现规则材料所不能实现的功能，这在竹材的利用中也是一大特色（表 2-6）。

表 2-6　竹枝类产品

产品种类	备　注
（1）竹扫帚 	利用竹枝的细密性和弱韧性
（2）花器 	利用竹枝的自然的不规则形态
（3）竹枝篱笆 	利用竹枝的细密性和平铺性

（续表）

产品种类	备　注
（4）竹衣、竹包 	利用竹枝的中空性
（5）晾衣架、衣帽架 	利用竹枝的分叉特性和较强的韧性

另外，较大的竹枝韧性较强，因此可以用来制作载重较轻的承重支架，如晾衣架、衣帽架等。竹枝制品可以说是竹产区性价比较高的产品之一。

最后，需要说明的是，竹枝虽小，但仍然还保持着中空性供给特性。将竹枝分割成长度一致的小元件，将不规则的竹枝变成规则的、同一的形态，通过加工可使其变成独特的产品原材料。不过，将这些小元件串在一起要耗费大量的时间和人力。

六、其他竹类产品

竹类产品除上述几大类外，还有表 2-7 所列举的各类产品。一类是用竹子的各种提取液制成的竹醋液、竹啤酒、竹皂等，这类产品已经脱离本书所研究的有实体结构的产品的范围。

另一类则是利用竹篾制成的各种用具，包括斗笠、果盘、盒子等。竹篾本身较柔软，内有一层保护膜，具有防水效果，因此利用竹篾来制作斗笠是很经济实用的。此外，还可利用竹子纤维长的特征，将竹纤维抽出制作成各种款式的衣服。竹纤维制作的衣服光滑柔软，但成本相对较高。

还有一类产品是将竹子在无氧状态下高温烧制成竹炭。根据烧制温度的不同，所制成的竹炭的用途也有所不同。目前，竹炭的应用领域主要有水质净化、空气净化、吸附异味等[①]。根据近几年对市场上竹炭产品的收集情况，我们发现竹炭的应用领域正在快速扩张，如利用竹炭的吸附功能设计的竹炭枕头、利用竹炭的硬度设计的竹炭挂饰等。

① 江泽慧．世界竹藤［M］．沈阳：辽宁科学技术出版社，2002:296.

表 2-7 其他竹类产品

产品类别	备 注
（1）竹啤酒 	竹子提取物制成
（2）竹皂 	竹子提取物制成
(3) 竹笋 	笋干和竹笋罐头等
(4) 竹纤维及其制成的衣服 	100% 竹纤维制成的衣服
(5) 竹箨制成的斗笠和盒子 	竹箨，俗称竹衣，是生长在竹笋外面的保护衣
(6) 竹炭制品 	竹子在无氧状态下高温烧制而成

2.4 竹类产品系统

一、竹类产品的系统性

《辞海》对“系统”下的定义是：①自成体系的组织，即相同或相类的事物按一定的秩序和内部联系组合而成的整体，如组织系统、灌溉系统。②在自然辩证法中，同“要素”相对，即由若干相互联系和相互作用的要素组成的具有一定结构和功能的有机整体。系统具有整体性、层次性、稳定性、适应性和历时性等特性。整体性是系统最基本的特性。在一个系统中，系统整体的特性和功能在原则上不能归结为组成它的要素的特性和功能的总和；处于系统整体中的组成要素的特性和功能，也异于它们在孤立状态时的特性和功能。层次性是指系统中的每一部分同样可以作为一个系统来研究，而整个系统同时又是更大系统的一个组成部分。稳定性指系统的结构和功能在涨落作用下的恒定性。适应性是指系统随环境的变化而改变其结构和功能的能力。历时性是指系统的要素及它们之间的相互作用关系随时间的推移而变化，当这种变化达到一定程度时就发生旧系统的瓦解和新系统的建立。按照不同的分类法，可将系统分为物质系统（如包括社会系统在内的“有生命”系统和包括物理系统、化学系统、地质系统在内的“无生命”系统）与抽象系统（如形式化逻辑系统）；人工系统（如通信系统、运输系统、教育系统）与天然系统（太阳系、自然生态系统、人体系统）；动态系统与静态系统；封闭系统与开放系统；等等。③在生理学中，指机体内能够共同完成一种或几种生理功能而组成的多个器官的总称。④在化学上，常以一定种类和质量的物质所组成的整体作为研究对象。这种整体称为“系统”，亦称“物系”或“体系”。⑤始终一贯的条理、顺序，如系统化、系统学习。[①]

关于系统的概念，简召全等所编的《工业设计方法学》中这样解释：“一般而言，我们可以把系统理解为：由相互有机联系且相互作用的事物构成，具有特定功能的一种有序的集合体。关于系统的内涵可从以下几个方面来理解：①系统是由多个事物构成的，是一种有序的集合体……②系统中的各个构成元素是相互作用、相互依存的……③某事物是否是系统并不是绝对的，这要从看待该事物的角度而定……④从层次的观点看，一个系统可以包含若干子系统，子系统也可以包含若干子系统等等……”[②]

美国著名学者阿柯夫（R. L. Ackoff）认为，系统是由两个或者两个以上的相互联系的任何种类的要素所构成的集合。[③]

---

① 辞海编辑委员会．辞海［M］．1999年版缩印本．上海：上海辞书出版社，2002:1829.
② 简召全，冯明，朱崇贤．工业设计方法学［M］．北京：北京理工大学出版社，2000:82.
③ 喻湘存，熊曙初．系统工程教程［M］．北京：清华大学出版社，2006:2.

根据上面的分析，我们看到竹类产品首先是一个庞大的体系。

第一，竹类产品有丰富的层次性。竹类产品包含了竹鞭类、竹根类、竹竿类、竹枝类、竹叶类和其他类等六大类产品，同时每一类中具体的竹类产品又有着不尽相同的功能，这些竹类产品已深刻影响人类生活的方方面面。竹竿类产品又分为横向切分类、纵向切分类、横纵切分类等类别产品，每一个类别的产品中又有诸多具体的竹类产品。实际上，我们从人类对竹材的利用方面已经可以看出竹类产品本身所具有的层次性。

另外，从竹类产品的应用来看，竹类产品涉及人类的衣、食、住、行等各个层面。从建筑到户外庭院，再到家居陈设、生产生活用具，从文人雅士赏玩的工艺品到儿童玩具，从陆地用品到水上用品等，竹类产品已经完全融入人类的生活之中，而且是从各个层面介入的。

同时，每一件具体的竹类产品又有自身的系统性和层次性。

第二，竹类产品也在不断变化和更替。从古至今，随着人类生活方式的变化，竹类产品也发生了很大的变化。如图 2-18 所示，很多古代人类使用的竹类产品，现在已经不复存在，或者已经进入了博物馆；同时，新的产品不断涌现，如现代生活中的竹地板、竹制玩具、竹集成材家具、竹制灯具等，这些产品都是顺应人类生活、社会的变迁而出现的，同时也丰富了竹类产品系统。竹类产品不断地根据“人类生活方式的变化”这个信息，做出“不断调整”这个系统的积极反馈。

第三，竹类产品之间相互作用、相互依存。从表面上看，它们之间关系不大密切，但仔细分析一下，我们便可以看出，竹类产品彼此之间还是有很强的依赖性。首先，竹类产品的演变有时间顺序上的依赖性。竹类产品在人类利用它们的过程中发生了很大的改变，新的产品的出现必然是根据已有产品的制作、设计经验而来，顺应竹材的各种属性而来。其次，竹类产品虽然千变万化，但共同的材料属性是它们相互依存的基础。所有的竹类产品都依存在竹材本身的各种属性之上，使用同一种材料也决定了竹类产品之间具有相似性。再次，竹类产品共同为人类营造了一种自然的物感环境。东方人特别是中国人对竹材的偏爱，使得竹类产品作为竹文化的代表而存在。单一竹类产品的存在是无法完成营造一种竹文化氛围的使命的，而众多竹类产品相互配合却可以做到这一点。这种氛围又把竹类产品紧紧地联系在一起。

第四，竹类产品是一个有序的结合体。从人类利用竹子本身的层次性和竹类产品自身的层次性来看，竹类产品系统是一个有着不同层次的整体，这种层次性本身就是有序性的表现之一。从某一个具体的竹类产品来看，其本身也是一个有序的结合体，如竹篾编制的竹篮，如果没有边框结构的支撑、提梁的配合、竹篾的相互交织等，就不可能作为一种工具存在。

综上所述，竹类产品从整体上看完全可以作为一个系统存在，这样一个庞大的系统在几千年的历史演变中对人类文明的发展和进步起着重要作用。同时，竹类产品系统随着人类生活方式的变迁而变化，同时也印证了人类生活方式的变化。在这一点上，竹类产品系统和其他产品系统一样，可以说明物的演变总会或多或少地体现人类社会的演变。

二、竹类产品系统的特征

竹类产品系统除了具有系统本身的特征外，还具有自己专属的特征。

由于在中国面大量广，材料来源充足，成本低廉，竹材成为普通百姓经常使用的材料之一。可以说，竹材是一种普通百姓能消费得起的优良材料，人们利用竹材制作了各种生活必备的器物。因此，在早期农耕社会自给自足的经济形态下，人们都掌握了一定程度的竹编工艺技能。直到近代，我国著名的竹类专家南京林业大学周芳纯教授在谈到竹材的利用时仍然认为，全国每年生产的竹材，有70%～80%消耗在农业生产方面[①]。可见，竹类产品作为一个系统，主要还是在为普通百姓服务。所以，这里要提出的竹类产品系统的第一个特征就是平民性。

竹类产品系统的第二个特征则是文化性。竹类产品系统不仅仅是普通百姓必不可少的物品系统，也为中国文人墨客大加赏识。虽然文人墨客和普通百姓所站的角度不一样，但是，竹子作为文人的一个重要的精神象征，也被赋予了深刻的文化意义。竹类产品系统作为一种载体，承载了中国文人的各种理想，从而也促进了竹类产品系统自身的丰富与发展。竹类产品系统的文化性的另一层含义是指其还具有高雅性。这种高雅性原本是同平民性相对立的，但在竹类产品系统中，这两种特性却奇迹般地得到了和平共存。

① 周芳纯．竹林培育学［M］．北京：中国林业出版社，1998:30.

第3章 竹材特性和加工工艺

3.1 竹材的特性

竹材的特性包括竹材的基本性能和工艺特性。材料的基本性能主要是从材料密度、力学性能、热学性能、电磁性能、声学性能、化学性能和感觉物性等方面来分析，材料的工艺特性主要是从材料的加工成型性、环境形状保持性和表面工艺性等方面来考察。本书主要是从设计的角度来考察作为设计材料的竹材的特性。

一、主要物理性能

1. 竹材的密度

竹材的密度会随着所截取部位的不同和竹子生长时间的不同而有所变化，但总的来说，竹材的密度约为0.64g/cm^{3}①，不同竹种的密度也不完全一样，甚至相差很大。如车筒竹平均密度为0.370g/cm^3，巨竹平均密度为0.489g/cm^3，金竹平均密度为0.594g/cm^{3}②。

2. 竹材的力学性能

关于竹材的力学性能，南京林业大学周芳纯教授在其研究中认为："竹材力学强度大，劈裂性好，容易加工……竹材的抗拉强度约为木材的二倍，抗压强度比木材高10%左右，钢材的抗拉强度虽为竹材的2.5～3倍，但一般竹材的容积量（比重）约为0.6～0.8，而钢材的比重则为6～8。因此，如果按单位重量计算强度，则竹材单位重量的抗拉强度约为钢材的3～4倍。"③竹材、木材和钢材的强度比较数据如表3-1所示。

表3-1　竹材、木材、钢材的强度比较

种　类		抗拉强度（MPa）		抗压强度（MPa）		取样地点
竹材	毛竹 刚竹 淡竹 麻竹	190.9 277.7 178.5 191.2	204.1	62.7 53.0 35.2 40.3	47.7	浙江右门
木材	杉木 红松 麻栎 榕木	75.7 96.1 140.3 108.6	105.2	39.8 32.1 56.5 45.6	43.5	湖南兴华 小兴安岭，长白山 湖北咸宁 湖南郴州

① 胡长龙在《竹家具制作与竹器编织》一书中提到，一般竹材的密度为0.64g/cm^3，这里指的应该是毛竹的一般密度。南京林业大学周芳纯教授在其研究中也认为，毛竹的密度为0.64g/cm^3，所以本书采用这一数据。

② 周芳纯．竹材的物理性质[J]．竹类研究，1991(1):27-44.

③ 周芳纯．竹材的物理性质[J]．竹类研究，1991(1):27-44.

（续表）

种　类		抗拉强度（MPa）		抗压强度（MPa）		取样地点
钢材	软钢 半软钢 半硬钢 硬钢	370.4 ～ 416.5 431.2 ～ 490 509.6 ～ 588 715.4 以上	506.7 ～ 545.2 以上			

竹材的弹性是有目共睹的，不但整根竹竿具有很好的弹性，被劈裂后的竹片、竹条也都具有很好的弹性。这点我们可以从传统的竹弓、竹编类器具中看出。

竹材的塑性一般，特别是在早期没有热弯成型技术的条件下，竹材的塑性空间很小。在现代加工工艺中，采用模压热弯成型工艺可以将竹片加工成固定的曲线形态①。这种加工技术可以加工弯曲度很高的复杂部件，且比较适合加工较小的部件。更大的竹材或者整根竹竿也可以采用热弯成型技术，但是弯曲程度相对有限。

竹材的韧性很好，基本上没有脆性的表现，在此不再赘述。另外，竹材的硬度和耐磨性能也相当不错。我国 2000 年 1 月发布的竹地板行业标准，在竹地板的理化性能指标中明确规定了竹地板的硬度应≥ 55.0MPa，磨耗值应≤ 0.08g/100r②，而相应的实木复合地板的理化性能指标标准则规定，其磨耗值≤ 0.15g/100r 为合格品，只有优等品和一等品的磨耗值才规定为≤ 0.08g/100r③。这充分说明了竹材具有较高的硬度和优良的耐磨性能。

3. 竹材的热学性能

竹材的热学性能主要从竹材的比热容、导热系数等方面进行分析。竹材的耐火性能较差，属于可燃有机材料。

绝干竹材的比热容基本上不受竹种和密度的影响，平均为 1.3691kJ/（kg · ℃）。竹材比热容随含水率的增加而增加。竹材的导热系数很小，是热的不良导体。竹材的导热系数一般为 1.0 ～ 1.4J/（m · h · ℃）。随着竹材的含水率增加，竹材导热系数也增大。同时，竹材的导热系数随孔隙度的增加而减少，也就是随竹材密度的减小而减小④。

4. 竹材的电磁性能

竹材是一种自然材料，基本上没有任何与电磁相关的性能。

绝干竹材是良好的绝缘材料。竹材的电阻率因竹材的含水率、密度、竹种、纹理方向和温度等的不同而不同，其中以含水率的影响最大。

① 程瑞香．木材与竹材粘接技术 [M]．北京：化学工业出版社，2006:266.
② 程瑞香．木材与竹材粘接技术 [M]．北京：化学工业出版社，2006:260.
③ 程瑞香．木材与竹材粘接技术 [M]．北京：化学工业出版社，2006:128.
④ 周芳纯．竹林培育学 [M]．北京：中国林业出版社，1998:372.

5. 竹材的声学性能

同一竹种的竹材，顺纹方向传声最快，径向次之，弦向最慢。同时，用驻波管法测定的竹材断面板的吸声系数分别为：0.273（125Hz）；0.182（250Hz）；0.202（500Hz）；0.077（1000Hz）；0.155（2000Hz）①。

6. 竹材的化学性能

材料的化学性能主要是指材料的耐腐蚀性、抗氧化性。

“竹材比木材含有更多的半纤维素、淀粉、蛋白质、糖分等营养物质，因而竹制品的耐虫、耐腐等能力不如木材制品……”②“竹材的腐烂主要由腐朽菌寄生所引起，在通气不良的湿热条件下，竹材容易腐朽。竹材虫蛀或病腐后，组织破损和腐烂，从而直接影响到竹材的强度和持久性。”③但是，如果使用得当，保护措施到位，竹材的耐久性还是很好的。“例如，湖南长沙市的左家公山、杨家湾和马王堆等三处所发掘的战国至西汉时代的古祠，距今已有二千余年，但是，随葬品的竹筐、竹弓、竹签、竹片、竹筒等，形状完整，尚未腐烂。”④

二、感觉物性

感觉物性，是通过人的感觉器官对材料得出的综合印象。这种综合印象包括人的感觉系统因生理刺激对材料做出的反应，或者由人的知觉系统从材料表面得出的信息。这种感觉物性包括自然质感和人为质感。对材料的整体感觉会因人而异，且因文化、传统、生活环境等的不同而不同。所以，对材料的感觉物性往往无法准确预测，只能有一个相对的比较。关于竹材的感觉物性，我们没有很好的理论依据，不过，笔者在 2006 年做过材料喜好度调查，共发放 480 份问卷，并将调查结果汇总，将目前年轻设计师对材料的喜好度进行排列，如图 3-1 所示。

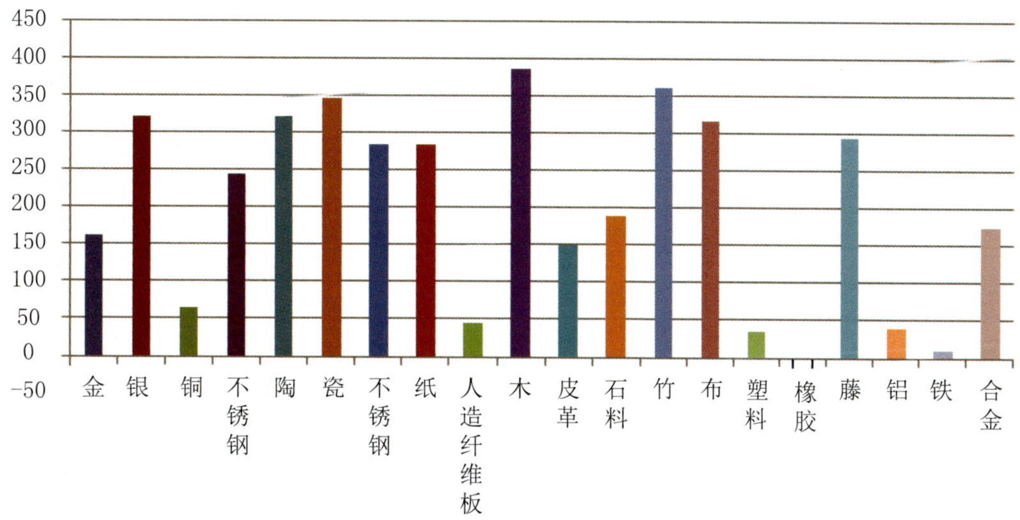

图 3-1 材料喜好度调查结果

（图中数值是根据五分法计算得出的相对数值总和）

① 周芳纯．竹林培育学 [M]．北京：中国林业出版社，1998:375.
② 程瑞香．木材与竹材的粘接技术 [M]．北京：化学工业出版社，2006:238.
③ 周芳纯．竹材的缺陷及其处理 [J]．竹类研究，1991(4):72.
④ 周芳纯．竹材的缺陷及其处理 [J]．竹类研究，1991(4):82.

调查结果显示，调查对象对竹材的喜好程度仅次于木材，超出了大多数现代工业材料。可见，竹材在感觉物性方面总体上有自然、亲和的特性，在年轻设计师中有一定的认知基础。

三、工艺特性

工艺特性一般指材料的加工成型性、环境形状保持性和表面工艺性。关于竹材的环境形状保持性，我们在讨论竹材的耐久性时已经有所阐述，在此不再赘述。下面主要介绍竹材的加工成型性和表面工艺性。

1. 加工成型

关于加工成型性，我们可以先做一个比较：

“钢铁的加工工艺性能优良，而且成形（型）方法很多，可采用铸造、锻压、焊接、切削加工等方法制造出各种设备与产品……”①

“木材至今仍然是一种优良的设计用材，用途极广。这是由于木材具有易锯、易刨、易打孔、易组合等加工成形（型）特性，加之木材表面的纹理能给人以自然、舒适的感觉……”②

“竹材材料的加工性差，竹类植物直径小，尖削度大，壁薄中空，即使是竹类植物中直径较大的毛竹，其直径大多数为 70 ～ 100mm，壁厚平均为 10mm 左右，竹材难以通过简单的加工，如像木材那样加工成大尺寸的板材或者方材而加以利用；竹材通过锯、剖或刨削加工，仅能加工成宽度为 20 ～ 30mm，厚度为 5 ～ 8mm 的竹片……”③

图 3-2　劈篾机与传统手工劈篾

当然，这里仅是引用几位学者的见解，由于他们各自所站的角度不同，因此所做的评价也略有出入。但是，总的来说，竹材的现代加工成型性与其他材料相比的确是有不小的差距，但是这并不是说竹材完全没有加工成型性，而是需要我们根据竹材自身的特性进行技术探索（图 3-2）。

根据目前掌握的资料，除现有的锯、剖、刨、削、编织等工艺外，竹材的加工成型工艺还有竹

① 张锡．设计材料与加工工艺 [M]．北京：化学工业出版社，2004:14.
② 张锡．设计材料与加工工艺 [M]．北京：化学工业出版社，2004:14.
③ 程瑞香．木材与竹材粘接技术 [M]．北京：化学工业出版社，2006:238.

皮制作工艺、重组竹成型工艺①、竹木复合集成材成型工艺②、竹胶板加工工艺，以及模压热弯成型工艺等。

竹材的锯、剖、刨、削等工艺与木材基本相同，这里我们不做详细说明。但和其他材料相比，由于竹材具有优越的柔韧性，竹材的编织成型技术可以达到几乎无所不能的地步。“中国历代的竹编艺人们通过对竹丝篾片的挑、压、弹、插、绕、穿、贴等技法，创造出数以百计的竹编技法图案，常见的有十字编、人字编、圆面编、装饰编及弹插编织等。竹编艺品的色彩也较丰富，有的表现淡雅清新、有的表现富丽庄重，一般以体现竹材本身的质地为上乘。竹编工艺目前有器具类、欣赏类及屏风、壁挂等三大类别……目前竹编品种多达10000余种。”③

竹编工艺已不再是一种靠手工完成的工艺，现代工业生产已经引入了机器编织设备（图3-3），这为竹材的现代利用提供了极大的便利。

图3-3　手工和机器竹编加工工艺

竹材的另一个加工工艺特性是热弯成型性。热弯成型工艺不仅能加热竹片使其变成符合设计要求的形状，甚至可以加热整个竹竿使其变弯或变直。

竹材在机器加工中的主要缺陷是竹材本身具有不规则性。竹材有节、中空、节与节之间造型不规则等，都给机器加工带来了不少障碍，我们将在后面的章节中详细说明。

2. 表面工艺

大部分材料在使用前一般需经过一系列的表面处理来改变材料的表面状态。不同的材料有不同的表面处理工艺，竹材也有其特有的处理工艺。一般来说，竹材的表面处理工艺有磨光、涂漆、炭化等方式（图3-4）。为了展现竹材的自然肌理，竹材一般很少像木材那样使用表面贴覆技术。

磨光：使用砂光机，一般为双砂架或三砂架单面磨光机，砂光机设置为前后砂带粒度各不相同，第一带的粒度一般在100目以内，最后一带要求在120目以上。砂光的目的是使竹材表面平

① 汪奎宏，李琴，高小辉．竹类资源的利用现状及深度开发［J］．竹子研究汇刊，2000,(4):72-75.
② 刘志坤，胡娜娜．竹木复和集成材生产工艺研究［J］．林产工业，2007,(5):26-29.
③ 张齐生，程渭山．中国竹工艺摄影集［M］．北京：中国林业出版社，1997:2-4.
④ 程瑞香．木材与竹材粘接技术［M］．北京：化学工业出版社，2006:253.

整光滑，为涂漆做好准备④。

涂漆：涂漆的目的一是增加竹材表面硬度，延长使用寿命；二是增加竹材表面的美观度；三是封闭防潮，避免虫菌的滋生。油漆的选择根据竹器的功用的不同而略有不同，如竹地板一般采用紫外光固化油漆（UV 漆）①。

炭化：炭化的原理是将竹材置于高温、高湿、高压的环境中，使竹材中的有机化合物如糖、淀粉、蛋白质分解，使蛀虫和真菌失去营养来源，同时杀死附着在竹材中的虫卵及真菌。炭化后的竹材颜色变为古铜色或咖啡色（图 3-5）。同时，炭化对竹材的性能没有太大影响，反而使竹材的表面硬度略有提高②。

四、竹材的主要缺陷

竹材的主要缺陷有易虫蛀和病腐、易吸水和干裂、易弯曲和畸形等。竹材中竹青、竹黄和竹肉等部分容易吸水，在吸水和失水的过程中，三者的缩水率不一致，从而影响竹材的各项性能，引起竹材的变形和干裂。裂口处又容易遭虫蛀和腐蚀③。

图 3-4　竹材的不同表面工艺效果

图 3-5　竹材炭化与未炭化的表面区别
（深色部分为炭化处理后的效果）

① 程瑞香．木材与竹材粘接技术 [M]．北京：化学工业出版社，2006:253.
② 程瑞香．木材与竹材粘接技术 [M]．北京：化学工业出版社，2006:246.
③ 程瑞香．木材与竹材粘接技术 [M]．北京：化学工业出版社，2006:72-83.

3.2 竹编工艺

传统竹编工艺有着悠久的历史，是中国古代劳动人民智慧的结晶。竹编工艺品分为细丝工艺品和粗丝工艺品。2008 年 6 月 7 日，竹编经国务院批准被列入第二批国家级非物质文化遗产名录。

竹编工艺大体可分为起底、编织、锁口 3 道工序。在进行编织之前，应选竹、劈篾，准备竹编所需的材料。在编织过程中，以经纬编织法为主。在经纬编织法的基础上，还可以穿插其他各种技法，如疏编、插、穿、削、锁、钉、扎、套等，使编出的图案花色变化多样。需要配以其他色彩时，就用染色的竹片或竹丝互相插扭，形成各种色彩对比强烈、鲜艳明快的花纹。

一般来说，竹编有以下 6 种基本技法：十字编、人字编、三角编、回形编、六角编和圆口编等。由这些基本技法可再衍生出更加复杂的编织技法，呈现出更为精巧的艺术效果。

一、基本编法

1. 十字编（挑一压一编法）

先将经材排列好，纬材以 1/1 编织法，一条竹篾在上、一条竹篾在下交织。可演变出多种形式，如 2/2 编法、3/3 编法、4 /4 编法等（图 3-6）。

2. 人字编（斜纹编法）

当第二条纬材穿织时，间隔一条经材，以二上二下方式穿织，第三条纬材再间隔一条经材，于纬材方向呈步阶式排列。可演变出多种样式，如 3/3 编法、4/4 编法等（图 3-7）。

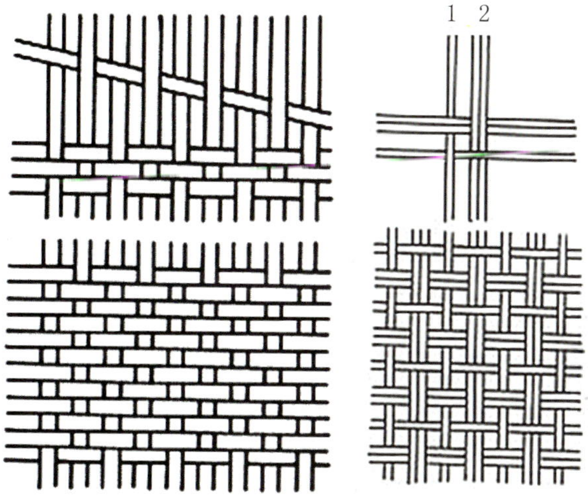

图 3-6　十字编编法示意图

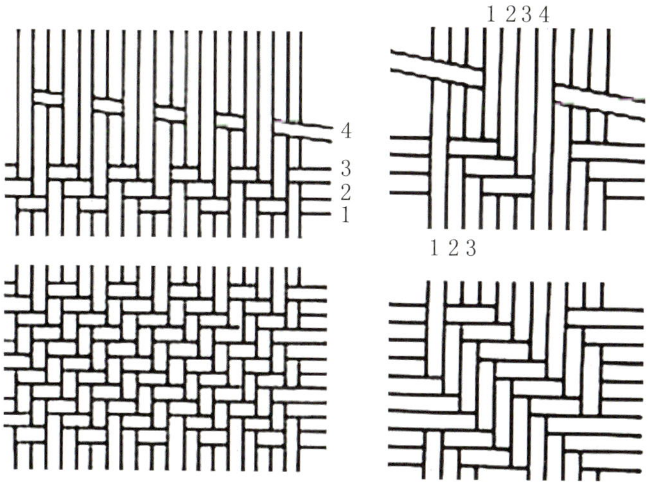

图 3-7　人字编编法示意图

3. 三角编

以三条篾起编，第一条在下，第二条在中间，第三条在上，交叉散开，而且角度相等；第二次再以 6 条竹篾分别穿插，而后依次逐渐增加（图 3-8）。

4. 回形编

回形底起编，以中心为主，以压三挑三法做上下左右对称编织（图 3-9）。

5. 六角编

以 3 条竹篾起头，再以 3 条竹篾织成六角孔，以后分别以 6 条竹篾逐渐增加（图 3-10）。

6. 圆口编

先以 4 条竹篾为一单位，依序如图重叠散开，再增加 4 条，并注意其交织形式，理出头绪后，逐渐增加。此乃难度较高的编法（图 3-11）。

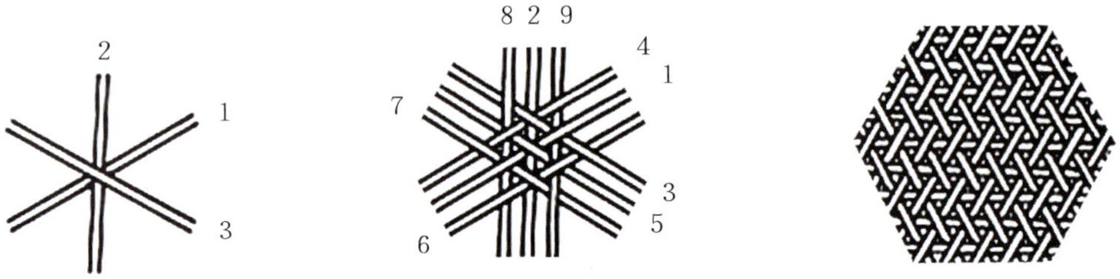

图 3-8 三角编编法示意图

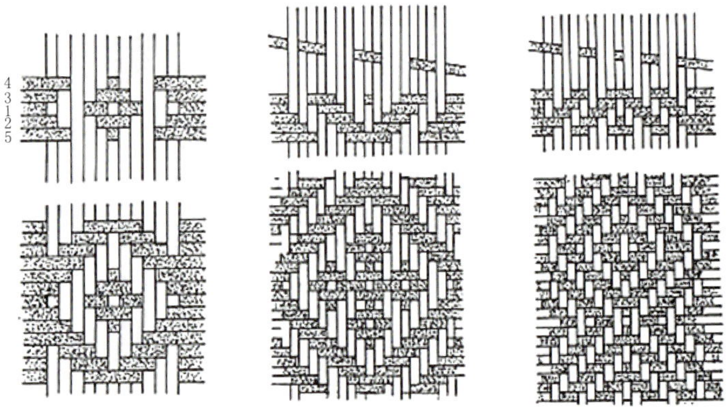

图 3-9 回形编编法示意图

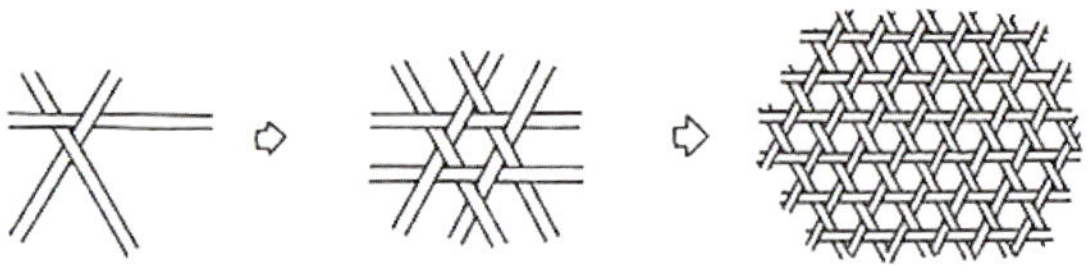

图 3-10 六角编编法示意图

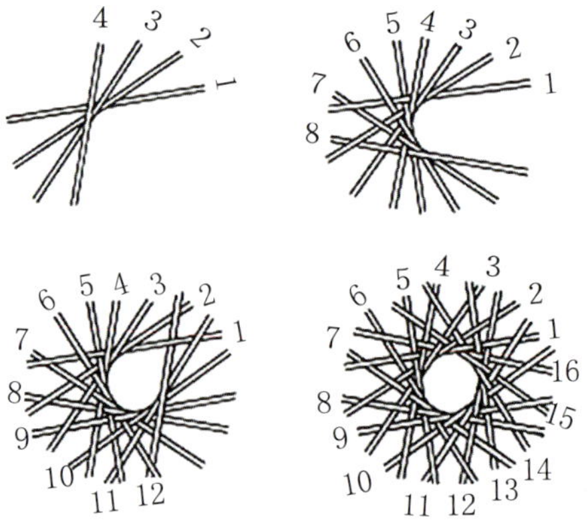

图 3-11 圆口编编法示意图

二、衍生编法

竹编的衍生编法大多是在前 6 种基本编法的基础上，对数种竹编编法的组合使用或叠加使用，形成更加丰富的编织效果，产生的编织纹样也更多，如图 3-12 ～图 3-34 所示。

图 3-12　交叉弹花

图 3-13　穿篾十字编

图 3-14　挑三压三十字编

图 3-15　大小十字穿块

图 3-16　穿篾菱花块

图 3-17　交叉十字编

图 3-18　六角眼孔雀羽弹花

图 3-19　满天星花

图 3-20　六角眼人字弹花

图 3-21　交叉十字编

图 3-22　穿丝螺旋编

图 3-23　“喜”字花

图 3-24　菊花大穿丝

图 3-25　直人字弹花

图 3-26　双篾方块穿丝

图 3-27　六角大穿丝

图 3-28 六角眼菊花弹花

图 3-29 挑二压二十字编

图 3-30 六角龟背编

图 3-31 树叶弹花

图 3-32　三角眼孔雀羽弹花

图 3-33　双层菊花大穿丝

图 3-34　六角旋转编

图 3-35　三角眼

3.3 传统竹家具的加工工艺

竹家具虽然种类很多，造型各异，但它们的加工制作工艺大致可分为竹材加工、骨架制作、面层加工、装配和涂饰等几个工段。下面分工段介绍其工艺特征。

一、竹材加工

为了合理使用竹材，充分发挥竹材的特色，使竹家具富有色彩和式样的变化，必须在制作前对竹材进行截取、脱油、矫正、磨光、漂白、染色和人工斑纹的制作等，以上工序统称为竹材的加工处理。

1．竹段的截取

根据竹家具尺寸大小的需要，把竹材截成适当长度的竹段，称为竹段截取。截取时，要注意根据竹家具的不同结构、不同部位，截取不同的长度和所需的节数。竹段截取的方法分手工锯竹和机械锯竹两种。

2．竹段的脱油

竹材中含有一定量的水分、糖分、淀粉等，这些物质统称为竹油。把竹段放在高温下加热使其中的竹油流出，称为脱油。脱油的方法有两种，即火烤法和蒸煮法。

3．弯曲竹段的矫正

竹竿在生长过程中受到各种外界因素的影响，往往出现弯曲现象。弯曲的竹材必须经过矫正才适合制作家具，可采用调曲台、调曲棒等工具调曲。首先，将干燥竹段的弯曲部分放在火上加温，当竿皮渗出汗珠状竹油时，竹段逐渐失去弹性；然后，再把竹段的一端放入调曲棒槽中，缓缓调整弯曲度，而后用冷水或湿布降温冷却即可。

4．竹段的磨光

竹段表皮经过磨光可以增强光泽度。其方法是：将加工好的竹段放在水中，用两份细沙和一份稻壳混合起来打磨竹段。刚采伐的竹竿先用此法打磨，经干燥后再脱油，表皮会显得特别光滑美观。竹竿表皮黑垢多的，可直接用细沙打磨。

5．竹段的漂白

竹段的表皮原为黄绿色，经过脱油干燥后逐渐呈现嫩黄色，时间长了呈黄褐色。如果竹家具或竹器需要着其他颜色，必须将竹材进行漂白，否则不利于着色涂漆。

6．竹段的染色

如果将竹段染上适当的色彩或做出斑纹，然后再制成家具，则显得古朴典雅，更加美观。竹材着色多用碱性染料。其方法是选择经过漂白后的表皮无损的竹段，放于一定浓度的烧碱或碳酸钠溶液中，煮沸3～5分钟后取出，再放入碱性染料溶液中，煮沸半小时左右即可染上所需要的色彩。

7．人工墨竹、斑竹的制作

竹段的表皮经打磨后，涂上稀硫酸液，稍加火烤即呈墨色；如涂稀硝酸液，火烤后则呈褐色。色彩浓淡取决于酸液浓度的大小，也就是说酸的浓度愈高，色彩愈深；反之，酸的浓度愈低，色彩也就愈淡。

二、骨架制作

骨架不仅能体现竹家具的大体造型，而且还是主要的承力部位。骨架制作分骨架竹段的弯曲和骨架的接合两个方面。

1. 骨架竹段的弯曲

所谓骨架竹段的弯曲就是把竹段弯曲成竹家具的骨架，其方法有火烤弯曲法、开凹槽弯曲法、锯三角槽口弯曲法等。

（1）火烤弯曲法

如图 3-36、图 3-37 所示，取一根待弯曲的竹段，左右手分别各握一端，或把一端卡入调曲棒槽中，另一端用手握紧，把要弯曲的部位的节间放在火上烤，加温的幅度要适当大一些，不断地来回转动竹段。竹壁厚的烤的时间长一些，薄的烤的时间短一些。当外皮上烤出发亮的水珠状竹油时，材质开始变软，这时两手再缓缓向内用力，顺势将竹材弯成所需要的曲度，然后用冷水浸泡或用冷湿布擦拭弯曲部位促使其降温定型。为了避免把竹段外皮烤黑，最好不要用有黑烟的燃料，一般习惯用炭火。高级工艺品骨架竹材的弯曲可用酒精灯、电炉等热源。竹段弯曲的加工

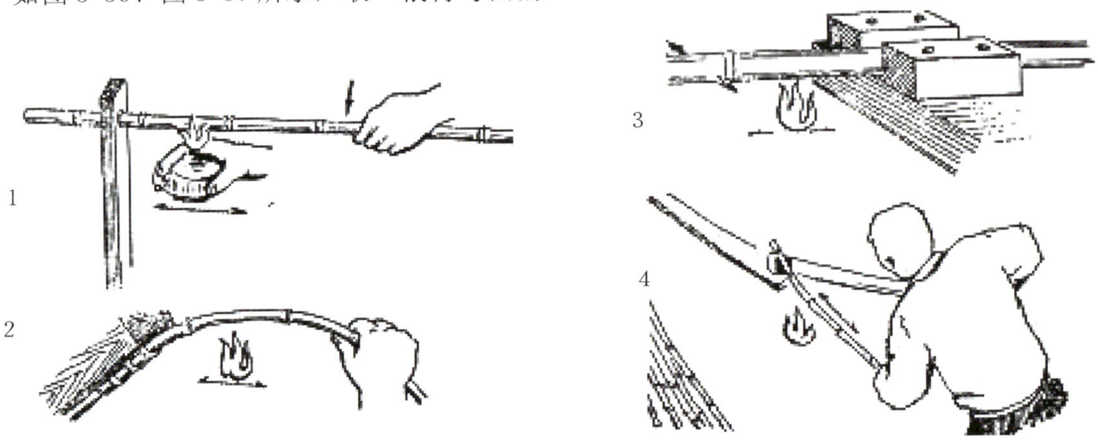

图 3-36 火烤弯曲法示意图[①]

图 3-37 火烤弯曲法工艺

① 胡长龙．竹家具制作与竹器编织［M］．南京：江苏科学技术出版社，1980:36.

温度最好在 120℃左右。

另外，还可以将竹段内部节隔打通，装入热沙，缓缓地加热弯曲、冷却定型。这种装热沙火烤弯曲法使竹段受热均匀，竹段弯曲的弧度也均匀，而且竹段不容易开裂。但因为内部竹隔被去除了，竹材的强度会有所降低。

（2）开凹槽弯曲法

如图 3-38 所示，取待弯曲的竹段，在待弯曲的部位锯出凹形槽口，再把凹槽的两头修成半圆形弧状。如果填入凹槽的竹段或圆木芯直径为 D，那么，凹槽的深度为竹段或圆木芯直径 D 的 3/4，凹槽的长度为竹段或圆木芯直径 D 的 1.5 倍。凹槽的内部要求平整，并要削去内部竹黄。将凹槽处加热弯曲，把预制好的竹段或圆木芯填入凹槽夹紧，冷却后即成 90° 的弯角。

（3）锯三角槽口弯曲法

如图 3-39 所示，在竹段待弯曲部位的内侧，均匀地锯出三角形槽口，再用火烤弯曲部位，两手把竹段向内方弯曲，冷却后即可定型。必须注意的是，锯的缺口越大、越多，竹段弯曲的弧度就越大，曲率半径就越小；反之，则竹段弯曲的弧度越小，曲率半径越大。一般缺口的深度为竹段直径的 2/3 左右。锯口一定要大小一致，间距相等且对称。锯口要在竹段的一条纵线上，否则制成的竹家具会扭曲变形或开裂。此种弯曲法适用于竹椅靠背骨架和竹沙发靠背骨架的加工。

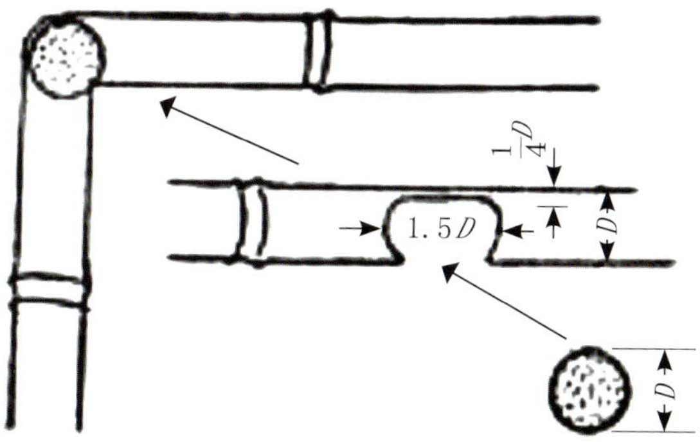

图 3-38　开凹槽弯曲法①

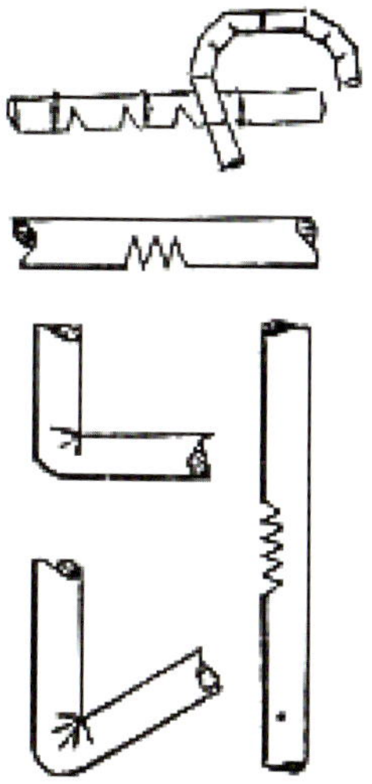
图 3-39　锯三角槽口弯曲法②

开凹槽弯曲法和锯三角槽口弯曲法适用于不易弯曲的大径竹材。制成的骨架虽有一定特色，但是因锯伤了竹材，强度有所降低。

2. 骨架的接合

竹段弯曲后，再和其他圆竹或竹片接合才能组成真正的竹家具骨架。接合方法有很多，常用的有棒接、丁字接、十字接、L 字接、拱接、并接、嵌接、缠接等。骨架的接合需要配合使用圆木芯、竹钉、铁钉、胶合剂等，才能取得良好的效果。

（1）棒接：把一个预制好的圆木芯串在两

① 胡长龙. 竹家具制作与竹器编织 [M]. 南京：江苏科学技术出版社，1980:38.
② 胡长龙. 竹家具制作与竹器编织 [M]. 南京：江苏科学技术出版社，1980:38.

根等粗的竹段空腔中，使这两根竹段相接合。

（2）丁字接：一竹段和另一竹段成直角相接或成某一角度相接。

（3）十字接：将两根竹段成十字形相接，分为同径竹段相接和异径竹段相接两种形式。其中，同径竹段相接是在横竹段上定点打出穿孔，再把预制好的圆木芯垂直插入孔中，在孔的两边露出一定长度，将露出的圆木芯涂上树脂胶，两边各插一段待接的竹段（注意：圆木芯的外径要和插接竹段的内径相同）。异径竹段相接是在较粗的竹段上打孔，其孔径大小与被插入的较细竹段直径相同，再把较细竹段插入孔中（注意：被插的较细竹段的节要留在孔外，否则要把它削平才能穿过孔洞）。

（4）L 字接：把两根同径竹段的端头成 90°角相接。其方法是将待接的两根竹段的一端各插入预制好的圆木芯，并将其端头修成 45° 斜角，分别把斜面涂上树脂胶，然后成 90° 角胶接即成。

（5）拱接：也叫弯接，是将一根竹段弯成 90°或大于 90°角的形式。其与两根竹段间成 90°角相接时类似。

（6）并接：把两根或两根以上的竹段平行接起来。方法是选两根以上同径竹段，削平一面的竹节，使其能相互紧密靠近，再打孔销钉即成。打孔销钉的方向不宜平行，以防止并接竹段互相错动。

（7）嵌接：将一根竹段弯曲环绕一圈之后，再将两个端头相接。方法是选用一根上下直径相同的竹段，将两个端头纵向相对应各锯去或削去一半，当弯曲一段之后，再把保留的另一半相嵌而接。常见的有正劈 1/2 和斜削 1/2 两种形式。

（8）缠接：在竹家具骨架相连接的部位，用藤皮、塑料带等缠绕接合处使之加固。

三、面层加工

竹家具的面层在使用和装潢上都很重要，因此必须精心加工才能达到设计要求。竹家具的面层一般采用竹片、竹排、藤条、竹篾穿编而成，也可用木板、胶合板、纤维板、塑料板、沙发垫等制成。下面介绍几种常用的面层及其加工方法。

1. 竹条面层

竹条面层是用一根根竹条平行相搭组成的。它是竹家具中最常见、最简单的面层。

2. 竹排面层

竹排面层是大型竹桌、竹床和普通竹家具中常用的面层。其制作方法是把竹竿一分为二纵劈成两半，除去节隔，再从它的两端进行多次反复的细劈，且要保持两端不对劈。被细劈的小竹条仍保持左右连续状态，这种片料称为“竹排”，用数块竹排可并联成竹排面层。

3. 胶合面层

将竹薄片或竹席、木板，用胶料胶制而成的面层称为胶合面层。胶合面层的做法：将编好的篾席，截成所需要的尺寸，再用树脂胶浸制即成竹编织胶合面层；或将薄竹片与各种板面在高温高压下胶合成竹贴面板的面层。

4. 穿结面层

穿结面层是指用藤条、绳带等互相穿结而成的面层，多用于竹藤家具面层上。具体做法是用藤条、竹篾、塑料带、尼龙绳等，在骨架面层部位先做经线排列，再做纬线穿结即成。在骨架接合处可进行多次穿结，沿着骨架还可以做出各种花式穿结。

5. **编结面层**

在竹家具的骨架上使用藤条、竹篾等编织而成的面层称为编结面层，常用于竹藤家具。编织面层的花样很多，如十字花编、人字花编、井字花编、菱形花编等。

3.3.4 装配

竹家具的装配是竹家具制作的最后阶段，包括从零部件的准备到整体装配，分为装配要素、部件装配、总装配3个方面的内容，参见图3-40。

1. **装配要素**

无论是部件装配还是总装配，都必须进行打孔、打穴、销钉、胶合等作业，因此，它们被统称为装配要素。

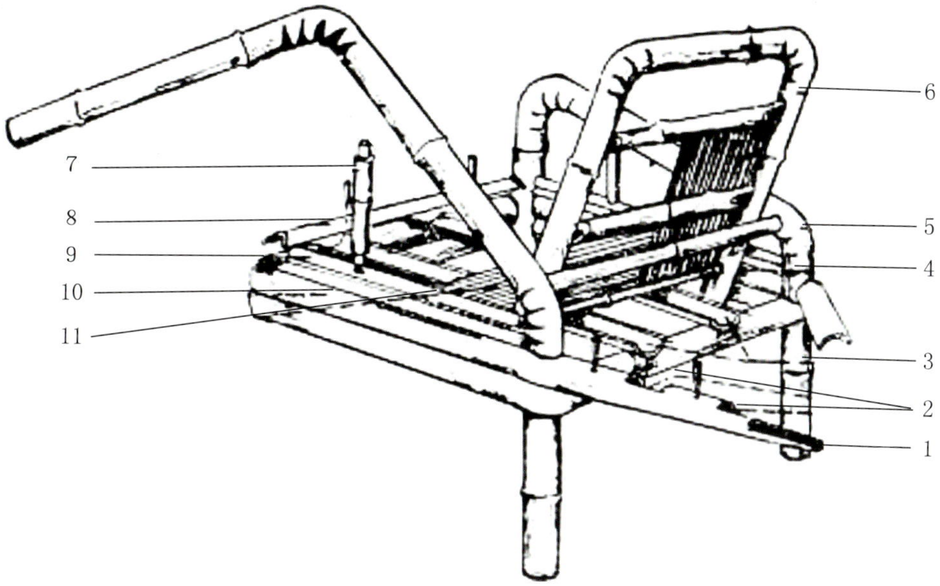

图3-40 竹沙发总装配示意图①

1—面层水平框架端头；2—前后凹槽；3—托竹排面层的宽竹片；4—左右圆孔；5—竹沙发骨架；6—竹沙发靠背；7—扶手支撑；8—前后压面竹片；9—左右压头竹片；10—面层水平框架；11—竹排面层

（1）打孔、打穴

由于竹材的竹青部分纤维密度大，如果把钉子直接从竹青表面钉入，竿皮容易破裂，因此必须在竿皮上按设计要求定点打孔或打穴之后才能从中销钉。打孔是在竹材一定的位置上用钻头钻出对穿孔洞，以利于销钉。打穴是在竹材表皮上用钻头钻出上宽下窄的孔穴，以利于钉入铁钉或旋下木螺钉，将钉帽嵌在穴中。在打孔、打穴作业中，要细心使用工具，防止钻头把竹皮纤维钻破。

（2）销钉

竹销钉的做法是将老竹的竹青部分劈成四方的篾棒，再削成前端尖细、后部稍粗的长圆锥体，即成竹销钉。使用时，把竹销钉钉入孔洞中，再把多余部分削平，以保持竿皮平整。如果使用铁钉或木螺钉，也要在销钉的部位打穴。穴的大小要与钉帽相吻合，以免钉头、钉帽露出竿皮，影

① 胡长龙. 竹家具制作与竹器编织[M]. 南京：江苏科学技术出版社，1980:49.

响美观和使用性能。铁钉的长度要根据竹壁内部圆木芯的软硬程度而定。一般情况下，钉入圆木芯的深度为竹壁厚的 3 ～ 5 倍。软材可适当长一些，硬材应略短一些。

（3）胶合

这里所说的胶合是指竹家具的骨架、面层或竹编织的缘口的胶合。常用的胶合剂有动物胶、聚醋酸乙烯酯树脂胶（也称乳白胶）、脲醛树脂胶、乙烯－醋酸乙烯共聚树脂胶。

2．部件装配

按照技术要求，将若干加工好的竹家具的零件接合成部件，称为竹家具的部件装配。它包括部件的尺寸固定、打孔、销钉和形状的修整加工等工艺过程。

3. 总装配

总装配就是把竹家具的全部部件进行安装、加工，最终形成竹家具（图 3-41）。

图 3-41　装配好的竹椅[①]

① 张福昌．中国民俗家具 [M]. 杭州：浙江摄影出版社，2005:133.

3.4 竹集成材加工工艺

近年来，人们运用先进的加工技术，将竹子经过水煮、刨削、干燥、弯曲成型、胶合、砂光等多种工序，制成直线形、曲线形的竹材和零件、板材，再按照现代家具的制作工艺，加工成各种造型别致、防虫蛀、防开裂、斗榫合缝、坚固耐用的各种竹家具。

竹家具可实现工业化生产以及家具的模数化，整体设计上崇尚天然、朴素、环保的理念。我们可以通过材料的选择和变化，使其在风格上呈多样化，以满足不同层次消费者的需求。

3.4.1 竹集成材生产工艺

板形、方形竹集成材的生产工艺流程如图3-42所示；平拼弯曲竹集成材的生产工艺流程如图3-43所示；新型竹集成材家具的生产工艺流程如图3-44所示。

将竹集成材进行二次加工，制成竹集成材家具，也就是当下常见的现代竹家具。其工艺流程如图3-44所示。

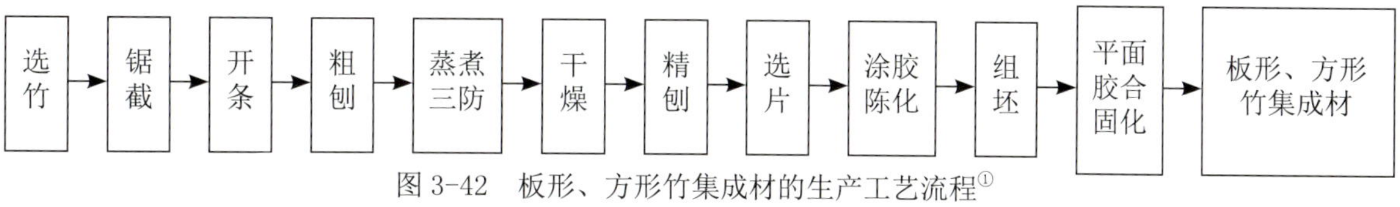

图3-42 板形、方形竹集成材的生产工艺流程①

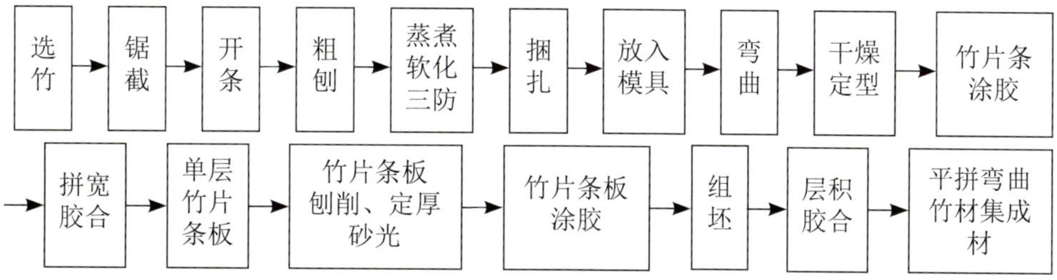

图3-43 平拼弯曲竹集成材的生产工艺流程②

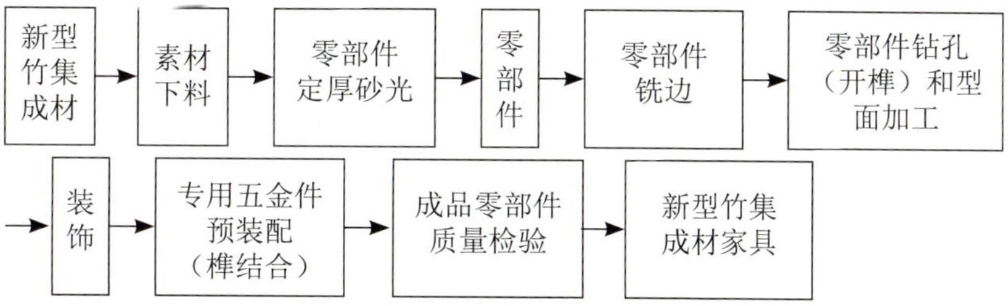

图3-44 新型竹集成材家具的生产工艺流程③

① 江泽慧．世界竹藤[M]．沈阳：辽宁科学技术出版社，2002.
② 江泽慧．世界竹藤[M]．沈阳：辽宁科学技术出版社，2002.
③ 江泽慧．世界竹藤[M]．沈阳：辽宁科学技术出版社，2002.

二、竹集成材家具构件的制作

1. 选竹

竿形要直、圆且较粗，过弯的要人工校直，以提高出材率。竹龄过小（不足 4 年）的竹子，细胞内含物的积累尚少，纤维间的微孔隙较大，在干燥后易引起变形，制成品干缩湿胀系数较大，几何变形也大，故不宜选用；如果竹龄过大（超过7年），竹子在干燥后硬度会很高(含硅量增加)，强度开始降低，对刀具损伤较大，也不宜大量选用。因此，制作竹集成材或其他竹装饰板材，最好选用竹龄为 5 ～ 6 年、眉径（离地 1.5 米处）在 10 厘米以上的竹子。

2. 干燥

干燥工序对保证制成品的质量尤为重要。只有竹片达到干燥工艺标准要求，制成品才不易开裂、变形和脱胶。干燥后含水率以 7% ～ 9% 为宜。如果含水率低于 6%，竹材的强度会降低。

3. 涂胶

一般采用脲醛树脂胶黏剂，要求其固含量为 60% 以上，黏度为 30 ～ 50Pa•s ，游离甲醛含量低于 0.5%。施胶量一般控制在 200g/m^2 左右，可视胶的黏度大小略做调整，也可对脲醛树脂胶进行改性处理或使用其他胶种，以增加和提高某些性能。竹片在涂胶后应陈化，其时间应比木质材料的陈化时间长一些，这是因为竹材的弦向或径向吸水速率较低。

4. 竹条的软化

竹材组织致密、材质坚韧，抗拉强度和弯曲强度很高，因此应先对竹条进行软化处理才能使其易于弯曲定型。高温（160℃）快速加热、化学试剂润胀和叠捆微波加热等方法均能使竹条有效软化。由于竹材中含有较丰富的可抽提物，影响竹材的耐久性且易导致霉变，因此必须对竹材进行防霉处理。根据软化方法的不同，可在软化前或软化的同时去除可抽提物，以提高竹材的耐久性和防霉变性能。

5. 胶合固化

制作竹集成材用的胶压设备一般为蒸汽加热的双向压机，也可采用高频加热的双向压机。由于竹材的导热系数比木质材料略小，因此其热压时间应略长于木质材料。其热压温度与木质胶合板相同，热压压力视竹片的平整度而异，且与压机的操作顺序有关，一般比木质材料稍大。竹材冷压胶合工艺与木质材料冷压胶合工艺相近，只是前者采用的压力较大。在生产过程中，要做好原料、工艺条件和产品质量检查工作，应经常检查单板含水率、胶液黏度、涂胶量和胶压条件等，还需定期检测坯件的尺寸大小、形状和外观质量，并按标准测试各项强度指标。

6. 竹条的弯曲成型

首先，将软化后的竹条弦面层叠，再用细铁丝捆扎；然后，将竹条捆在高湿热状态下放入模具中，均匀缓慢加压使竹条捆与模具紧密贴合，再与模具一起夹紧固定；之后，连同模具一起放入干燥箱内高温（130℃～ 150℃）干燥。在干燥过程中，随竹条干缩量的增加要及时紧固模具。贴合状态要保持紧密，以使竹条弯曲定型效果良好。模具的精度对弯曲成型质量的影响很大。加压时，应保证各叠竹条厚度一致，受力均匀平衡，避免竹条捆整体扭曲或倾斜。

7. 弯曲竹条的定型

由于弯曲的竹条存在弹性应力，因此需在保

持压力的条件下进行干燥定型。将紧固的模具一起放入干燥箱内干燥，在达到预定干燥程度（含水率小于10%）之前保持压紧状态。干燥完毕后，将竹条捆连同模具一同取出，待竹条捆完全冷却后松开模具。此外，也可采用急剧冷却方式定型，但后续干燥易产生一定量的回弹，定型后的形状不是十分准确，可用于对弯曲形状要求不高的场合。定型后取出弯曲的竹条捆，按层叠的顺序编号，以便层积胶合时按原序组坯。

8. 竹条板的组坯胶合

竹材胶合常用的胶黏剂有酚醛树脂胶和脲醛树脂胶。胶合完毕的弯曲竹条板还应进行刨削和定厚砂光加工，以备用。

9. 层积胶合

所谓层积胶合，是指以弯曲竹条板作为弯曲竹集成材的构成单元，通过对竹条板的胶合面涂胶、组坯，采用竹集成材专用胶以冷压胶合的方式制成一定规格尺寸的弯曲竹集成材。

10. 素板下料

素板锯裁时，操作人员应首先细阅开料图和配套的下料尺寸表格，然后再进行加工。素板零部件的加工余量按以下标准选取：长度方向取10～12毫米，宽度方向取8～10毫米。锯割后的板材应堆放于干燥处。

11. 板件定厚砂光

进行板件定厚砂光时，要求板件两面砂削量均衡，以保证基板表面和内在质量。板件在砂光时，要求每次砂削量不得超过1毫米，砂光的板件厚度公差应控制在±0.1毫米范围内。板件铣边时，应先进行纵向边的加工，然后再进行横向边的加工。在进行横向边加工时，应适当减少切削量，降低切削速度和进给速度。加工完毕的零部件长度和宽度的允许公差为（±0.1～±0.3）毫米。

12. 板件钻孔和型面加工

板件钻孔和型面加工要严格按照要求进行钻孔加工。操作人员加工前应认真查阅设计图纸，了解各项技术要求，正确选择钻头，调整好相应的尺寸，确定好零部件钻孔的正反面。根据家具配件的公差确定钻孔的允许公差，以保证零部件的互换性。同时，应考虑结构装配的紧密性，钻孔的允许误差不宜过大。钻孔公差为±0.15毫米（极限偏差为±0.1毫米），孔距公差为±0.15毫米（极限偏差为±0.1毫米）。型面加工时，要求样模有很好的精度，表面切削深度也宜小。

13. 装饰和专用配件预装配

竹集成材家具是一种绿色环保产品。涂料的选择首先必须考虑环保性能，其次也要兼顾涂料和漆膜的性能、施工工艺性和经济性等方面的要求。目前常用UV漆和水性涂料，涂饰工艺以淋涂为主。考虑竹集成材的握钉力较小，须采用牙距大、牙板宽而利的专用螺钉。

三、竹集成材家具

竹集成材家具可分成三类：

一是以榫接合为主的传统家具，其造型和结构类似于传统的硬木家具；

二是现代板式结构的竹集成材家具，可实现标准型部件化的加工；

三是弯曲家具，在传统的圆竹家具的基础上，主要发挥竹材在纵向上较好的柔韧性，通过高温烧制，把竹材弯曲成各种形状，使其看上去自然、美观。

对竹胶合板和竹集成材等竹板材料进行二次设计，可以将其制作成现代竹家具。图3-45所示的竹制沙发就是典型的竹家具。竹集成材加工方法是目前我国竹家具产业化的重要手段，可以将自然生长的不规则竹材转化为可工业化、批量化生产的竹板材，使竹产品的加工进入工业化时代。但竹材的工业化利用，特别是圆竹的工业化利用是否只有这一种方法，目前还有待探索，以求实现竹材利用的优化。这是因为从某种意义上说制作竹板材过程对竹材原有的材料特性有一定的破坏作用。

图3-45　浙江安吉生产的竹制沙发

3.5 竹家具的装饰手法

一、原竹材料的装饰特性

原竹材料优良的装饰特性主要体现在表面光滑、轻质、柔性大、色泽自然柔和、纹理清晰美观等方面，制作的家具也保有材料原有的天然纹路，给人以古典、质朴的感觉。原竹家具应充分利用材料的质感、色彩、表面光泽、肌理和感光特征，其中质感和色彩所占比例最大，更能反映竹材的本质。竹绿、竹黄和竹炭化色（中、浅、深）等竹材料的装饰色彩能给人带来不同的心理感受。竹绿色能给人以宁静、安详的感觉，可使人联想到春天、青春和希望；竹黄色能给人以温暖、愉悦、提神、丰收的感觉，可使人产生积极向上、不断进取和向往光明的心态。而少数竹种有其自身的装饰特色，如方竹成材时，竹竿呈四方形，青翠欲滴、华丽高雅，具有清幽脱俗的品质；斑竹竹竿具有紫褐色斑块或斑点，分枝也有紫褐色斑点，其表面光泽与纹理可体现出独特的装饰效果；紫竹成材时，竹竿呈紫黑色，用其制作的竹制品，具有高贵的紫黑色质感，极具观赏性。

二、原竹家具的结构装饰手法

家具的结构装饰设计从属于家具的装饰设计。家具的结构按制造方式的不同可以分为工艺结构和连接结构。其中，工艺结构是由家具的材料和制作工艺水平确定的，不同的材料具有不同的材料性能，其加工工艺也存在差异，因此，制作出的家具就会具有不同的结构特征。连接结构是指家具各个部件之间相互连接所形成的结构形式。因此，家具的结构装饰设计，就是探讨家具的工艺结构和连接结构，使接点在支撑家具重量使其坚固的同时达到装饰美化的目的。优秀的结构装饰设计既可以降低家具的加工成本，又可以丰富家具的造型美感。结构装饰设计集结构设计、工艺设计、装饰设计于一体，设计的效果取决于家具设计师对装饰元素的应用。原竹家具结构的装饰手法是以其独特的点、线、面元素为基础实现的。下面重点介绍原竹家具的面装饰手法，包括曲面装饰和平面装饰。

三、原竹家具的面装饰

1．曲面装饰

原竹材料具有柔韧性，因而竹家具的曲面装饰可以通过多种手段来实现：可将小径级的原竹或竹篾以原竹弯曲段为框架来进行编织，编织手法丰富多变，得到的曲面装饰效果也具有多样性；可以弯曲原竹段为框架，用竹片、小径级竹条以嵌插的接合方式构成具有装饰性的面；还可将原竹纵剖、软化、展平，再加热弯曲得到所需要的曲面。当然，用于制作曲面的构件可在造型上进行设计，使其具有丰富的装饰性能，如形状上可为规则几何形或不规则几何形，嵌插所用的竹片、竹条在大小上可做调整，同时在嵌插的排列中可根据造型原理进行设计（如比例、尺度、变化、统一、均衡、稳定等元素的运用）。如可选取两种径级的竹条进行嵌插，在中间部分插小径级竹条、两边部分插大径级竹条，反之亦可；还可将竹条由一边向另一边按径级由小到大或由大到小进行排列以体现韵律美。

2．平面装饰

传统的原竹家具多以平面装饰为主，如屏风、桌面、几面、椅面等常以平面形式制作，并可根据原竹的装饰特性进行装饰设计。原竹家具平面构件的制作有多种方式：可利用中小径竹竿做家具的框架，再用竹条平行排列做面板、座板和靠背等，这类家具常见的有竹床、竹桌、竹椅、竹几等；也可将原竹剖开、软化、展开，进而拼接成面板，并以原竹竿材制作框架，将原竹板用嵌插或竹钉铆接等接合方式与框架接合，加工后的原竹板仍保留其原有的纹理、色泽；还可将小径级原竹竿或竹篾编织成平板，再与原竹框架通过不同的接合方式进行装配，编织的手法不同，编织出的平板的纹路也不同，从而可获得丰富的平面装饰效果。

第4章 传统竹器的设计规律

4.1 设计规律的内涵

一、规律与设计规律的概念

1. 规律

《辞海》对“规律”的解释为：“①亦称‘法则’。规律是事物发展过程中的本质联系和必然趋势，具有普遍性、重复性等特点。它是客观的，是事物本身所固有的，人们不能创造、改变和消灭规律，但能认识它，利用它来改造自然世界，改造人类社会。科学的任务就是要从感性认识上升到理性认识，揭示客观规律，指导人们的实践活动。规律可分为自然规律、社会规律和思维规律……②规则。如：生活很有规律。”[①]

《现代汉语词典》对“规律”做了如下界定：“事物之间的内在的本质联系。这种联系不断重复出现，在一定条件下经常起作用，并决定着事物必然向着某种趋势发展。规律是客观存在的，是不以人们的意志为转移的，但人们能够通过实践认识它、利用它。也叫法规。”[②]

关于“规律”，各种工具书的解释基本一致，因此，本书所指的“规律”原则上借用上述解释。

2. 设计规律

设计规律就是设计学科中的规律性。设计学科和其他学科有所区别，有该学科自身的鲜明特色，自然也有其独特的规律。

本书所使用的“设计”一词包含与设计学科相关的、具有设计学科特色的含义，而不仅仅局限于“设计”这个词本身的概念。结合本书所考察的对象，书中“设计规律”是指从设计学科的角度来思考的竹类产品的规律性，竹类产品系统中和设计相关的本质，以及不以人的意志为转移的规律。

二、设计规律的内涵

设计包含的核心要素是人与物，以及连接人与物的科技。科技的发展不是设计行业能够左右的，但是设计者可以科技为基础，充分利用科技发展的成果，为人类创造价值。现代科技的发展虽然突飞猛进，但是就某一时段而言，科技的发展是相对静止的，是人类有史以来所取得的成果的累积，而这就是该时段设计所拥有的基础。

那么，设计中最核心的关系就是“人与物”的关系，其他所有关系都是围绕着“人”或者“物”而展开的。围绕“物”的研究主要是自然科学需要解决的问题，而围绕“人”的研究主要是社会科学需要解决的问题，进而有了“自然—物—人—社会”关系的产生，因而需要系统地考虑其影响。

1. 一个基点——功用

事物的功用是事物之所以存在的基点，也是

① 辞海编辑委员会．辞海［M］．1999年版缩印本．上海：上海辞书出版社，2002:1591.
② 中国社会科学院语言研究所词典编辑室．现代汉语词典［M］.5版．北京：商务印书馆，2005:544.

"人—物"关系得以存在的基点。

人类所使用的各种器物的重要性并不在于其本身，特别是在人类生产力比较低下的时候，更是如此。器物本身具有的功能才是最重要的。关于器物的功能，清华大学美术学院李砚祖教授是这样论述的："工艺物品的有用性和合目的性构成了它对于人的使用价值，体现了人造物的基本动机……从价值意义上来认识，物的使用价值，是人类价值意识中最基本的形态，它直接维系于人生命本体的生存和延续，是人类生命价值观的产物……实用价值是人内在的生命价值凝结在造物上的外化形式，其巨大的聚心力几乎支配了人类造物的所有历史阶段，成为人类创造活动生生不息的动力源，只有在此基础上，才有可能出现其他形态的价值观念和意识。"①

功用看似简单，但是现在几乎所有纷繁复杂的产品在功用的面前都会脱下掩人耳目的外衣，立刻变得统一有序。这也是日本色彩学家大智浩等人所认为的设计的本来面目。他们认为，"现代设计已经失去了建筑在现实生活基础之上的、自然产生的造型化之作用了。问题正在这里，这种生活的虚无化，就是我们人类自己杜撰出来的。""我们有必要从整体上做这样的尝试：不断地进行回归人类基点的工作，依此再对照历史过程与社会整体，重新把握设计。"②

飞利浦设计中心全球设计总监斯丹法诺·马扎诺（Stefano Marzano）也有同样的观点："不是产品，而是需求和功能。促进想象工程的第二个方法就是停止对传统产品和服务的思考，而把焦点集中在需求和潜在的功能上……"③

因此，把握设计的本质规律，首先需要把握事物的"功用"。

2. 两个层面——物质功能和精神功能

事物对于人类的功用分成物质上的功用和精神上的功用（图4-1）。前者一般被称为物质功能，后者被称为精神功能。那么，对于设计者来说，站在功用的基点上，必须要考虑物的物质功能和精神功能的平衡。这种平衡会因时因地因人等的不同而不同，它是一种复杂的平衡。

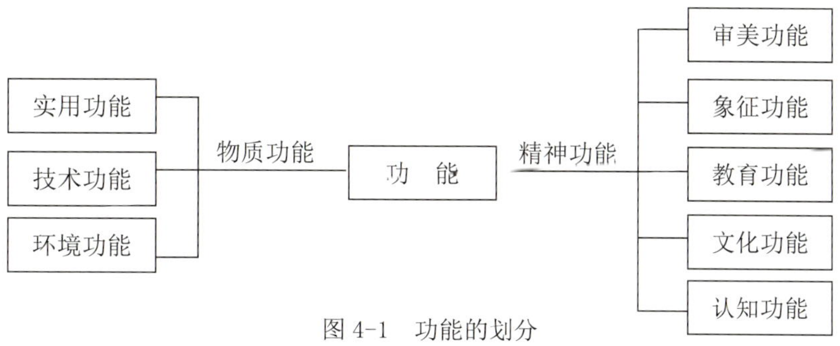

图4-1　功能的划分

① 李砚祖．装饰之道［M］．北京：中国人民大学出版社，1993:432-433.
② 大智浩，佐口七朗．设计概论［M］．张福昌，译．杭州：浙江人民美术出版社，1991:40-41.
③ 斯丹法诺·马扎诺．飞利浦的设计思想：设计创造价值［M］．蔡军，宋煜，徐海生，译．北京：北京理工大学出版社，2002:24.

根据简召全等人的观点，产品的物质功能主要包括技术功能、实用功能和环境功能等，而产品的精神功能主要包括审美功能、象征功能和教育功能等[①]。而柳冠中在《工业设计学概论》中也提出，产品的物质功能主要包括人因工程学的功能、技术功能和信息传递的功能，在精神功能的界定上和简召全等人的观点一致，也主张将其分为审美功能、象征功能和教育功能等[②]。实际上，如果从广义的角度来分析，产品应当还具有文化功能[③]、社会功能、认知功能[④]等。而随着时代的发展，产品的物质功能和精神功能也会有所变化，其内涵和外延将不断得到拓展。

3. 三种关系

在设计关系中，“人—物”关系是其最核心、最本质的关系。但同时人类又是生活在第一自然和第二自然（人造自然）的大环境中的，从而引发了设计本质关系中的另外两种关系，即“自然”同“人—物”的关系和“社会”同“人—物”的关系。这两种关系的出现，进一步明确和丰富了设计的本质。

设计中的这三种基本关系（图 4-2）的确立是有层次的，不能一概而论。首先，“人—物”关系是其他几种关系的基础，是最为核心的关系。又由于物与自然之间的联系，从而导致了“自然—‘人—物’”关系的出现，而同“自然”这一实体相对的不是单独的“物”，而是“人—物”的关系。相应的，由于人同社会之间的固有联系，设计中又出现了“社会—‘人—物’”的关系，同样，同“社会”相对应的也不是单独的“人”，而是“人—物”这个核心关系。

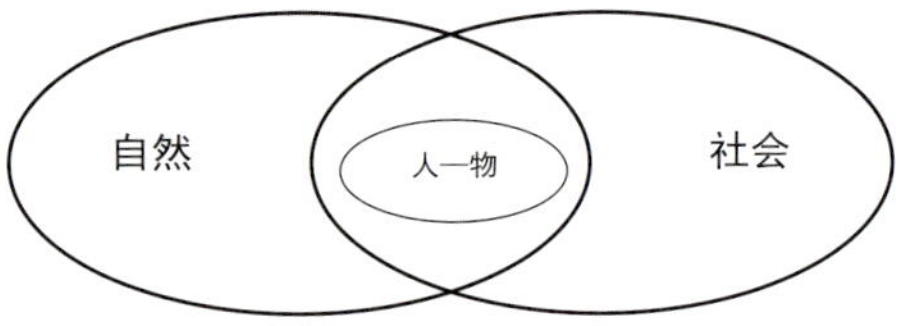

图 4-2 设计中的三种基本关系

在这三种关系中，我们可以看到，“人—物”关系是最为本质的关系，是“自然—‘人—物’”“社会—‘人—物’”这两种关系的基础。但是作为实体存在的人又不得不面对自然和社会对人的种种约束，不断地调整自身同自然、社会的种种关系。人同自然的关系实际上是人同“所有的物”的关系，包括人造自然中的各种物；人同社会的关系实际上包括人同“所有的人”的关系。

在这里讨论上述三种关系，主要是为接下来讨论竹子的设计规律做理论铺垫。正如前文所说，设计规律包含多个层面，我们不可能在一次论证过程中把所有层面的设计规律都一一找出来，但从设计本质的角度来探究设计规律是最能把握事物本身特征的方法，这三种关系的出现为我们讨论最本质层面的设计规律提供了依据。

对于设计本质的阐述，实际上也就是对设计规律的内涵的阐述。把握事物的规律是透过现象看本质的过程，对设计规律内涵的理解实际上是建立在对设计的本质的认识之上的。

① 简召全，冯明，朱崇贤．工业设计方法学 [M]．北京：北京理工大学出版社，2000:60-61.
② 柳冠中．工业设计学概论 [M]．哈尔滨：黑龙江科学技术出版社，1997:42-43.
③ 易中天．设计文化与文化设计 [C]// 中国工业设计协会．中国工业设计协会十年优秀论文选．北京：中国轻工业出版社，1998:14-18.
④ 徐恒醇．产品设计中对功能概念的拓展 [C]// 中国工业设计协会．中国工业设计协会十年优秀论文选．北京：中国轻工业出版社，1998:176-178.

4.2 竹器“物质功能”的规律分析

在本节中，我们将重点分析竹类产品的物质功能。在庞大的竹类产品系统中，我们不可能一一鉴定所有产品的用途，但是根据功能论的观点，可以将一类具体的功能抽象为更高层面的功能，这样能帮助我们更好地把握事物的本质。正如椅子的具体功能是“坐”，在“坐”的背后，有着更为本质的功能，即提供休息的位置或使人舒服的支撑性能。前者和后者的功能界定没有本质上的区别，但是后者是透过现象看到了事物更深层的本质。为了能够把握竹类产品系统的本质，我们会从较抽象的层面来看待功能问题。

一、竹器的“围合”功能

这里所说的“围合”并不是专指建筑或室内设计中的空间围合的概念，而是指产品设计中的围合。在产品设计中，有很多地方需要用到“围合”这一功能。如冰箱的制冷空间就需要全封闭的围合空间，而鸟笼、台式风扇等则需要半开放式的围合空间，当然，半开放式的围合空间也包括庭院和建筑上的围合空间。同其他材料的围合设计相比，竹类产品的围合功能体现了一定的特色，竹子有自己恰当的围合功能层次。或者说，从竹子本身的供给特性来看，它更适合一些特定的围合空间。

1. 大空间围合功能

大空间的围合主要是对景观、建筑、庭院等空间的围合。这一类空间的特点是尺度上超过人体的尺寸，人是被包含在这一类空间中的。当然，这里的大空间和建筑领域所说的宏观空间是有区别的，这里的“大”仅是相对于一般的产品设计而言。从根本上说，围合空间只分为两类：闭合空间和开放空间。其他空间形式只是这两类基本空间形式的变化和组合而已。

且不论竹类产品的大空间围合功能具有形式多样性的特征，竹类产品围合功能的最重要的特色之一是开放式围合。虽然也有半封闭的空间围合，但是大多数竹类产品的围合都是开放性的。

由表 4-1 可以看出，竹类产品的大空间围合功能的表现形式也是多样化的，既有竹竿直接使用类的产品，又有 1/2 纵向切分类产品、1/8 纵向切分类产品，还有横向切分类产品等，甚至还包括竹枝类产品。细究这一类空间围合功能，我们发现，开放式围合比封闭式围合使用范围更为广泛。究其原因，在大空间围合功能的实现过程中，不论是竹竿的直接应用，还是纵向切分的应用、横向切分的应用，所有的组合元素的特征最终都可以用“线性”来说明。实际上，竹类产品的大空间围合功能的实现是以“线”的排列来实现的。由表 4-1 可知，不论是开放式的围合还是封闭式的围合，都是“线性”围合。这种线性的围合特性决定了只要不是出于特别的需要，竹类产品的大空间围合都应趋向于开放式围合空间。采用开放式围合空间，不仅是出于节约材料的考虑，更多的是出于节约时间成本、扩大空间开阔度、增强空间层次感的考虑。如果空间的围合需要良好的封闭性，那么竹类产品不是最好的选择。正如前文所述，这样的使用需求同竹子的供给特性产生了冲突，在设计时，我们必须充分考虑采用封闭式围合的必要性。

表 4-1　竹类产品的大空间围合功能

开放式围合空间	封闭式围合空间

2. 一般空间围合功能

一般空间是相对于前述的大空间而言的，一般的室内空间的围合和日常生活中的围合，都应属于这一类围合空间。它是比较典型的产品设计层面的围合。其代表产品有小型的竹栅栏、竹饭罩、竹菜罩等。一般空间围合同样也分为封闭式围合和开放式围合。

竹类产品一般空间围合功能的实现主要通过对一定的空间进行人为划分来实现。划分空间的目的有很多，但最终的手段都归结到“围合”上来。如表 4-2 所示，竹类产品的一般空间围合功能主要体现在对围合空间的控制和保护方面，如为了保护植物、饭菜等，控制鸡鸭等家禽的活动范围，防止牛劳作时乱吃东西等。一般空间围合功能所体现的已经不是“线性”造型的特征，而是一定的“面”的特征，不论是封闭式的围合还是开放式的围合，其都是类似于“面”的围合。这是因为产品本身尺度小，所耗竹材也少，竹材的“线性”特征也随之减弱，用竹编组成的“面”成了主要的造型。

表 4-2 竹类产品的一般空间围合功能

开放式的围合			封闭式的围合

围 栏	鸡 罩	鸡鸭栅栏	菜 罩

牛嘴罩	鸡鸭栅栏		菜 罩

此时的围合功能由于面积的减小，出现了变动围合的情况，如高度一定、长度较长的竹编栅栏，其柔韧性较好，容易卷收，使用者可以根据圈养动物的多少来随意调整围合空间的大小。如图 4-3 所示，竹栅栏一般用来圈养家禽。由于每次圈养家禽的数量和体积不同，竹栅栏的围合空间需要有一定的弹性，图中白色部分显示了竹栅栏的 5 种围合状态，下方为平时不用时的收纳状态。实际上，由于竹材的供给特性，竹材编制成较长的面时，其柔韧性非常好，不但可以轻松变形，而且相当稳定牢固，不易倾倒。这样的弹性围合方式在竹类产品中经常见到，如农村的谷仓也常用到这种便于收纳的围合。

另外，竹类产品的围合空间一般都保持着良好的透气性。利用这种透气的围合可以对活的牲畜进行适当的限制，也可以让食物保持新鲜，这也是竹类产品在围合功能上体现出的特色。相对来说，这些特色是其他材料不易实现的。

总的看来，竹类产品的围合功能主要分为大空间围合功能和一般空间围合功能。围合空间也可以作为达到其他目的的手段，诸如限定户外空间、隔断室外室内空间、保护食物等。竹类产品的围合空间既有开放式的也有封闭式的，但是即使是封闭式的围合，仍然具有适当的透气性。此外，弹性围合方式，不仅是竹类产品围合功能的一大特色，也是人类在生产生活中不断发现和创造的成果。对竹类产品围合功能的分析，也引出了对竹类产品的“线性”特征和“面性”特征的讨论。这一问题，我们将在下文中继续深入分析。

图 4-3　竹栅栏的弹性围合功能

二、竹器的“容纳”功能

“容纳”功能是指产品具有一定的收容、包含等功能。本书将竹器的容纳功能分为两种，分别是液态容纳功能和固态容纳功能。顾名思义，液态容纳功能是指能盛装液态物质，如水、汤等；固态容纳功能是指能盛装各种固态物质。

1. 液态容纳功能

液态容纳功能的实现要求容器本身在开口边缘以下没有孔洞，否则，液体将无法储存。在竹子的各种切分方式中，最能体现这种功能的就是竹竿的横向切分。一旦对竹竿进行纵向切分，要想实现液态容纳功能，就必须对纵向切分的竹材进行二次甚至多次加工。而进行横向切分，所需的加工过程相对简单一点。

表 4-3 列举了部分具有液态容纳功能的竹类产品。我们从中可以看到，大部分产品是对竹材进行了横向切分，特别是半节切分、一节切分的应用相当广泛，而多节切分的应用主要是由于运输较大量液体的需要，如背水筒和抽水筒，前者有 1 米多长，后者甚至有 3 米多长[①]，用于山区农业灌溉。其中，仅有菜盘是 1/2 纵向切分的。另外需要说明的一点是，表中的竹胎漆勺出土于马王堆汉墓，由于漆的保护，该竹勺经历 2000 余年的时光仍保存完好。

竹材细长的形状使得其制作的产品并不适合装运大量的液态物质，如对存储水而言，竹材并不是最好的选择，木材或陶瓷等材料制成的各式水桶、水缸等更适合容装大量的水。而竹材在容

① 叶森筠．徽州民俗集锦[M]．皖内部图书（2003）第 101 号，2003:132-133.

表 4-3 液态容纳功能

		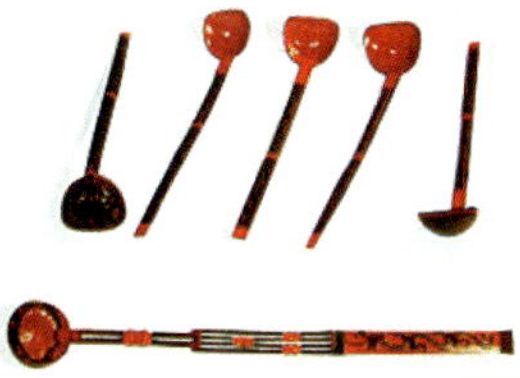		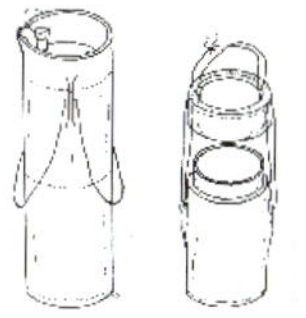
茶　勺	水　舀	竹胎漆勺	菜　盘	竹茶筒、菜筒
				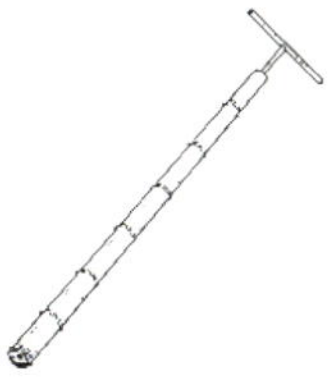
茶壶、茶杯	背水筒	酒　杯	竹筒酒	农用抽水筒

装少量液态物质时是很不错的选择，特别是茶与酒等日常饮品，用竹材做容器既可物尽其用，又能更好地体现中国传统文化的精髓。

总之，竹类产品的液态容纳功能主要是通过对竹材进行横向切分和 1/2 纵向切分来实现的，其他切分方式很难体现其液态容纳功能。竹类产品的液态容纳功能比较有限，只能用于对少量液体的储存。

2. 固态容纳功能

竹类产品固态容纳功能的实现并不要求其具有很好的密封性，也就是说，容器可以具有一定的孔洞，只要不让容装物漏出即可(图 4-4)。当然，其私密性会有所欠缺。

图 4-4　不同孔洞和无孔洞的竹筷笼
（引自徐艺乙《中国民间美术全集・器用编・工具卷》）

横向切分的竹类产品的容积有限，不易装载较大的固态物质，因此，竹类产品的固态容纳功能主要是通过对竹材纵向切分后的二次加工来实现的。虽然横向切分类竹产品也可以用来制作具有固态容纳功能的容器，但是根据竹材的供给特性，这样的利用是不值得提倡的。为了对竹类产品的固态容纳功能进行准确的分类和研究，我们先来分析一下固态容纳功能实现的抽象模型。

（1）具有固态容纳功能的竹器的形状

根据固态物体的性质，具有固态容纳功能的竹器的形状一般有以下 3 种（图 4-5）：长比高大很多，长高近似相等，高比长大很多。

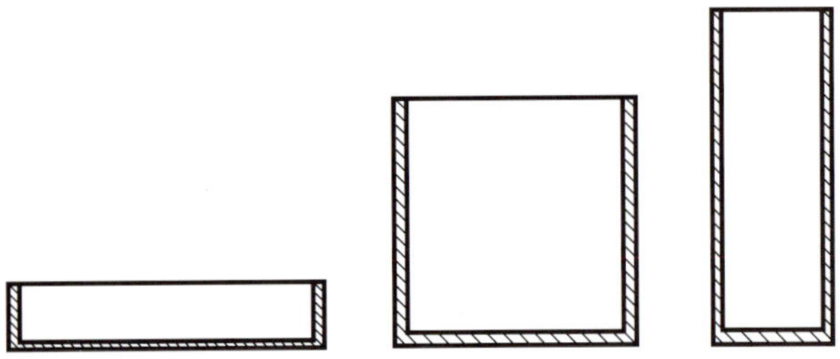

图 4-5　具有固态容纳功能的竹容器的 3 种基本形态

（2）竹类产品固态容纳功能的实现

竹类产品的固态容纳功能因竹材的供给特性而有其独特的表现方式。我们可把具有固态容纳功能的竹类产品归纳为 12 种基本类型，如扁平无孔洞型、扁平有细密孔洞型、扁平有一般孔洞型、扁平有大孔洞型等。基本类型经过形态的二次叠加、三次叠加等，可以形成更为复杂的类型。

从表 4-4 的分类中，我们可以看到，只有无孔洞型的 3 种竹器是将竹材横向切分后直接制成的，其他 9 种都是竹材纵向切分后经过编织制成的。但是，正如上文所提及的，横向切分的竹类容器其容量是有限的，只能装载少量的物质，因而在人们的生活中其应用面不是很广。真正应用广泛的是经过编织的各类竹制容器，再辅以适当的框架，其容载能力可大大增强。编织工艺大大增强了竹器的容载能力，但是越大的容器，编织花费的时间就越多。为了达到最经济的利用状态，人们在不断的尝试中对竹制容器的编织工艺进行了思考，发现日常生活中只有少数的容器需要细密地编织，大部分容器对编织的细密性要求不高。根据容纳物的大小，出现了带有各种不同大小孔洞的竹制容器。

（3）具有固态容纳功能的容器的特征

孔洞：固态容纳与液态容纳功能最大的区别在于孔洞的形成。我们通过对其他材料制成的容器进行考察，便会发现孔洞的存在是竹类容器的一大特色。这一特色是受到人们现实生活中各种实际需要的刺激而形成的，其存在的必要性是经过实践和时间验证的。孔洞的存在为容纳功能的实现提供了经济合理的利用方式，特别是大孔洞竹制容器，在不装载物品时可被轻松携带，为移动容器带来了便利。

分级处理的特征：对于上述 12 种基本类型的具有固态容纳功能的竹制容器，我们可以根据孔洞的大小将其分为无孔洞型、细密空洞型、一般孔洞型和大孔洞型 4 种。虽然这是一种较为粗略的分类方式，但却透露着分级处理的思想。这种分级处理的思想实际上是对日常生产生活中所需容纳的各种固态物品进行考察后形成的。很显然，稻谷等是典型的颗粒状固体，必须对容器进行细密处理；而鸡、鸭、鱼、蔬菜等具有一定的体形，没有必要花费精力把容器制作得很细密，而且这样做也不方便观察内部情况，特别是在装载动物时，为了透气更应做成大孔洞型。

容器形态的多样化：同样是扁平形的具有容纳功能的竹制品，但是几乎每种产品的造型都不

表 4-4　具有固态容纳功能的竹类产品

形　态		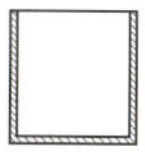	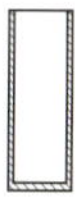
无孔洞型			
细密孔洞型			
一般孔洞型			
大孔洞型			

一样。这种形态的差异不是人们刻意追求的产物，而是实用性的一种体现。在追求设计多样化的时代，在很多情形下，我们只是对形态多样化存在表面追求，但是通过分析，我们可以看出，形态的多样化必须符合人们的实际需求。

容器多为单一形态，组合形态的比较少，尤

其是具有固态容纳功能的竹类产品。这是因为此类产品几乎都是日常生产生活用品，很少有工艺品，因而体现了器具的实用性。这种实用性又体现了一种朴素的美。李砚祖教授曾经说过“美在民间”[①]，民间传统器具的美就在于其朴素和实用。

具有固态容纳功能的容器的尺度自由：根据前面的分析，我们知道具有液态容纳功能的容器由于受竹材供给特性的影响，容器的容量是有限的，而对于具有固态容纳功能的容器而言，通过对竹材进行纵向切分可以突破这种限制。纵向切分使得具有固态容纳功能的容器的容纳尺度大大增加，其内径可超过 1 米，如农用大簸箕的直径可以达到1米多，而竹制鱼笼的直径可达 1.37 米[②]，大竹箩的体积可达 50 厘米 ×50 厘米 ×50 厘米。可以说，纵向切分改变了竹材的供给特性，使得竹材也适于编织各种大容量的竹器。

三、竹器的“过滤”功能

“过滤”的含义是“使流体通过滤纸或其他多孔材料，把所含的固体颗粒或有害成分分离出去”[③]。在本书中，主要是指竹类产品的各种过滤功能，既有从液体中过滤固体的，也有从固体中过滤固体的。

从液体中过滤固体，主要是指竹类产品可以从液体中打捞出固体物质，如从水中打捞浮萍、从汤汁中捞出各种食物、从茶水中滤去碎渣等，这些都满足了生活中人们对不同事物进行分离的需要。特别是从液态物质中捞取固态物质，各种有孔洞的竹类产品可以很好地发挥作用。

从固体中过滤出固体，主要是指不同大小的固体通过竹类产品的过滤而分离，如从各种谷物中分离出尘土，从颗粒状物质中过滤出各种树叶、稻草等。

1. 具有液态过滤功能的竹类产品

从表 4-5 中我们可以看到，具有液态过滤功能的竹器其竹编排列细密，孔洞很小。直接过滤用的笊篱和酥油茶滤器的深度都比较浅，方便打捞；而蒸煮食品用的竹器深度则比较深，人们可以把所煮食物放入其中，在水中煮熟以后再提出，这也是一种过滤的形式，不过，其真正的目的却是方便食物的蒸煮食用。由于液态过滤功能大多体现在家庭生活用具上，所以各种竹制滤器的尺寸都不大。如蒸煮酒酿用的竹器直径为 10 厘米左右；笊篱的直径较大的约 25 厘米，较小的只有 15 厘米左右；酥油茶滤器的直径仅 5 ～ 7 厘米。这些竹制滤器的尺寸实际上同民间用的普通碗的尺寸相当。

2. 具有固态过滤功能的竹类产品

具有固态过滤功能的竹类产品的基本种类并不多。如表 4-6 所示，这类产品主要有竹筛、竹篦、竹耙和竹掼床等，其中竹筛是最为典型的竹制滤器，其他 3 种则是变相的滤器，在现实生活中一般不被认为是滤器，但是由于它们都有过滤功能存在，因此，本书将其列入此类型竹器加以讨论。如竹篦可把细小杂物从头发上“过滤”出来；竹耙可从细小固态物质中把大的多余物体挑选出来；竹掼床的过滤功能是比较隐蔽的，它是一种

① 李砚祖．装饰之道 [M]．北京：中国人民大学出版社，1993:328.
② 徐艺乙．中国民间美术全集·器用编·工具卷 [M]．济南：山东教育出版社，1994:100.
③ 中国社会科学院语言研究所词典编辑室．现代汉语词典 [M].5 版．北京：商务印书馆，2005:526.

表 4-5 液态过滤功能的竹类产品

蒸煮竹器	煮酒酿竹器	笊 篱	酥油茶滤器

表 4-6 固态过滤功能的竹类产品

竹 筛	竹 篦	竹 耙	竹掼床

谷物脱粒的工具，把稻谷在竹掼床上进行甩掼，稻谷等即可脱离稻草，竹掼床上的竹条稀疏排列实际上是为谷物的过滤提供了空间。

在此需要重点说明的是竹筛。竹筛在民间应用得极为广泛，从竹筛本身的大小到筛孔的大小都有不同的变化。人们根据日常生产的需要而制作了不同型号的竹筛。我们对各种型号的竹筛进行了收集，发现竹筛不论其孔洞的大小如何，其直径总体上比较统一，均集中在 70 ～ 120 厘米。其原因是在手工劳作时代，竹筛是需要人们用双手筛动的，因此其大小必须在人的双手展开并能很好活动的范围内。人在使用竹筛时，其上臂展开，前臂同身体和上臂所在平面保持垂直。因此，根据国家标准中的人体数据，我们可以测算出，在这种姿势下双手的距离为（设定人的上臂在重载劳作时仅能展开 45°）：

L = 肩宽 + 上臂长 ×2×/2/2

计算结果如表 4-7 所列。

表 4-7 人在使用竹筛时的双手展开宽度

百分位	5%		50%		95%	
	男	女	男	女	男	女
L	752.6mm	690.5mm	817.6mm	752.5mm	880.9mm	804.0mm

对于尺寸较大的竹筛，很显然，人们在使用时，双手不会从直径处抓握，而是选择合适的弦线位置来抓握，使得尺寸较大的竹筛也可以正常使用。

竹筛的孔洞大小根据需要也会有所变化。我们对收集到的竹筛的孔洞进行了比较，发现孔洞的大小是有很大差别的，特别是在竹筛本身尺寸相同的情况下，不同大小的孔洞均可见到（图4-6）。但是，同具有固态容纳功能的竹器相比，竹筛的孔洞要细密得多。由此可以看出，竹筛的“过滤”功能主要是把较细小的固态物质过滤出去，所以，孔洞大小是和过滤物的尺寸相对应的。

图 4-6　3 种不同大小孔洞的竹筛

3. 具有过滤功能的竹类产品的特征

各种竹类产品的过滤功能都是借助于“孔洞”实现的。不论是液态过滤功能还是固态过滤功能，最终发挥作用的都是竹类产品的孔洞，有所区别的只是孔洞的细密程度不同而已。因此，竹类产品中的孔洞仍然是具有过滤功能的竹类产品的首要特征。

此外，竹类产品过滤功能的实现，所体现的基本上都是竹材纵向切分的属性，甚至可以说具有过滤功能的竹类产品大部分都是竹编类产品，只有竹耙、竹掼床等少部分产品是竹材 1/8、1/16 纵向切分制作而成。这在某种程度上说明竹类产品的过滤功能的实现，很大程度上依赖大量的手工编织，很符合传统手工劳作的生产模式。

四、竹器的“承载”功能

“承载”一词在《现代汉语词典》中的解释为：“托住物体，承受它的重量。”①在本书中，承载功能主要是指竹类产品在负载、承重、支撑等各种受力情况下的功能。竹材是良好的承载工

① 中国社会科学院语言研究所词典编辑室．现代汉语词典［M］．5 版．北京：商务印书馆，2005:175.

具，且自身重量较轻。根据竹材各种不同的承载情况，我们把竹类产品的承载功能分为横向承载功能、纵向承载功能、包含承载功能和弹性承载功能（图 4-7）。

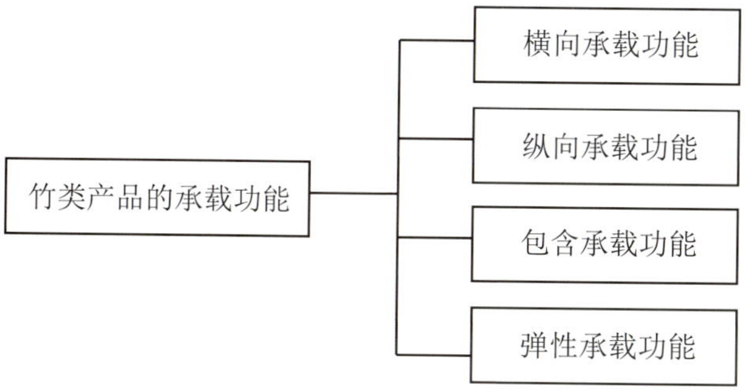

图 4-7　竹类产品承载功能的种类

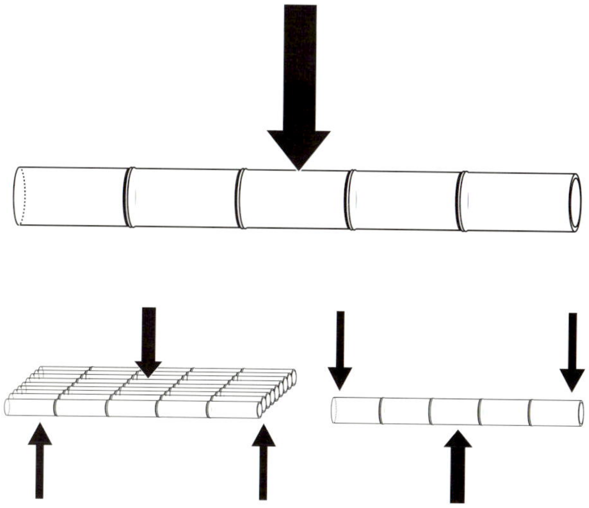

图 4-8　横向承载功能示意图

1. 横向承载功能

横向承载功能主要是指竹材表面受到垂直的压力或拉力，利用竹材的韧性来承受物体的作用力。横向承载既可以是单根竹材的承载，也可以是多根竹材平铺成面后的承载。平铺既可以是竹竿的平铺，也可以是经过纵向切分后的竹片的平铺（图 4-8）。竹类产品的横向承载功能同竹材本身的横纵切分之间没有必然的联系，经过横向切分的竹竿可以进行横向承载，经过纵向切分的竹竿也可以在横向承载中出现。而且为了满足横向承载时的长度需要，更倾向于纵向切分，因为纵向切分后的竹材可以进行平铺组合以达到合适的承载强度，形成相对自由的造型空间。

横向承载功能主要是对垂直方向上的力的承载，最直接的利用就是扁担。我国各地区既有圆竹制作的扁担，也有竹竿纵向 1/2 切分和 1/3 切分的扁担。在传统农业社会，扁担的发明无疑为人们提供了最方便的具有横向承载功能的生产工具。制作扁担不用对砍伐下来的竹竿进行复杂的处理，甚至一根竹竿稍加修整就可以直接当作扁担使用。

但是，在实际的生产生活应用中，人们的需求是多种多样的，根据实际需要可以对横向承载功能进行适当的调整和修改，而不完全是以一个平面或一条直线的形态来实现承载功能。如图 4-9 所示的竹躺椅，就是把整个承载面进行适当的弯曲以符合人体工学要求。另外，横向承载功能在很多情形下是组合运用的，如竹躺椅就是将横向承载功能互相交叉组合运用的。此外，竹材在纵向上有一定的弯曲自由度，给横向承载功能带来了有益的辅助，从而大大提高了横向承载功能在实际生活中的使用率（如图 4-9 中的扁担）。由此可知，在竹竿最基本的横向承载功能的基础上，人们可以不断地将横向承载功能向三维空间进行拓展，以满足不同的需求。

另外，值得注意的是竹材的横向承载功能中平铺的利用。其最常见的形式是竹竿或竹片的线性平铺，同时我们也发现了由竹材优良的编织性能而衍生出的各种编织形式的平铺手法。从收集到的各种编织而成的具有横向承载功能的竹类产

图 4-9　竹躺椅和扁担的横向承载功能的适度变形

品中可以看出，有很大一部分呈放射状，而一般的线性平铺产品则主要是矩形的（图 4-10）。

2. 纵向承载功能

纵向承载功能是同横向承载功能相对应的，是指竹材受顺纹的压力而承载物体的重量（图 4-11）。竹材在纵向承载时受力的方向同竹竿在一条直线上，因此，竹竿的放置可以不是竖直的，可以成角度的变化，甚至可以是水平放置的。另外，纵向承载也可以做成平铺式的结构。但在实际生活中，很少有编织型的具有纵向承载功能的竹类产品，原因是这样的产品形式基本上使竹器失去了纵向承载的能力。

纵向承载功能的特征之一是很少对竹材进行纵向切分，因为纵向切分会减弱竹材的承压能力。因此，一般情况下，人们都是对整根竹竿或整排、整束竹竿进行利用，只有在承压要求不高的情况下，才会对竹材进行纵向切分，这同横向承载的情况有些类似。

图 4-10 横向承载功能中的线性平铺和编织型平铺

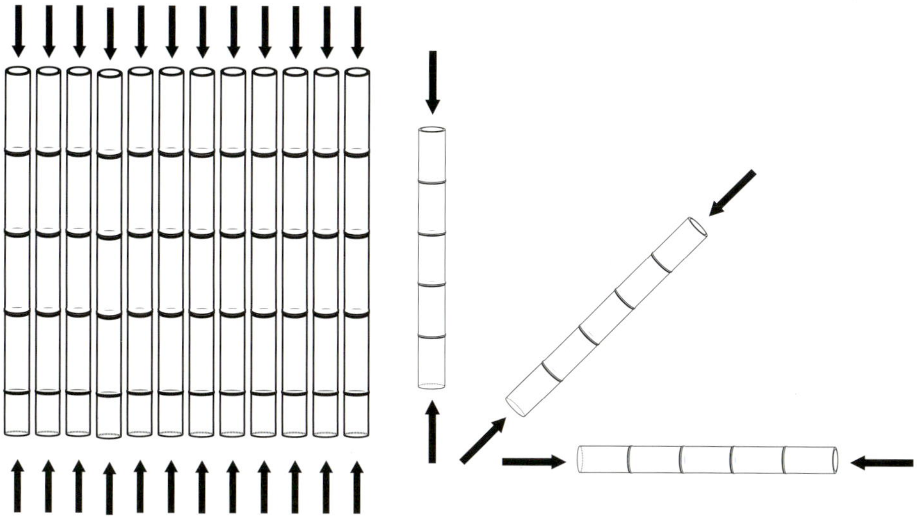

图 4-11 纵向承载功能示意图

纵向承载功能的特征之二是竹材可以做适当的变形，如图 4-12 中的竹制拐杖便是典型的例子。变形后的竹竿的纵向承载功能得到了适当的拓展。因纵向切分受到一定的限制，竹材的纵向弯曲变形成为纵向承载功能的主要形态补充。

纵向承载功能的特征之三是在竹竿或竹片上可以进行加孔洞处理，以拓展纵向承载功能的应用面，如图 4-12 所示的织渔网用的织梭。但是，加孔洞处理在竹类产品受力较大时应尽量避免，只有在其受力较小的情况下，才可根据需要进行恰当处理。

图 4-12　具有纵向承载功能的竹类产品

3. 包含承载功能

包含承载功能主要指利用竹子本身的中空性和可劈裂性，将物体包裹后承载。包含承载的情形主要有两种：一种是把承载物放入竹类产品的孔洞中，另一种是对竹材进行适当的纵向切分后再包裹被承载物（图 4-13）。

图 4-13　具有包含承载功能的竹类产品

4. 弹性承载功能

弹性承载功能是指竹类产品通过竹材自身的弹性来实现承载功能。这一类承载功能比较特殊，如我们非常熟悉的竹弓就是一个例子。应该说，弹性承载功能的实现是以竹材的横向承载功能为基础的。由于竹材具有弹性，在横向承载功能的基础上，进而又产生了弹性承载功能。具有弹性承载功能的竹类产品在生活中极为常见，如图 4-14 所示的竹制纺架和竹夹。

竹夹是经过热弯成型处理后制作而成的。它具有很好的弹性，夹东西时对夹子适当用力即可，松开夹子，它便自动恢复原状。

图 4-14
具有弹性承载功能的竹类产品

另外，这里需要对竹制纺架的弹性承载功能进行适当说明（图 4-15）。竹制纺架的工作原理是通过绳子对竹片的拉力将竹片的弹力控制住，

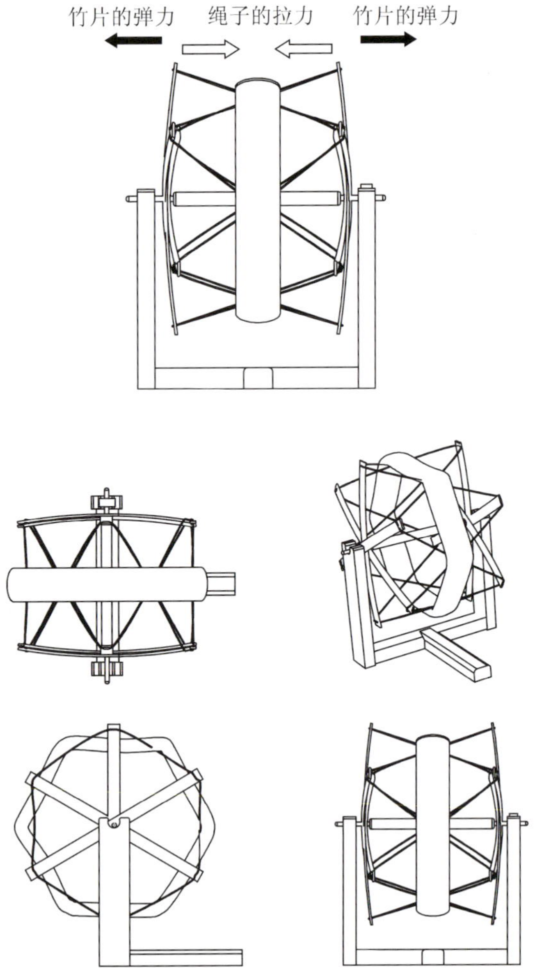

图 4-15　竹制纺架的工作原理

形成一个静态的张力，这个张力可以将纺架上的棉线或丝线撑开，使纺线不至于乱作一团。这种弹性承载功能实际上是两个方向上的横向承载功能的合成。其意义在于提供了一个可以调节的支撑空间。

五、竹器的“流通”功能

流通功能主要是指一些竹类产品能实现导流作用或作为通道使用。流通对象主要是液态和气态物质，如水、茶、烟等，少数竹类产品的流通对象是固态物质。

竹类产品流通功能的实现主要利用了竹竿的圆柱形和中空性的供给特性。为了保证流通的顺畅，产品本身不能有任何孔洞，因此，编织类竹产品在流通功能的应用方面大大减少。

1. 气态流通功能

气态流通功能主要是实现烟雾、空气等的流通。如表 4-8 所示，具有气态流通功能的竹类产品主要有烟斗和通过气体流动发声的各种乐器。流通功能的实现主要利用了竹子的中空性供给特性。具有气态流通功能的竹类产品全部都是用竹竿横向切分制成，因为一旦进行纵向切分，竹竿的中空性供给特性就会被破坏，而气态流通功能将无法实现。

表 4-8　具有气态流通功能的竹类产品

烟　斗	烟　斗	竹制乐器	竹制萨克斯	笛　子
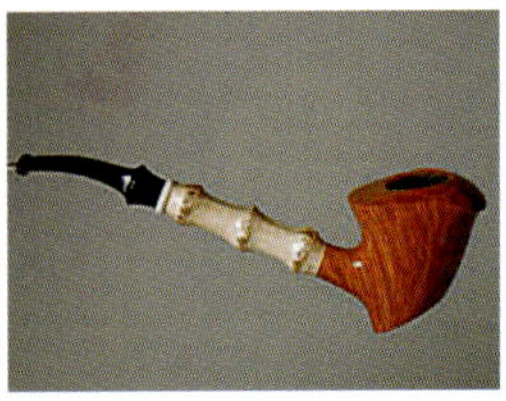				

2. 液态流通功能

液态流通功能的实现，相对来说其限制条件比气态流通功能要少一些，特别是对竹材的密封性要求并不是太高。如表 4-9 所示，液态流通功能的实现除了对竹竿进行正常的横向切分外，还可以对竹材进行 1/2 纵向切分。但是，纵向切分次数不能过多，否则，竹材对液体的容纳性就会大大降低，以至于不能承担液态流通功能。

竹瓦可以对雨水等进行恰当的导流(图4-16)。两层 1/2 纵向切分的半圆形竹竿相互覆盖，上层竹竿外拱，将雨水导向两边，下层竹竿则将这些雨水分别收集，再通过一定的倾斜角度将雨水导向屋檐外。简单的两层竹竿的配合，就能将雨水“滴水不漏”地引流，体现了竹类产品设计中的智慧。

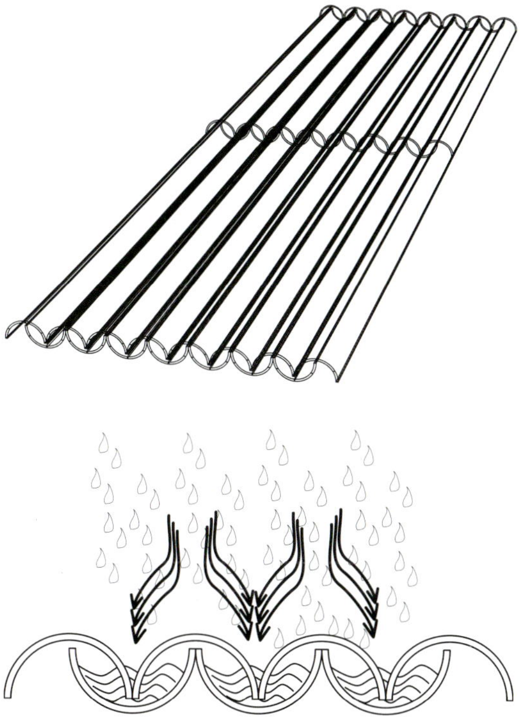

图 4-16　1/2 切分竹竿制作的竹瓦

液态流通功能的实现也主要是依靠竹子本身的中空性供给特性。这和气态流通功能是一致的，所不同的是液态流通功能可以用半开放式的中空竹竿来实现，当然也可以用全封闭式的圆竹来实现。

3. 固态流通功能

在对竹类产品的收集整理过程中，我们只发现了一种具有固态流通功能的产品，就是如图 4-17

图 4-17　竹制漏斗[①]

表 4-9　具有液态流通功能的竹产品

屋顶竹瓦	饮水装置	饮水装置	农用装置

① 张福昌 . 中国民俗家具 [M]. 杭州：浙江摄影出版社，2005:369.

所示的竹制漏斗。这个竹制漏斗的尺寸为 40 厘米 ×50 厘米 ×55 厘米，由于体积偏大，可见其不是一般的日用生活漏斗，而是生产用的漏斗。其主要用途是在盛装谷物时起到导流的作用。

这个竹制漏斗在制作上为了实现尺度上的突破，巧妙地利用了竹材的横纵切分方式，横向切分是为了利用竹材的中空性实现流通功能，纵向切分是为了利用竹材的可编织性，把横向切分的竹篾同纵向切分的竹片编织在一起，使漏斗的导向性和流通性合理地融为一体。纵向切分方式和竹编工艺的应用，使得原本直径不超过 10 厘米的流通通道的开口扩大到 40 厘米 ×50 厘米，这是对竹材供给特性的拓展利用。

4. 具有流通功能的竹类产品的特征

竹类产品流通功能的实现在根本上还是充分利用了竹材的中空性供给特性，但是这种供给特性最大的缺点是竹材本身的直径大小有限制，一般毛竹的胸径为 7 ～ 12 厘米，最大也不过 18 厘米。也就是说，竹类产品的流通管道在直径上仅停留在十几厘米的层次。通过对竹材纵向切分方式的利用，我们可以使竹子的流通界面有所突破，达到数十厘米。

竹类产品的流通功能的实现，主要采用的是竹材的横向切分法，纵向切分法仅作为横向切分法的补充。因横向切分不能对竹材进行尺度上的拓展，所以只有对竹材进行纵向切分，才有可能使流通功能在界面上有一定的拓展空间。这种拓展不仅仅体现在具有流通功能的竹类产品上，也体现在其他产品上。

六、竹器的“温控”功能

在阐述竹类产品时，“温控”功能是不能不谈的。这是竹类产品的典型特征之一。根据生活经验，几乎所有人都知道竹椅、竹床等竹制品是乘凉用具。但是，这里我们所讨论的“温控”功能不仅限于“降温”的功能，而且还要扩大至“温度调节”的范围。因此，除了降温功能，还有隔温、保温等功能。

1. 降温功能

竹类产品的降温功能有两种实现方式。一种是直接接触，将人体表面的热量带走。由于竹材的导热性不是很好，所以竹材的降温过程可以很缓和地进行，这对避免人体大寒大热是有很大好处的。如竹席、竹床、竹椅等各种用具都具有这

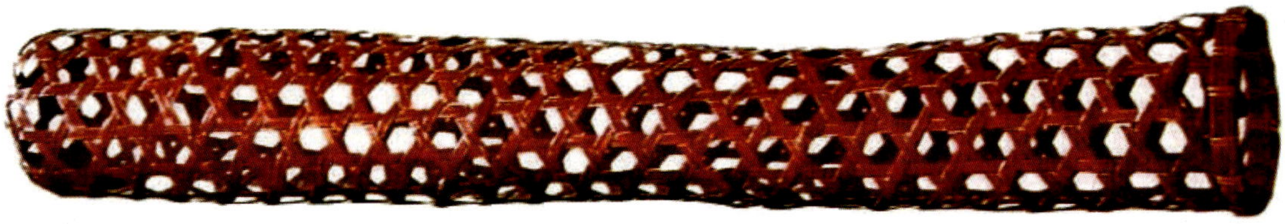

图 4-18　竹夫人[①]

① 张福昌 . 中国民俗家具 [M]. 杭州：浙江摄影出版社，2005:370.

种功能。另一种是隔开空间。如竹夫人（图 4-18）的作用便是增加空气的流通空间，避免物体与人体直接接触而不利于热量散开；竹衣（图 4-19）则是利用衣服上的大孔洞扩大散热空间。

图 4-19　竹衣

2. 隔温功能

隔温功能主要是将冷热不同的物体隔开，以避免物品被烫坏。如图 4-20 所示为 5 种竹制的隔热垫，其大小基本相同，但制作工艺、隔热效果等不太相同。简言之，实心的隔热垫固然可以使用，但是效果却不是最好的，这种设计是对材料供给特性的一种无视；而空心隔热垫的设计则是对材料供给特性有一定的考虑，其散热速度较快，在热源撤走以后会迅速冷却下来。因此，在隔热垫的设计中，我们不但要考虑竹材的中空性供给特性，而且还要考虑合理的竹材组合方式和加工方式。

经过计算，当隔热垫直径为 16 厘米、高度为 0.8 厘米时，不同样式的隔热垫的体积（单位：立方厘米）分别如表 4-10 所示。由计算结果可知，最右侧的隔热垫耗材最少，且加工时最省时省力。

图 4-20　不同样式的隔热垫

表 4-10　5 种不同隔热垫的用材情况

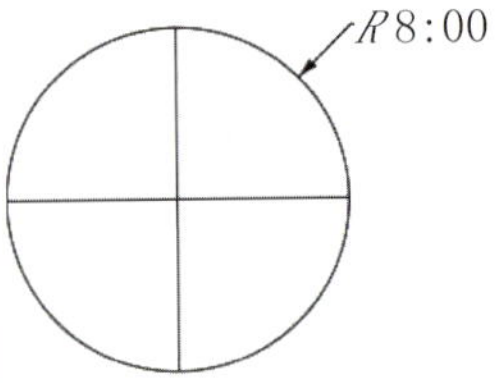	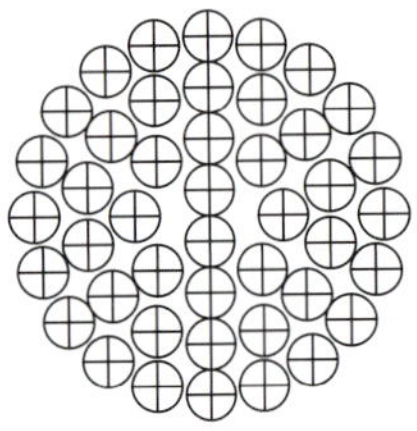			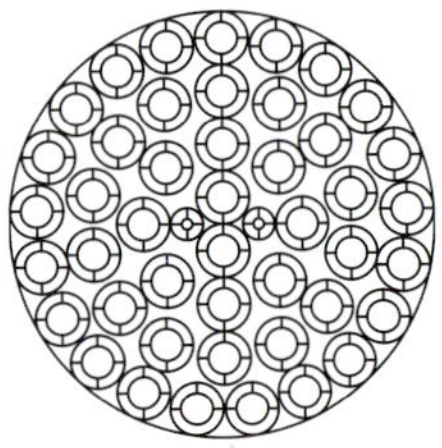
V=160.85	V=110.58	V=118.23	V=92.68	V=73.99

3. 保温功能

保温功能主要是指某些竹类产品可使其内部的热量缓慢释放，从而达到保温的目的。

图 4-21 是徽州地区茶农们用来烘烤新鲜茶叶的竹箩。竹箩上方是一个可以分离的竹簸，先把装有炭火的炉子放入竹箩中，然后把竹簸放上，再把新鲜茶叶倒入竹簸，通过竹箩和竹簸之间的空间使得炭火的热量缓慢释放，这样不至于因温度上升太快把茶叶烤焦。

总之，竹类产品的保温功能的实现方式主要是通过竹类产品对空间的支撑、围合等使热量在特定空间内进行转换，以此来控制温度的变化。这种控制温度的方法虽然有一定的限制，但却是很温和的控制方法，很符合人类的自然生理需求。这同现代空调直接降温或升温有着很大的区别。

图 4-21　用来烘烤茶叶的竹箩

七、竹器的其他物质功能

除上述六类物质功能外，竹类产品还有很多其他的物质功能，因为比较零散，所以我们在这里仅做简单、笼统的介绍。其主要包括刷洗功能、漂浮功能、辅助变形功能、拍打功能和夹取功能等。

1. 刷洗功能

丝刷制品一般是使用具有丝状性质的竹枝和竹丝制成的。竹丝是竹材不断纵向切分的结果。这一类产品一般用于洗刷物品，在日常生活中应用广泛。丝刷制品可分为两类。第一类是由竹丝制成。竹丝是将竹材不断纵向切分得到的丝状材料。将竹丝的一头捆扎起来，可制成锅刷、马桶刷等价廉物美的洗刷用具。另一种较特殊的竹丝制品——茶筅，是我国宋代盛行的斗茶技艺所用的茶具，后流传至日本，成为日本茶道中必不可少的器具，一直沿用至今（图4-22）。第二类是由竹枝制成。竹枝比人工切分的竹丝长且粗，一般用来做扫帚，扫除灰尘和细沙石等，体现了竹器“刷”的功能。

图4-22　纵向细密切分的竹丝产品

2. 漂浮功能

竹筏等竹类产品即利用了竹子的漂浮功能。因为竹子中空有节，而且每一节中间是密封的，所以竹子具有良好的漂浮性能。将成排的大胸径的竹子捆扎在一起放在水中具有很大的浮力，可以用于运输重物。此外，人们还利用竹材漂浮的特性在河水流速较缓的河段架设浮桥，以便于过河的人行走。

3. 辅助变形功能

辅助变形功能主要是指利用竹材可编织的性能，对形状不规则的物品进行套装，使得不规则的物品能被随意放置或方便握持。如图4-23所示，用葫芦制作的酒壶，因为无法放稳，所以利用竹材编制了一个座套；浮水葫芦因为表面遇水容易打滑，所以用竹篾编制一个外框，可增大摩擦力，便于抓握。

4. 拍打功能

被拍是一件日常生活用具。被拍所代表的是一种“拍打”的功能。制作被拍的材料需要有很好的韧性，如一般的木材就不适宜，原因是其很容易折断，而竹藤等韧性好且不易折断的材料，是制作被拍的上好材料。同样具有“拍打”功能的竹器还有农业生产用具连枷、生活用具苍蝇拍等。这些产品之所以使用竹材制作，是因为竹材韧性好，且制作出的产品具有孔洞，可减少风阻。

5. 夹取功能

筷子是中国人日常生活的必备餐具，是劳动人民智慧的结晶。竹筷的优点很多，“竹筷轻便纤巧，紧密的纹路又可增大摩擦力，便于挑、拨、捡、夹、捞……”[①]，可以说，竹筷是人的手指的延伸，它的功能大大超出了一般器具。竹筷文化在中国传统文化中具有十分特殊的地位，是东

① 何明，廖国强．中国竹文化研究[M]．昆明：云南教育出版社，1994:50.

图 4-23　具有辅助变形功能的各种竹类产品（从左至右：烘篮、浮水葫芦、酒壶）

方文明的象征。竹筷以最简单的造型满足了人们饮食时夹取食物的需求。像竹筷这样可以握在手中的竹器还有很多，如毛笔、茶具、折扇等。越简单的造型，人们练习和适应的时间就越长。竹筷在中国的应用是数千年历史、文化积淀的结果，也是符合中国人饮食习惯的选择。在竹筷的使用中，我们还能看到文化对器物功能和造型的影响。

6. 环境功能

本书之所以对竹类产品的环保功能不做详细论证，主要是因为竹类产品系统是自然材料的直接利用，对环境几乎没有污染。特别是在农耕社会时代，人们对竹材的利用可以说对自然环境未产生任何破坏。竹类产品无论是在使用前、使用中，都是属于自然无害的，即使竹器被弃用后基本上也是做柴烧，变为灰烬后又作为肥料回归自然。以现在的眼光来看，这是非常典型的绿色环保模式，从自然中获取，服务人类后又毫无污染地回归自然。至于现代社会中对竹林的掠夺性砍伐、竹类产品的生产过程中产生化学污染等现象，都是现代社会经济发展模式下人们不慎走进的一个个误区。关于这一点，我们将会在后续的章节中详细论述。

4.3 竹器“物质功能”的设计规律总结

一、空性设计

在竹类产品的功能分析中，我们可以看到，由于竹材本身具有中空性供给特性，因此竹类产品在功能实现的过程中始终同“空”相联系。

第一，竹类产品的“容纳”功能实际上就是一种“空间”的设计，即以竹材的供给特性为基础设计合适的“容纳”空间，同时竹材的力学性能又保证了这种“容纳”空间的承载能力。

第二，竹类产品的“围合”功能实际上也是一种“空间”的设计，这种设计仅仅是对空间的一种划分，对填装物和承载能力的要求几乎不用考虑。

第三，竹类产品的“过滤”功能是对竹类产品的“孔洞”的利用。除对竹材固有的中空性和“孔洞”的利用外，竹类产品的“过滤”功能实际上也是一种对“空”的思考与利用。只不过“孔洞”中的“空”主要不是针对立体空间而言的，而是针对平面空间的设计。

第四，竹类产品“承载”功能的实现，表面上看似和“空”无关，但是根据前面的分析可知，在竹类产品的横向承载功能和弹性承载功能中，特别是在竹制纺架的设计中，也透露着强烈的关于“空”的设计。具有横向承载功能的竹器，其支架等均具有孔洞；具有弹性承载功能的竹制纺架则完全是一种大孔洞的设计。这些设计并没有拘泥于竹材固有的中空性供给特性。

第五，竹类产品的“流通”功能的实现，也利用了竹材自身的中空性供给特性，不论是气态流通还是液态、固态流通，都必须利用竹材本身的密封“中空”或适度开放的“中空”特性。因此，流通功能也是一种“空”的设计。

第六，竹类产品的“温控”功能，也是对竹材“空”的一种利用。如具有降温功能的竹夫人，就是以增加空间来防止热量聚集的；具有隔热功能的隔热垫，也带有大大小小的孔洞；具有保温功能的竹篓同样也是把热量围合在一定的空间中，让热量缓慢释放。这些对温度进行控制的功能从根本上看，都是一种对“空”的思考与设计。

另外，竹材的中空性供给特性，还使得其可以在水中漂浮，竹筏、水上浮桥等也是对竹材中空性供给特性的思考和利用。

空性设计是人们在数千年的生产生活中，对竹材利用总结出的成果。竹材的中空性供给、可劈裂性供给、可编织性供给特性使其更适合空性的设计。过去人们对竹材空性的认识没有上升到理论的高度，它们只是被经验性地传承下来。同时，这种空性设计和现代常说的空间设计存在本质区别，空性设计主要是在产品设计中对空间、孔洞等有所思考、利用，其尺度同现代的空间设计不在同一水平。

由表 4-11 可以看出，竹类产品的多种功能都与竹材的中空性和孔洞性有关，而孔洞性又和可劈裂性直接相关，只要出现孔洞的地方就一定出现可劈裂性，这是因为可劈裂性是孔洞产生的基础。在竹类产品的设计中，很少有直接在竹材上挖孔的做法，虽然也有，但不是主流。由此可见，在竹类产品的设计中，可劈裂性和孔洞的关系甚密。

表 4-11　竹类产品的各种功能同中空性、孔洞性和可劈裂性的相关程度

特征项目	围合功能	容纳功能	过滤功能	承载功能	流通功能	温控功能	其他功能				
							刷洗	漂浮	辅助变形	拍打	夹取
中空性	○	●	—	—	●	●	—	●	—	—	—
孔洞性	●	●	●	○	—	●	—	—	●	●	—
可劈裂性	●	●	●	○	○	●	●	—	●	●	●

注：“●”表示相关程度很高；“ ○ ”表示相关程度一般；“—”表示无相关性。

1. 中空性——空性设计的“源点”

中空性既是竹材的优势，也是竹材的劣势，其优势在于中空性使竹材质量轻，劈裂后便于加工和编织，而且使竹材具有导流性和可漂浮性等特点，在某些领域应用广泛；但同时竹材的中空性使竹材积材很少，难以整体加工，特别是难以像木材那样进行整体的切分加工，很难形成板材，导致竹材仅限于整体利用或对横向切分的中空体块的利用，或对纵向切分后的竹片的利用，这是竹材中空性的劣势所在。

竹材的中空性供给特性把对竹材的利用推向了空性设计。虽然竹材无法像木材那样被整体地利用，但是其具有优越的可劈裂性，切分后可以变成质地相对柔软的竹片，再进行进一步的纵向细分，竹片又可以变成柔软的竹篾，利用柔软的竹片或竹篾进行编织，可以制作出人们所需的各种器具，从而引发人们对竹编织品的极大兴趣。随着对竹编工艺的开发和利用不断深入，人们发现生活中很多地方并不需要完全密封的竹编器具，而且细密的竹编也很费时费力。人们逐渐把竹编做得稀疏一点，这样既能实现同样的功能，又省时省力省材料，而且竹器也不那么笨重。因此，竹材的空性设计不但得以存在，而且得到了极为广泛的应用。

这种广泛的应用，也把人类对竹材的利用推向了两种模式（图 4-24）：一是以横向切分为主的利用模式，二是以纵向切分为主的利用模式。其中，以横向切分为主的利用模式是对竹材中空性的直接利用，以纵向切分为主的利用模式则是对竹材“孔洞性”的利用。

综上所述，竹材自身的供给特性，使其更适合空性利用，并形成了竹材利用的两种模式，即对“中空性”“孔洞性”的利用。因此，竹材的中空性供给特性成了中国洋洋大观的竹类产品设计的“源点”。

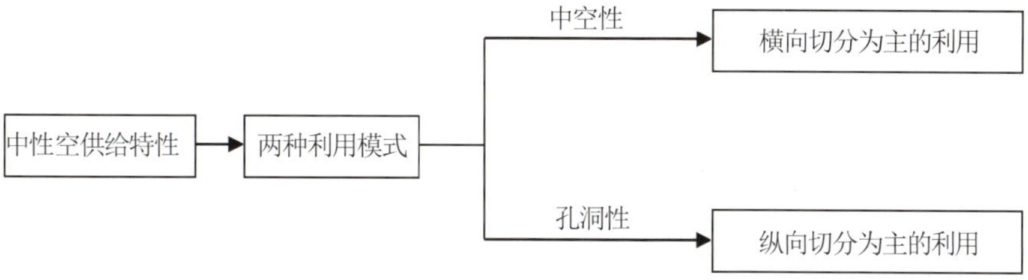

图 4-24　基于中空性供给特性的竹材的两种利用模式

2. 孔洞性——空性设计的法宝

孔洞性归根结底也是由竹材的中空性供给特性产生的，但是孔洞性的存在，其意义又远高于中空性本身。孔洞性的出现可以说是一个被动的过程，但是一旦出现以后，其在竹类产品设计中的价值就被人们认可，从而演变成一个竹类产品设计中几乎通用的规则。人们对孔洞性逐步认识，并开始有意识地运用竹材编织孔洞，通过孔洞的设计来控制竹类产品的用途。这种孔洞的设计与竹类产品的用途之间的关系逐渐变成相互促进的关系，从而丰富了竹类产品的种类，也推动了孔洞设计的发展，形成了一种良性循环。

（1）竹编形成的孔洞

应该说，只要有竹片或竹篾的交叉就有孔洞的存在，因此孔洞在竹编中是必然存在的，问题在于人们如何去利用这个“孔洞”。在前面的论述中，我们曾把孔洞分为细密孔洞、一般孔洞和大孔洞等几种类型。这实际上是一种极为粗略的分类方法。同类竹编产品在不同的使用环境中，其孔洞在尺度上是有很大差异的。如竹筛孔洞的大小和竹箩筐上孔洞的大小已是天差地别。表 4-12 所列只是少数几种孔洞形式，实际生活中竹编产品的孔洞形式更加丰富多彩。

表 4-12　竹编形成的孔洞

菱　形	方　形	三角形	六边形
	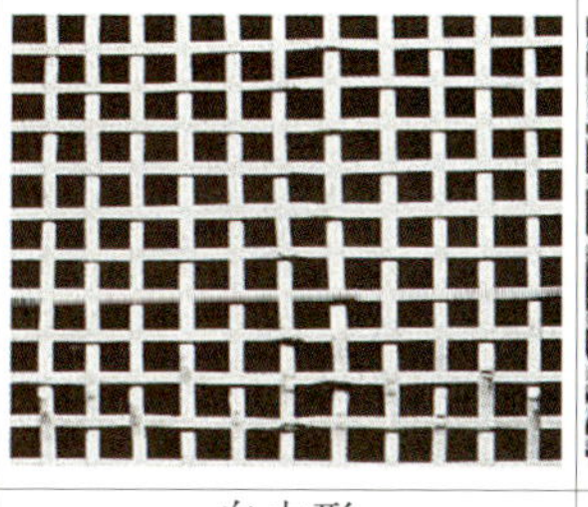	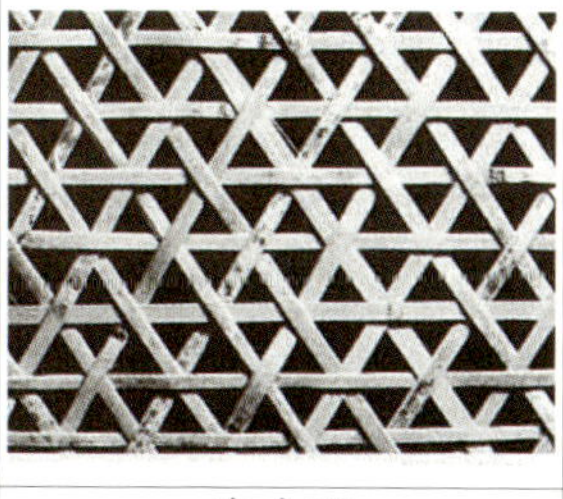	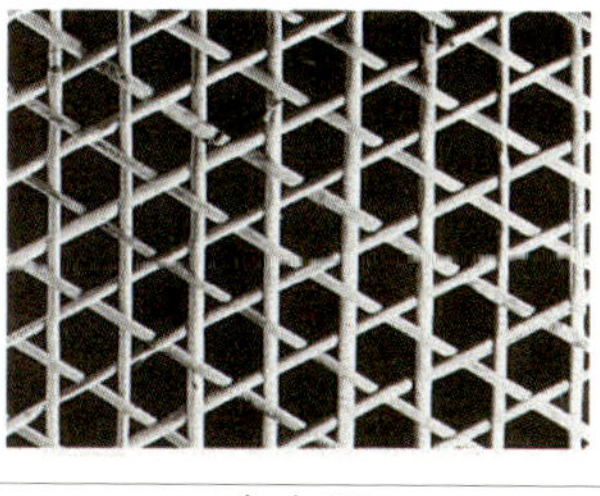
曲线形	自由形	自由形	自由形
		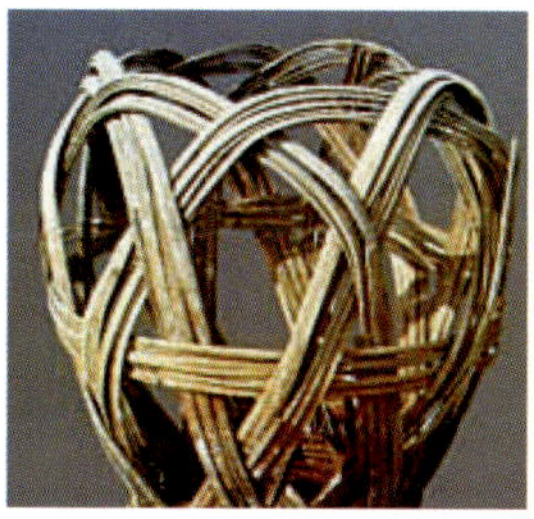	

（2）竹材排列组合形成的孔洞

除了竹编中自然形成的孔洞之外，对竹材进行无节横向切分的竹环，也可形成孔洞，如图4-20最下方的隔热垫材料，实际上就是竹材无节横向切分的结果。另外，还有对竹材进行排列组合形成的孔洞（图4-25）。这些孔洞的形成实际上是人们对竹子空性利用的一种升华。

图4-25　竹材排列组合形成的各种孔洞

（3）竹材围合形成的三维孔洞

孔洞的另一个来源就是围合形成的空间。这种空间实际上是孔洞的三维化，区别于上述两种平面型孔洞。这种围合所形成的空间（包括竹类产品的“容纳”功能中的容纳空间）实际上都是“孔洞”的表现形式之一。

我们可以看到，孔洞是整个竹类产品设计中最核心的法则之一。不论是从孔洞的大小还是从孔洞的立体形态来看，它都是竹类产品系统中最重要的表现元素。如果把竹类产品中“孔洞”这一要素抽去的话，我们会看到绝大部分竹类产品都将随着孔洞的消失而不复存在，由此可见竹类产品系统中“孔洞”的重要性。

3. 空性设计的优点

空性设计的优点之一在于其对材料的合理利用——充分发挥竹材中空性的特点。空性设计最为根本的出发点是站在肯定中空性的立场上来考虑对竹材的利用。

空性设计的优点之二便是对形态和功能的充分理解，用最简洁的形态体现最合适的功能。空性设计中对孔洞的利用犹如中国传统绘画中对留白的利用，虚实相生，留有充分的想象空间，极具中国美学特征。竹编产品中的孔洞在制作过程中虽然费时费力，但它仍属于相对简单的手工艺制作。

空性设计的优点之三是促进人们对“空”的思考。虚与实是相对的概念，在产品设计中同样有虚与实的存在，虚空间的存在为产品设计提供了一种新的思维方式。

二、尺度拓展设计

竹材的特点之一就是修长、有尖削度。竹材的胸径一般较大的有十几厘米，更大的则不大常见。因此，竹类产品的尺寸都受这一竹材供给特性的限制，但是根据前面对竹类产品的分析，我们也看到了竹类产品在尺度上也有“米”级的情况。竹类产品尺度的拓展具有一定的独特性。

我们首先必须了解竹材自身的尺度特征，竹

材胸径一般以厘米或分米计，而高度却是以米来计。因此，竹材在尺度上有着不均匀性，而且竹材是中空的。如此看来，原始竹材具有线材特征，而且是中空线材的特征，这对材料的利用极为不利。为了使竹材在三维尺度上更加匀称，我们必须对竹材进行恰当的调整。其调整方式主要有3种：

第一种是对竹材进行叠加，即单根竹材本身不改变，增加竹材的根数，使竹材的截面积增加。该方法使用的效果不是很理想，因为不可能把叠加竹材的截面积增大到数平方米，一般也只是在数十平方厘米的尺度拓展。如图4-26所示，即Z轴不变，X对轴、Y轴方向进行叠加。在竹材的叠加中最有效的一般是单一轴的增加，或者说是线性增加，即将竹材排成一排，这样的利用比较常见。

第二种是对竹材进行横向切分，降低竹材的高度，使之与胸径之间的尺度差异减小。如可以通过横向切分把竹材的高度降到数米或1米以内。这种方法是X轴、Y轴所在面不变，仅对Z轴进行切分，降低Z向的长度。

第三种方法是对竹材进行纵向切分，纵向切分之后的竹片柔韧性增强，可以进行截面上的向外拓展。随着纵向切分的竹材长度不断变长，可拓展的尺度范围越大，直至把整根竹竿切分成竹片，向外拓展的尺度达到最大。从图4-27中我们可以看到，纵向切分后，竹材尺度在X轴、X轴所在面上有很大的拓展，一旦将整个竹竿全部切分完，那么竹片在X轴和Y轴上的尺度也会达到其在X轴上同样的尺度，不过其代价就是孔洞的增大。因为对于竹竿来说，其密封围合的空间是有限的，一般进行纵向切分向外拓展后，每个竹片之间的距离也就越来越大，从而孔洞也就越来越大。这也在一定程度上解释了竹材利用中的空性设计原理。

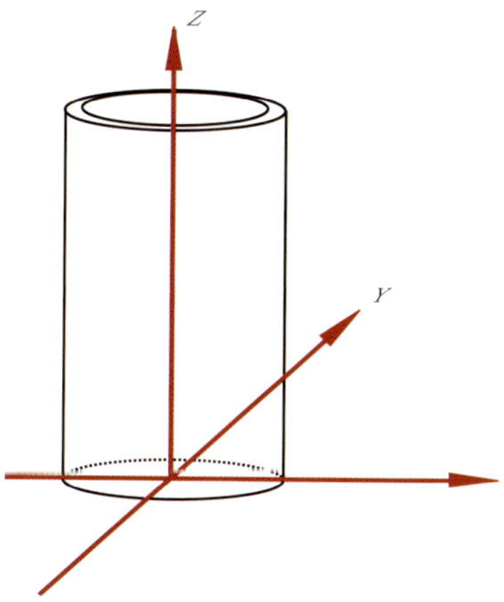

图4-26　竹材的尺度坐标

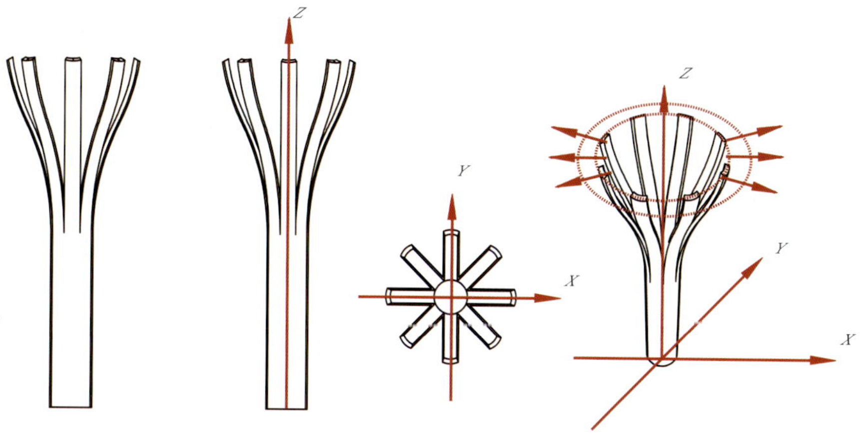

图4-27　纵向切分对竹材尺度的拓展

上面分析的这3种竹材尺度拓展的方法是最基本的方法，在实际应用中，人们不会仅仅使用单一的尺度拓展方法，而是将这几种方法综合利用。人们既可以对竹材先进行横向切分，缩短其长度，然后再纵向切分，对其纵向的截面进行尺度拓展，也可以先进行竹材的叠加处理，然后再进行横向切分处理。这些方法的运用是灵活的，在竹类产品系统中已经有大量的例证，在此不再赘述。

三、点线面体规律

本书主要强调在竹材利用中的点、线、面、体的规律，因为竹材具有独特的供给特性，所以人们对点、线、面、体的规律的运用也有其自身的特色。

1. 竹材的“点性”利用

竹竿本身实际上是典型的线性材料，但是通过适当的横向切分、纵向切分和横纵切分等，可以改变竹材的这种“线性”供给特性。一旦把竹材切分成颗粒状，则竹材就会呈现出“点性”的特征。经过碎化处理的竹材变成颗粒状以后，竹材本身所具有的不规则性可以得到明显改善，如制作麻将竹席（图 4-28）时，将不规则的竹材进行碎化处理后，得到的是同样大小的矩形竹块。“点性”利用最大的问题在于将完整的竹材变成“点材”需花费大量的工时，变为“点”后，还需要重新将这些“点材”贯穿起来。因此，将“线材”变成“点材”，不论使用什么方法，都会不可避免地增加工作量和工作时间。同时，“线材”变成“点材”以后，竹材的造型自由度大大增加，可以制作“线材”状况下不能制作的产品，如麻将席和图 4-20 所示的几种由“点材”制成的隔热垫。

图 4-28 用“点性”竹材制作的麻将竹席

2. 竹材的“线性”利用

“线性”利用实际上是对竹材的“原始”形态的利用，或者是对竹材进行以纵向为主的切分后的利用。线材有两种主要使用方式，一是直接利用，如制作竹杖、扁担等；二是作为竹材“面性”或“体性”利用的原材料，用来制作“面性”或“体性”的竹类产品，如作为线材的竹篾编织成的竹类产品一般是“体性”产品。

3. 竹材的“面性”利用

竹材的“面性”利用主要是指“线性”竹材经过排列组合后，具有“面性”的特点。由于竹材供给特性的影响，竹材的“面性”利用主要是通过平铺方式来实现的，而对竹材进行横纵切分等均得不到“面材”，这是竹材在“面性”形成时的特点。我们在竹材的围合功能中可以看出，竹材之所以具有强大的围合功能，就是因为竹材具有强大的可平铺性。由竹竿或竹片等平铺成的“面材”，其厚度是很小的，从而使得“面材”具有很好的弯曲度，也就是竹“面材”可以轻松地由直变曲，或由曲变直，但只能在一维空间变化。因此，竹“面材”是在单个维度空间里可随意变动的面。

4. 竹材的“体性”利用

竹材的“体性”主要是通过对竹材进行横向切分来实现的。经过横向切分后，竹材的三维尺度比较接近，于是就有了“体”的性质。不过，此时的竹“体材”由于受到“竹材”胸径的限制，只能是厘米级、分米级的体材，仅可制作小型家用器具和玩具。即使竹“体材”的高度可以适当提高，但是竹“体材”的截面形状不会改变，仍然是以厘米或分米计。

综上所述，竹材的利用可以从“点”到“体”进行，其中利用最广泛的是“线材”和“面材”，“点材”和“体材”的利用是比较有限的。因此，在“点性”“线性”“面性”和“体性”利用中，竹材体现的主要是“线性”和“面性”的特征。

4.4 竹器“精神功能”的规律分析

一、竹类产品的审美功能

产品的审美功能是“产品对人类心理、人体感官发生作用，引起的感受”[①]，即人类对产品的审美感受。李泽厚认为，“最广义的美感即审美意识或审美心理，它可以分为几个阶段”，并指出审美注意、感知、理解、想象、情感是审美过程中的重要阶段[②]。杭间在谈到中国古代工艺美学思想时认为，中国古代工艺美学思想大致有6个基本特征：①重己役物——以人为主体是工艺美学思想的基石；②致用利人——强调实用、讲究功能是工艺美学的重要前提；③审曲面势、各随其宜——工艺美学的最高标准是适应生活方式；④巧法造化——强调人与自然的和谐；⑤技以载道——强调道器的统一是工艺发展的必由之路；⑥文质彬彬——形式与内容的统一、功能与装饰的统一[③]。杭间对他所提的“工艺”有一个明确的解释：“‘工艺’概念包含了所有具有美的因素的技艺，即既有传统工艺所包括的实用工艺、陈设工艺……也包括后来没有发展成独立艺术品的日用器物、娱乐器物和农具、军事器械、书画工具等等。”[④]那么，根据前面对竹类产品系统的分析，我们可以看出，竹类产品大部分是强调经济实用的，这就是“致用利人”的体现。竹类产品很少有过多的装饰存在，当然有些也有，但不是主流。人类对竹材的利用也体现了“审曲面势、各随其宜”的特征，对材料的运用顺应了材料本身的属性。竹类产品系统有着自然朴素之美，这实际上也就是“巧法造化”的具体体现。同样，我们在竹类产品系统中也能看出形式和内容的统一、功能与装饰的统一，这就是“文质彬彬”的表现。

1. 竹类产品的实用美

竹类产品的实用美，实际上就是竹类产品强调功能、经济实用的美。这种美的存在是人们生产生活中最根本需求的体现。以用为美，正如李砚祖教授所说，是一种生命价值观的产物[⑤]。在中国几千年的历史发展中，这种最初形态的实用美，慢慢地融入了中国传统的造物文化，成为中国传统工艺美学的原则之一。早在2000多年前，墨子就对“致用利人”的思想有过较完整的论述，随后荀子等思想家又对其进行了丰富和完善，可以说，在春秋战国时期，中国传统文化中的实用

① 简召全，冯明，朱崇贤．工业设计方法学 [M]．北京：北京理工大学出版社，2000:60-61.
② 李泽厚．美学三书 [M]．合肥：安徽文艺出版社，1999:518.
③ 杭间．中国工艺美学思想史 [M]．太原：北岳文艺出版社，1994:14-17.
④ 杭间．中国工艺美学思想史 [M]．太原：北岳文艺出版社，1994:6-7.
⑤ 李砚祖．装饰之道 [M]．北京：中国人民大学出版社．1993:432.

美学就已经定型，并贯穿于中国古代的造物历史之中。

竹类产品的实用美的存在，首先是因为中国竹资源十分丰富，几乎是房前屋后，随处可见。竹类产品大多数作为普通日用品存在，尤其是在古代百姓自给自足、尚求温饱的情况下，实用是人们最基本的需求。其次，竹类产品的实用美是中国传统竹文化的产物。竹子“指述与象征着中华民族的人格评价、人格理想与人格目标，成为中国传统文化中的一种极为重要的人格符号”①。竹子一般比拟的都是高风亮节等品格。因此，在中国古代，很少有人利用竹子制作极为繁复的奢侈品。最后，传统的“致用利人”的造物思想也使竹类产品偏向于实用，体现了经济实用的美。

不过，在竹类产品的发展过程中，装饰仍然是存在的。本书所探讨的竹类产品并没有覆盖所有种类，而且即使是实用性的竹类产品，也不可避免地被加入装饰成分。

2. 竹类产品的装饰美

竹类产品除了实用美外，还有装饰美。竹类产品的装饰主要体现在两个方面，一是平面形态的装饰，二是立体形态的装饰。平面形态的装饰主要是各种纹样的利用。立体形态的装饰又使得竹类产品分为两类，一类是带有装饰的传统实用产品，另一类是无实用功能的装饰品。

平面形态的装饰即在竹类产品上运用纹样装饰。这些装饰一般展现的是吉祥主题，表达人们的良好愿望、美好理想等。其大部分是通过竹材的编织形成，很少有直接使用绘画手法绘制的。如图4-29所示的带有双“喜”字纹样的鞋篮，即通过竹编产生双“喜”纹样，这种装饰手法同竹类产品浑然一体，毫无矫揉造作之感，在竹类产品中应用得也比较广泛。

图4-29　带有双“喜”字纹样的鞋篮②

立体形态的装饰主要用于对原有实用竹器的改造或直接用于装饰品上。竹制装饰品实际上是利用竹材的形态特征进行创作的工艺品，如竹根雕、竹片雕、竹编饰品等（图4-30），展现着独具特色的美。由于竹材的独特性及其造型的丰富特征，竹制装饰品的种类也很丰富，而且其装饰特征很难用其他材料模仿。这也为竹材的装饰美提供了独特的条件。

对原有实用竹器的改良在中国传统竹类装饰品的制作中也占有重要地位，改良后的竹类产品一般是作为陈设品存在。这类产品往往是根据竹编造型自由度大的特点，将原有实用产品进行各种具象、抽象形态的整合。整合后的竹制品往往装饰性大于实用性，或者完全是装饰品（图4-31）。在此基础上，又催生出完全没有实用功能的具象形态的竹编装饰品。如图4-31中的竹象，就是利用竹编编制而成的装饰品。

① 何明，廖国强．中国竹文化研究[M]．昆明：云南教育出版社，1994:330.
② 张福昌．中国民俗家具[M]杭州：浙江摄影出版社，2005:364.

图 4-30　立体形态的装饰竹器

图 4-31 各类改良型的装饰品

3. 竹类产品的形式美

竹类产品的形式美体现在竹类产品的形、色、质等方面。

（1）竹类产品的形态

从前述竹材的各种切分方式中我们可以了解到，竹材的形态存在从圆形竹竿到弧形竹片再到扁长形竹篾等变化，横向切分的具有不同高度的圆柱体的变化，横纵切分形成的颗粒状形态的变化，以及竹根、竹鞭、竹枝等各种原始造型素材的形态变化等。再加上竹编造型的自由性，可以说竹类产品世界中的形态是极其丰富的，竹编几乎可以创造出人们想要的任何形态。

除了竹材本身显示的形态外，竹类产品造型的层次性也是其形式美的重要表现之一。竹类产品在制作过程中形态的层次性主要表现在框架与非框架、实与虚、疏与密、直与曲、方与圆等的对比（表 4-13）。各种形式的对比产生了丰富的层次效果，在形体上就可以有两层、三层甚至更多层的层次对比。层次的丰富极大地促进了竹类产品的形式美。

表 4-13　竹类产品的造型层次性

框架与非框架	实与虚	疏与密	直与曲	方与圆

虽然竹子是线材，但是竹子的横截面为圆形，纵向切分所得的形态可以是直线形或矩形，竹编的形态可以是曲线形，竹编形式的孔洞也可以是三角形、四边形、五边形、六边形等几何形。由此可见，竹材的造“形”能力是非常强大的，这使得竹类产品的形态得到了极大丰富。

（2）竹类产品的色彩

由新竹制成的竹类产品的色彩是绿色、黄绿色或深紫色的，但一般经过一段时间的使用后，竹青会逐渐褪色，变成黄色，在风吹雨淋等情况下甚至会变成灰色。由表 4-13 可以看出，新竹制作的产品色彩如左起第一张图片上的竹器所示，是青绿色，使用一段时间以后会变成左起第四张图片上的竹拐杖的颜色。

竹类产品的色彩还包括竹黄的色彩，经过炭化处理后的色彩和经过化学处理后的色彩等。竹黄的色彩是较明亮的黄色，而经过炭化处理后的竹材是棕黄色。

竹类产品，比如竹床经过一段时间的使用后，其色彩会变成反光的棕红色，这是由于竹床长期接触人体汗液发生化学反应所形成的色彩。

总的来看，竹类产品的色彩主要有绿、青、红、橙、黄、灰等，我们将在后面的章节进行具体分析。

（3）竹类产品的质感

竹类产品给人的感觉主要以自然、清新为主，其既有粗糙的质感，也有光滑的质感；既有细密的质感，也有粗犷的质感。竹青给人的感觉是光滑而细密，竹黄给人的感觉则相对柔和、明亮。

竹类产品的质感首先取决于竹材本身的质感，随着使用时间的增加，部分竹材会呈现光亮、润滑的质感。另外，经过处理的竹器，其质感特征也有所不同，如经过炭化处理的竹材，其表面有一种哑光的质感，触感也相当不错。

总的来说，竹类产品的质感是一种自然美的体现。

4. 竹类产品的自然朴素美

竹类产品的朴素美是同竹类产品的实用美相联系的。竹类产品在中国数千年的应用中，基本上是平民百姓的用具。可见，竹类产品具有浓厚的平民化倾向。在中国传统文化中，竹子又受到历代文人墨客的喜爱，他们以竹来比喻不事权贵、清风傲骨、虚心有节等品格。文人士大夫阶层对竹子的这种情感也影响了竹材的利用，使人们对竹子的利用更为普遍。竹类产品不但经济实用，而且有一种朴素的美，一般无须装饰或很少装饰。

即使是在竹制装饰品中，我们仍然能感受到自然朴素的美。这是竹材在中国数千年的应用中所体现出的一种本性的美，而且竹材自身的纹理、色泽、形状等都是自然朴素之美的载体。与其他材料制成的产品相比较，竹类产品可体现出更多的自然朴素之美，甚至木材在某些方面都不能与之媲美。

竹类产品的自然朴素之美还体现在竹类产品的空性设计上。竹类产品设计中“空”的概念的存在，使得竹类产品经常以较经济的形态来完成特定的功能。竹类产品的造型往往是简洁、质朴的，并且大多是不加装饰的，使其材料的自然特性彰显无遗。

二、竹器的象征功能

1. 竹类产品的直接象征

在竹类产品中，各种祈求吉祥的装饰纹样等具有美好的寓意，如婴儿摇篮上用竹材编织的“福禄寿喜”“大富大贵”等字样，以及各种“卍”字纹、“喜”字纹、方胜纹样等，都承载着人们美好的愿望。可见，这些竹类产品具有一定的象征功能。

另外，竹类产品中还有一部分装饰品，如壁挂金鱼、竹片雕“梅兰竹菊”等已经从实用品范畴中脱离出来，除了具有一定的审美功能之外，还具有象征功能。不过，相对来说，直接象征居多，是一种具象形态的象征表现。

2. 竹类产品的隐性象征

隐性象征功能是具有特定的文化背景或相同阶层的人才能识别的，如丽江老东巴的竹杖（图4-32）、《杨竹西小像》中的竹杖（图4-33）等。丽江老东巴的竹杖象征着宗教权威，杨竹西的竹杖则象征着文人士大夫的高洁品质。这一类象征意义要求人们有共同的文化、认知基础才能识别，因此，其象征功能是隐性的，它涉及中国竹文化的深层含义。如图4-32所示，简单的竹杖被赋予了很深层次的寓意，因而，此时的竹杖具有不可替代性。它代表了某种价值，或者说已经同它所代表的象征意义融为一体。

另外，值得一提的是竹类产品的文化功能。“竹在中国文化中远非一般纯生物意义上的植物，而是‘人化’了的自然，积淀着中华民族的情感、观念、思维和理想等深厚的文化底蕴，构成了反映与体现中华民族内在精神的外化形式的文化景观，一种传达与表现中华民族的审美趣味、宗教精神、人格理想的文化符号。”[①]竹类产品是中国竹文化的载体之一，它无时无刻不在体现着中国博大精深的竹文化内涵；而中国竹文化的发展又给竹类产品注入了灵魂，使得竹类产品的物质功能和精神功能更加丰富，也使其民族特色更加突出。

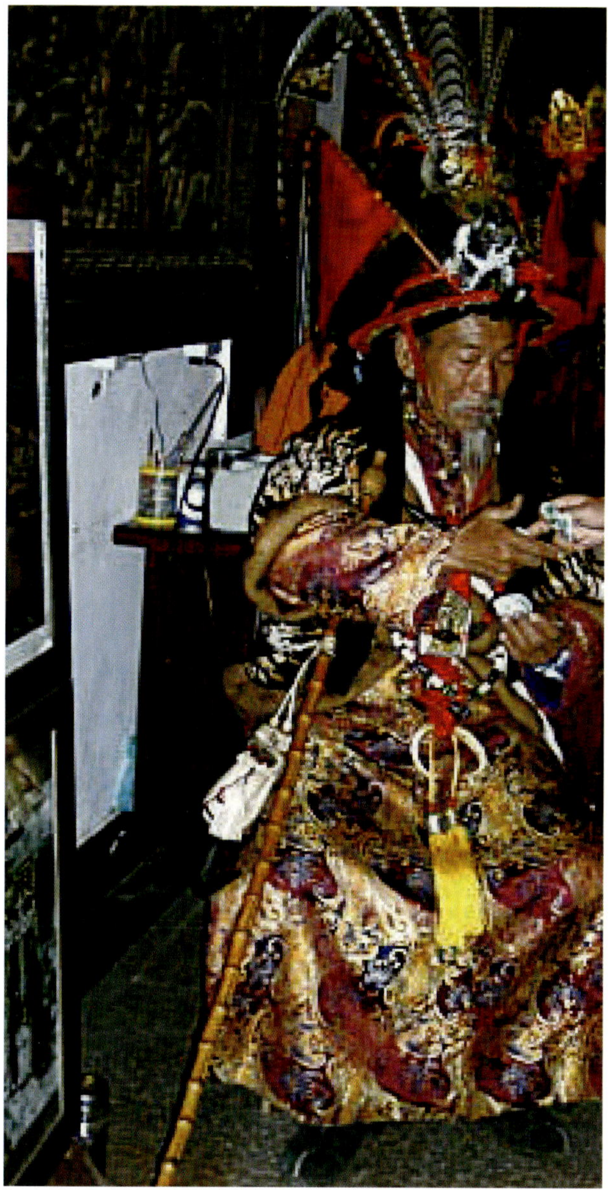

图 4-32　丽江老东巴的竹杖

图 4-33　《杨竹西小像》中的竹杖（元代王绎、倪瓒）

三、竹器的分化和异化

所谓竹类产品的分化是指在竹类产品发展的过程中，为了适应人们物质和精神方面的需要，竹类产品中有一部分逐渐分离出来，成为没有实际的物质功能而仅有精神功能的产品。所谓竹类产品的异化则是指一部分竹类产品既没有良好的物质功能，也没有良好的精神功能，从而使这一类竹类产品从原有的竹类产品中脱离出去。

1. 竹类产品系统的分化

竹类产品的分化主要是物质功能和精神功能的分化。一部分竹类产品稳定地发展成为人们日常生活的实用品而逐渐远离装饰和文化象征的功能，在人们的生活中成为最朴素的器具。另一部分竹类产品则进入人们精神生活的世界，如前面

① 何明，廖国强．中国竹文化研究 [M]．昆明：云南教育出版社，1994:1.

所说的各种装饰品、陈设品，这些竹制品由于人们的精神需求和文化介入而变成工艺品。另外，介于这两种分化之间的是具有适当精神功能的实用品，这一部分竹类产品首先是实用品，在实用品的基础上具有一定的装饰性、寓意性和文化性特征。如各种茶具、毛笔等竹制文化器具等。

竹类产品的分化是一种产品发展的趋势，是产品形式多样化的表现，值得推广。竹类产品的分化迎合了人们的各种需求，是事物发展的必然趋势。

2. 竹类产品的异化

竹类产品发生异化的原因则是设计者对竹类产品的发展趋势没有很好把握，在设计中产生了混乱，失去了方向，最终导致竹类产品没有体现出恰当的精神功能。如图 4-34 所示的盘子和篮子等各种工艺品，它们本应是实用品，却被设计得只能做装饰品。

竹编天坛高 203 厘米，直径 210 厘米，可以说是一件值得骄傲的工艺精品，但问题在于它并没有任何使用价值，其精神功能亦体现得不明显。竹类产品在几千年的发展中一直都是作为廉价实

图 4-34 鸡盘与鹅盘、双头鹅篮、竹编天坛[①]

① 张齐生，程渭山．中国竹工艺摄影集 [M]．北京：中国林业出版社，1997:33,34,57.

用器具而存在，在分化过程中具有了独立的精神功能。其精神功能的对象应该是使用者，使用者的精神需求会推动竹类产品精神功能的发展。竹类产品价值的提升在很大程度上也包含设计者对竹类产品精神功能的精心思考，对人们情感需求、价值认同等的迎合。但是，有些设计者却走进了一个误区，为了提高竹类产品的价值而不断地提高竹类产品制作工序的复杂程度。最终，这类竹类产品在形式上、技法上达到了一个无与伦比的高度，让人叹为观止。但仔细分析后，我们会发现在高超技法和复杂形式的背后却没有太多的实质“内容”，而这种内容才是真正值得去追求的东西。

这里引出了一个值得思考的问题：竹类产品的异化实际上是强化了竹类产品的形式，但对于内涵的提升则有所欠缺，这种异化给传统竹器的发展带来了很大的影响。传统竹器发展的方向应当是什么？根据前面的分析，我们知道产品设计本质上是在“人—物”关系下的功能开发，在这种关系中，人实际上是有主导作用的。人的需求才是推动产品设计前进的动力，而产品设计则是根据物的供给来顺应人的各种需求或适当引导人的需求。但是，在竹类产品的异化中，是技艺和形式在引导产品设计的发展，把技艺和形式推向极限。竹类产品的异化中存在两个误区：

其一是以技法推动形式的发展。其实，在竹类实用产品的层面，竹产品制造的各种技法都已经有所体现，但为什么实用品没有出现这种异化？其主要原因是实用品是以“用”为根本，在数千年的发展中，竹类产品一直作为中国普通百姓的生活必需品存在，作为经济实惠的器具被使用。多余的装饰不但耗费人力物力，而且增加经济成本。因此，竹类产品在实用层面是不可能产生异化的。实际需求推动着竹类产品的良性发展。因此，相对于“以技法推动形式的发展”，“以需求推动形式的发展”才是正确的选择。

其二是以形式推动产品的复杂化。在技法达到一定的极限以后，形式的复杂化便成为竹类产品异化的另一个重要方向，不断地以新的、繁复的形式来表现产品的价值，但并不是产品越复杂价值越高。形式的繁复需要耗费大量的时间和人工成本，相应的，其价值也会增加，但事实上这不是产品价值增加的唯一方法，也不是最好的方法。复杂程度越高，与人的亲和力越差，现代科技的发展就已经充分说明了这一点。马科伊（McCoy）曾提出，“当今设计师最重要的工作就是怎么诠释那冷冰冰的科技”[①]。传统造物虽然不像现代科技这样“冷冰冰”，但是技法的发展始终应以人为本，而不是以技法为本，更不是以创造极致的形式为本。

① 杨裕富．创意活力：产品设计方法论[M]．长春：吉林科学技术出版社，2004:62.

4.5 竹器形态与色彩的规律

一、竹器形态的规律

1. 竹类产品形态的尺度规律

由于竹类产品种类极多，我们没有办法一一讨论每一个竹类产品的形态，而且不同种类的竹类产品之间存在很大的功能差异，如竹制家具和竹制隔热垫，两者的确没有可比性。

对于竹类产品的形态，有一个方面是具有可比性的，那就是尺度。我们共对 41 种竹类产品进行了尺度分析，并以人体尺度为基准进行了比较，如图 4-35 所示。

首先，竹类产品大部分都集中在 1 米以内，即其三维尺度都不超过 1 米；其次，2 米以内的竹类产品相对来说也是比较多的；最后，2 米以上的竹类产品则数量不多，多为户外设施和室内较大型的家具等。表 4-14 所示的统计结果也说明，竹类产品的尺度主要集中在 1 米以内，最核心的利用尺度则是在 0.5 米左右。1 ～ 2 米的尺度则为次级尺度，最外围的尺度区间为 2 米以上。当然，这个尺度区间的划分实际上是按照竹类产品的最大尺度来统计的，若综合竹类产品的三维尺度来考虑，则有更多的竹类产品尺度都在 1 米以内。因此，通过上面的统计，我们认为竹类产品的尺度级别可以分为 3 级，第一级是 1 米以内的尺度，第二级是 1 ～ 2 米的尺度，第三级则是 2 米以上的尺度。

竹类产品最常用的尺度实际上就是人手所及的尺度范围，而且竹材的供给特性使得竹类产品最适合在这一尺度范围内进行产品设计。

2. 竹类产品的造型特征

在前文中，我们已经讨论了竹材的切分方式有横向切分、纵向切分和横纵切分等。根据这几种不同的切分方式，我们可以把握竹类产品的基本造型特征。

表 4-14　竹类产品在尺度上的分布

尺寸级别	1 米以内		1 ～ 2 米		2 米以上
	0 ～ 50 厘米	50 ～ 100 厘米	100 ～ 150 厘米	150 ～ 200 厘米	
产品数量	18	10	6	3	4
	28		9		4

图 4-35　竹类产品的尺度分析（单位：厘米）

（1）以原始形态为基准的横向切分的造型

竹材自身的造型是中空、线性、不规则的。对竹材进行横向切分后，得到的竹材基本上没有突破其中空、线性、不规则的造型特征。因此，利用竹材横向切分设计制作的各种竹类产品都保留了竹材初始的造型特征，即圆柱形。那么，对竹子横向切分后的造型可以说就是以圆柱形为基础的造型，不论是单一造型还是组合造型表。表4-15整理归纳了圆柱形竹材的造型特征，这里只分析了一元减法和加法的造型。相应的，竹材还可以有多元减法和加法的造型，其处理方法可以根据一元加减法进行类推。

表 4-15　圆柱形竹材的造型特征

	竖　向			横　向		
	切　割	挖　孔	穿　孔	切　割	挖　孔	穿　孔
一元减法						
	切割线可以有多种变化	孔的形态可以有多种变化	孔的形态可以由各式封闭曲线形成	切割线可以有多种变化	孔的形态可以有多种变化	孔的形态可以由各式封闭曲线形成
	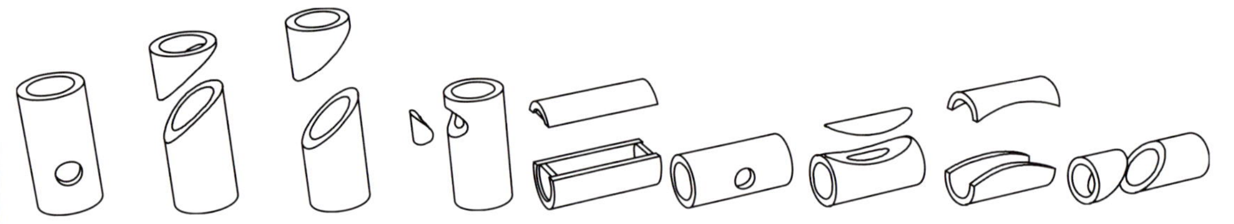					
	平排叠加			相交叠加		
	平　行	半包含	包　含	十　字	T　字	包　含
	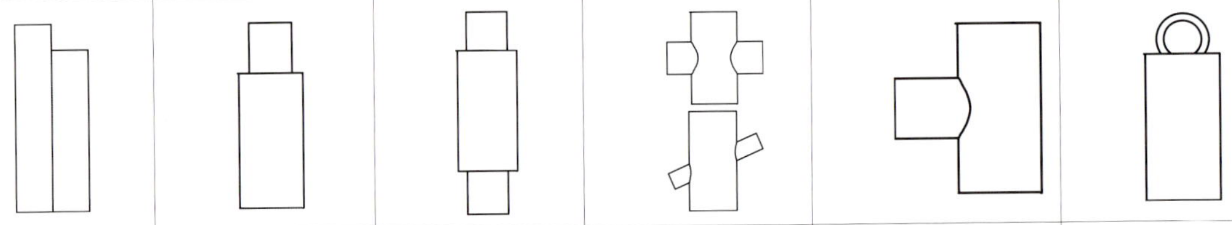					
一元加法	两根竹材的长短既可以一样，也可以不同	高度方向均可以变化	高度方向均可以变化	长度方向变化较自由，直径也有一定的变化	长度、高度、直径均可有变化	长度、高度、直径均可有变化
	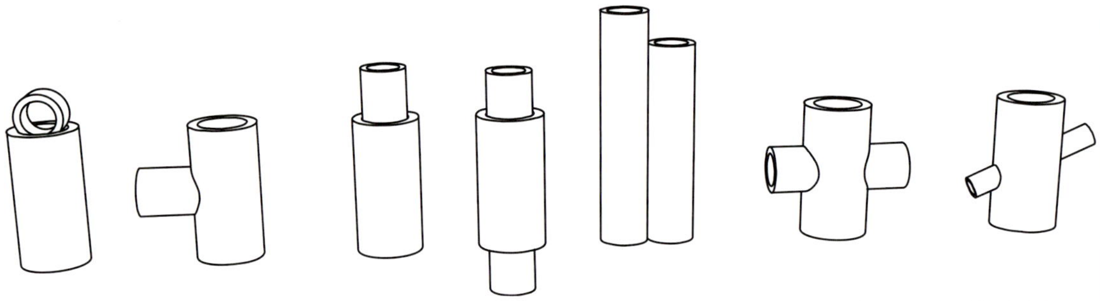					

（2）以曲线形态为基准的纵向切分的造型

纵向切分打破了竹材原有的中空性供给特性，使竹材呈现出越来越细的倾向。由于竹材有一定的柔韧性，纵向切分的竹材最终是以曲线造型出现的。纵向切分得越细，竹材的曲线造型自由度越大。

竹类产品的曲线造型含有以下几个变量：第一个变量是弯曲度，第二个变量是竹片的翻转度，第三个变量是曲线的尺度大小。其中，弯曲度与尺度级别成负相关关系。

竹材的弯曲度是有一定限制的，它不能像棉线一样任意弯曲。特别是在竹材还没有细切为竹篾时，其弯曲度则是受到较大限制的。根据实际收集到的竹类产品的情况，我们对竹材的弯曲特征进行了归纳，如表 4-16 所列。

表 4-16　竹材的弯曲特征

	直线弯曲				曲线弯曲		
	一元弯曲	二元弯曲	三元弯曲	多元弯曲	零弯曲	一元弯曲	二元弯曲
＜ 45°		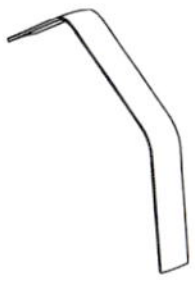		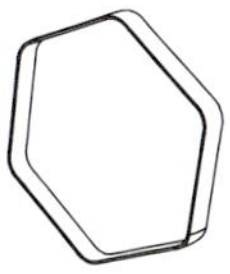			
＜ 90°							
90°		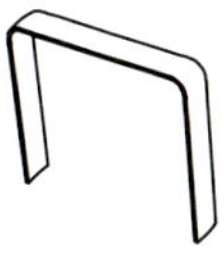	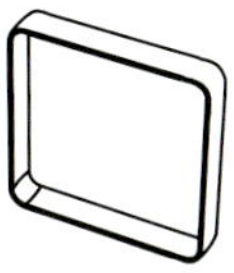				
180°				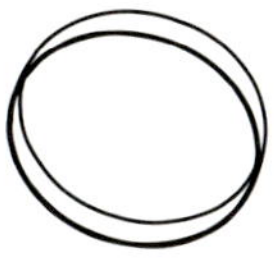			

传统竹类产品的制作大多是利用竹材本身的翻转特征来进行紧固的，只使用少量的铁丝、藤绳作为辅材。特别是多片竹片相连接时，利用竹片本身的翻转特征进行缠绕连接是非常省工省时的做法。竹片在翻转时，还可以有直曲的变化，如图 4-36 所示。

纵向切分后的竹片大小则会影响竹材的曲线尺度大小。尺度越大的线材，其弯曲度和翻转度就会越小，部分情况下弯曲度和翻转度可为 0，变成直线。随着竹材横向尺度的不断减小，其弯曲和翻转的能力越来越强。

（3）以小体块形态为基准的横纵切分的造型

对竹材进行多次的横纵切分后可得到“颗粒”状的竹材，这在前文介绍竹点材、竹体材时已有说明，此处不再赘述。

需要说明的是，有一部分竹类产品的造型综

图 4-36　竹片的翻转特征

合了竹材横向切分和纵向切分后的造型特征。这种综合不是机械的叠加，而是一种有序的自然结合，如表 4-17 所列，这 3 种造型是竹类产品中较为典型的横纵切分结合造型。

表 4-17　竹材横纵切分的综合造型特征

半节横纵切分	一节横纵切分	多节横纵切分
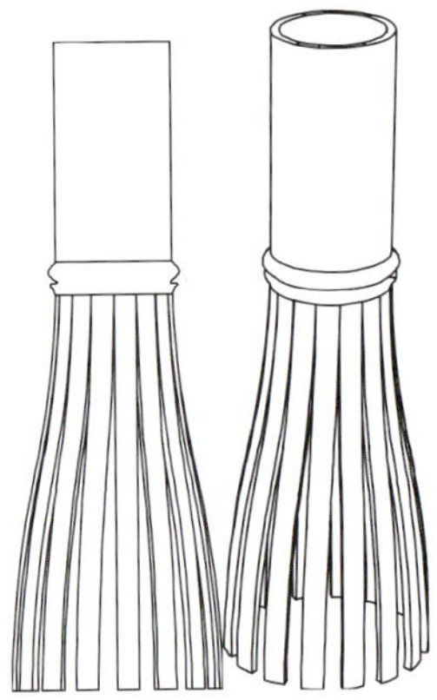		
开放式造型	封闭式造型	半封闭式造型
纵向切分的竹片大小可以根据需要进行调整		

二、竹器色彩的规律

竹类产品色彩的呈现是有一定的规律可循的。竹类产品主要呈现出绿、青、红、橙、黄、灰等色彩，那么，这些色彩究竟是以什么方式呈现的呢？对这个问题的研究仅仅靠文字来叙述显然不够，因此，本书试图在量化研究方面做一些尝试。

需要说明的是，由于国内缺乏精确的色彩测量工具，本次量化研究只具有一定的参考价值。笔者在实地考察过程中，在当时当地的天气和环境条件下拍摄了大量竹类产品的照片，然后进行筛选，选出其中能够呈现竹类产品本色的26张图片，进行量化分析。

1. 分析示例

本书选用Photoshop CS作为色彩量化分析工具，对筛选出来的26张图片进行分析。通过对一张图片上多次取点进行色彩分析，找到物体在光线下接近其本色的位置点，再对这些色彩进行取样，并将其用RGB色彩模式的数值表示出来。最终，每一个竹类产品的色彩，都可以用单一色块和RGB数值来表示。如图4-37所示，红色方框部位为取样点。这些取样点的位置是经过多次比较后才确定下来的。取样以后，我们把样色制作成色块，并标注上RGB数值。对于不同颜色的竹类产品以及同一竹类产品中不同的色彩构件，我们都会进行采集，以保证样本的多样化。

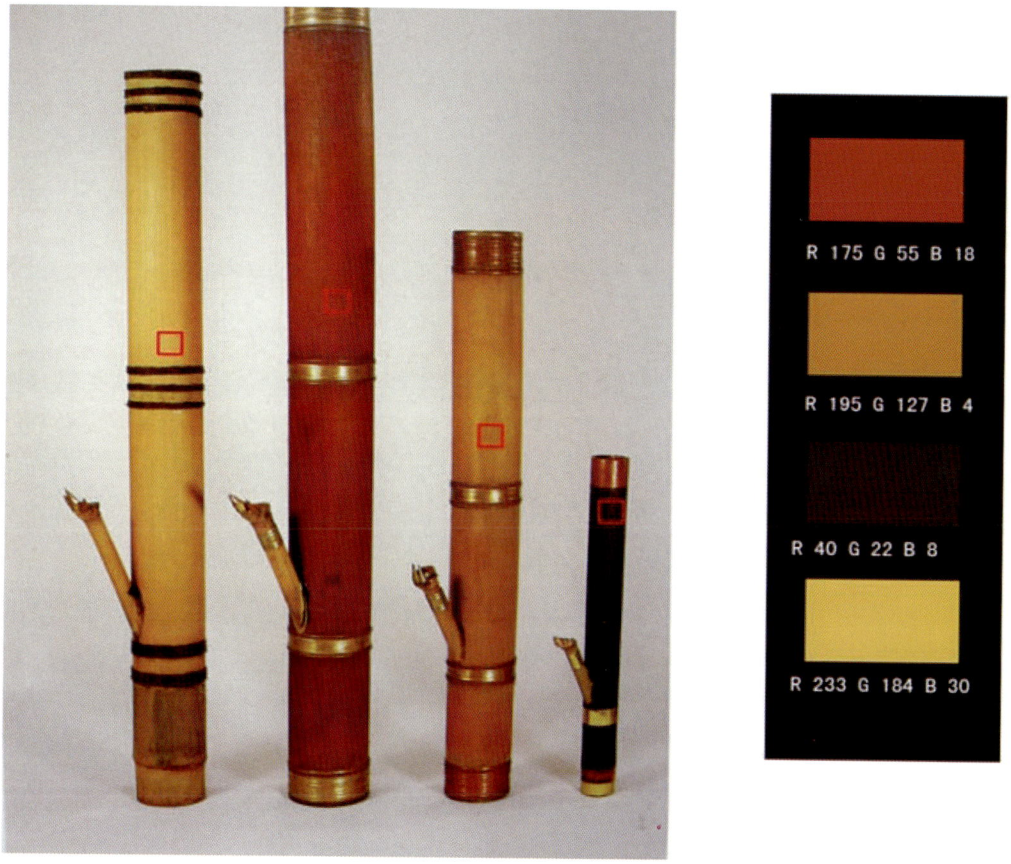

图4-37　竹类产品色彩取样示意图

2. 分析结果统计

经过分析，我们最终得到了 26 种不同竹类产品的色彩值，如图 4-38 所示。

经过对比，我们总结出 4 个基本色系，即绿色系、红色系、黄色系和青色系。其中，绿色系、红色系、黄色系是有彩色系；青色系是无彩色系，

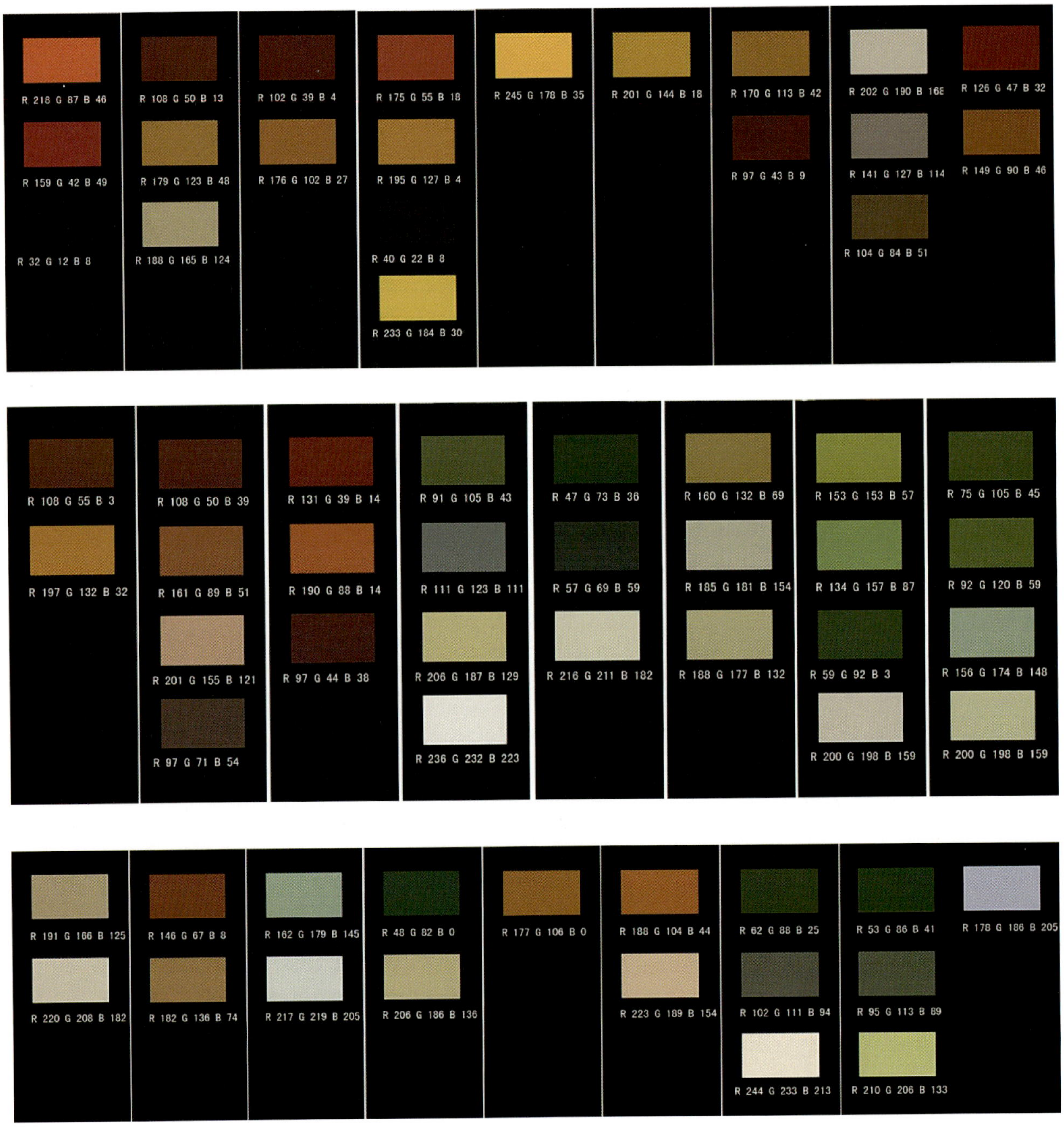

图 4-38　26 种竹类产品的典型色彩和 RGB 值

是竹类产品经过户外氧化后呈现的色彩。我们还发现除主色系外，还有淡黄色和棕色，出现频率也较高。其中，淡黄色比棕色的利用范围更加广泛。总的来说，淡黄色和棕色是 4 个基本色系的配色和补充色，与这 4 个色系均可和谐搭配。

如表 4-18 所示，表中的色彩综合值仅具有参考价值，因为各色系的色彩综合值只是对色样进行综合处理的结果。在真正应用时，可以参考图 4-38 所示的同色系色彩。

由此，我们可以得出竹类产品色彩变化的总规律，即竹类产品共有四大主体色系，分别为绿色系、红色系、黄色系、青色系，另外有两个亚色系起到搭配、调和的作用。这 6 个色系的基准值参见表 4-18。

需要说明的是，首先，本书选取的样本数量有限，若时间充裕的话，应该实地收集更多的样本进行色彩取样，这样能使各色系的结果更准确。其次，在色彩取样中不可避免地存在着一定的误差，但这种误差对四大色系的划分没有实质影响。采样的竹类产品越多，色系的基准值越准确，因此，本书所得的色彩综合值仅供参考。最后，竹类产品的色彩搭配原则上是以四大基本色系为主，以淡黄色和棕色两个亚色系为辅，但是在实际应用中也可根据需要进行灵活运用。

关于 26 种产品的色彩取样和 RGB 值的确定，以及各色系色彩综合值的确定，请参见本书附录，限于篇幅，此处不做详细论述。

表 4-18　竹类产品的色系及其色彩综合值

色　系	绿色系	红色系	黄色系	青色系	亚色系	
产品个数	7	8	9	2	淡黄色	棕色
色彩综合值	R 82 G 106 B 40	R 131 G 52 B 23	R 196 G 127 B 27	R 123 G 136 B 122	R 212 G 199 B 162	R 56 G 35 B 24
RGB 值	82，106，40	131，52，23	196，127，27	123，136，122	212，199，162	56，35，24

第5章 传统竹器的衰落

5.1 生活方式的改变

一、生活方式

学界对“生活方式”概念的界定主要有广义和狭义两种。广义的“生活方式”是指人们在物质生活和精神生活领域所从事的一切活动的方式，既包括物质生活资料和精神生活资料的生产方式，又包括它们的消费方式；狭义的“生活方式”则仅指物质生活资料和精神生活资料的消费方式。[①]狭义的“生活方式”又可以理解为：在一定的社会生产方式基础上，人们满足生活需要的活动形式和行为特征的总和。它包括人们的一切社会生活活动，如生产劳动方式、分配和交换方式、消费和闲暇时间利用方式、日常交往方式、文化约定方式等。生活方式的研究内容主要包括消费生活方式、闲暇生活方式、日常交往方式和家庭生活方式 4 个主要方面。[②]

在人类社会的发展中，随着人类生产力发展水平的不断提高，文化、思想观念的变化，生活方式也会产生变化，在某些时候甚至会发生突破性的变革。只要生活方式存在的基础——经济、政治、文化等发生改变，生活方式也会随之改变。

生活方式的变迁主要表现在以下几个方面：

（1）生活价值观念和态度的变化。在生活方式的变迁中，价值观和态度的变迁往往具有先导作用，必然会引起人们生活行为趋向的变化，并且指导和调整这种趋向的发展。

（2）生活水平和生活质量的变化。这是社会变迁使经济条件和社会条件变化的必然结果。

（3）生活风格的变化。这种变化主要受到文化变迁的影响，直接反映了生活方式的变迁。

（4）时间观念的变化。任何生活方式的变迁都不能忽视生活活动的时间特征、社会生活的时间联系和活动主体的时间意识。现代时间观念是现代生活方式的本质特征之一。[③]

一般来说，它是在生产力和生产关系之间的矛盾运动中自发产生并进化演变的。但影响生活方式变迁的还有其他许多因素，归纳起来主要有生产方式的变革、科学技术的革命、文化的传播，以及社会规范和制度的变迁等。[④]

二、自给自足的自然经济时代的生活方式

根据生产关系的不同性质，可将人类社会划分为 5 种社会形态，分别是原始社会、奴隶社会、封建社会、资本主义社会和共产主义社会。人类

① 吴增基，吴鹏森，苏振芳．现代社会学 [M]．上海：上海人民出版社，1997:270.
② 童星．现代社会学理论新编 [M]．南京：南京大学出版社，2003:121-123.
③ 杨雅彬．简明社会学 [M]．北京：中国地质大学北京管理干部学院、中国文化书院内部发行，1987:152.
④ 杨雅彬．简明社会学 [M]．北京：中国地质大学北京管理干部学院、中国文化书院内部发行，1987:153-154.

的生活方式在这5种社会形态中是不一样的，正如上文所说，政治、经济和文化等基础都发生了变化，生活方式也会有很大变化。但是，由于人类在封建社会以及封建社会之前的生产力相对低下，其生产方式主要以采集、渔猎、农耕等自给自足的方式为主。因此，本书笼统地将这一时期称为自然经济时代。

自然经济时代，人们遵循的是日出而作、日落而息的生活方式。在自然经济条件下，人类的生产力是有限的，家庭是人类生活的中心，人与人之间的社会关系基本上是以血缘关系为基础的。在传统的乡村社会环境中，家庭制度可以说具有相当“普化”的社会功能，据威廉·奥伯格的归纳，传统社会的家庭制度除了生育子女的功能外，还有以下一些功能。经济功能：家庭是自给自足的生产和消费单位，不需要银行、商店和工厂；给其成员以威望和地位，家庭比个人重要，家庭成员多，而且个人很少有独立性。教育功能：不仅对儿童是如此，就是对于青年也是如此，包括对他们进行职业培训、身体训练、学识教授和其他方面教育。保护功能：父亲要保护全家，并为孩子提供社会和经济保障；相应的，家庭也满足成年人在经济和心理上的需求。家庭还要履行宗教功能、娱乐功能。对那些农耕家庭来说，不可能有家庭之外的娱乐中心。情感功能：它产生了亲子之情。[①]由此可知，在自然经济条件下，人们的生活方式基本上是围绕着家庭这个中心来进行的，甚至国家命运与家庭之间都有着密不可分的关系。

自然经济条件下，社会生活方式的主要特征表现为：（1）封闭性和分散性；（2）保守性和稳定性；(3)生活活动几乎等同于生产活动；（4）等级森严[②]。

自然经济条件下，人们的活动范围相对固定，生活空间主要是以居住地为中心，同外界的交流较少。这种经济模式下的产品设计多为自给自足的手工产品的设计，每个家庭都是一个小型的生产体系，生产的目的是供给家庭所需。柳冠中教授指出，在自然经济条件下，“分工低下，社会生产活动的全过程——构想、制造、销售，贯穿个人实践与经验积累的全过程……设计活动不可能从生产活动中分离出来，它融于感觉、经验和悟性的锤炼中。”[③]于是，传统造物就演变为手工业制造，所有的产品都通过手工制作出来，而且设计、制作等都是一个人完成的，这是传统手工业制造的特点。自然经济条件下产品设计的目的不是为他人，大部分是为了满足自身需要，只有少量的产品需通过交换得到。

三、大量生产、大量消费的工业时代的生活方式

随着工业革命的爆发，人类的生产力得到了前所未有的提高。工业社会不同于以往的传统社会，它有以下特点：

（1）工业社会是以蒸汽机和电力的出现为主要特征的。在生产过程中，机械力、电力代替了人力、畜力，机器大工业代替了工场手工业。同时，大规模的工厂制度的建立，生产者与生产

① 陈立旭．社会学概论［M］．北京：中共中央党校出版社，2005:320.
② 童星．现代社会学理论新编［M］．南京：南京大学出版社，2003:126-127.
③ 柳冠中．工业设计的方法论：产品、商品、用品的统一［C］// 中国工业设计协会．中国工业设计协会十年优秀论文选．1998:24.

资料相分离，使得人们的社会关系发生了一系列的变化。

（2）工业社会的分工更细，这不仅指工业与农业的分离，还指专业和技术上的分工明确，不同的工人拥有不同的技术。

（3）工业社会的生产是大规模的现代生产，这是以往社会不可比拟的。生产的机械化，所用人员的增多，一方面提高了生产效率，降低了产品的成本；另一方面增加了就业机会。

（4）在工业社会中，工业生产跃居为经济活动的中心，工业产值在总产值中所占的比重越来越大。工业人口逐步增加，农业人口逐渐减少，人员的社会流动增多。

（5）工业社会中工作与家庭分开。在传统社会中，工作常常是家庭的一部分，家庭成员在家庭中进行手工业劳动；而在工业社会的现代化大生产条件下，工人常常要离开家庭到工厂去工作。

（6）在工业社会中，城市的发展速度很快，人口相对集中，城市化与工业化有密切的关系。[①]

大量生产、大量消费成为工业社会的特征。受其影响，人们的生活方式也相应地发生了质的变化。人类的生活水平得到了极大的提高，以往以家庭为中心的社会变成了以工厂为中心的社会。人们以工厂的作息时间为中心来调配个人时间，而不再遵循传统农业社会中日出而作、日落而息的生活规律。人们的价值观念也发生了很大的变化，农业社会的传统价值观念荡然无存。传统农业社会的懒散自由的时间观念变成了工业社会分秒必争的时间观念。工业时代下，人们的空间概念也已经不是农业经济下某一固定的范围，大量生产和大量销售促使制造商、工人、销售商等不断地向每一个能盈利的角落进发。

相应的，工业社会也引发了现代设计观念的诞生，制造与设计的分工使现代设计独立出来，成为一种职业。大量生产的廉价产品和当时的社会思想相结合，引发了设计上功能主义的诞生。

四、高质量、低消耗的后工业时代的生活方式

“后工业社会”（Post-industrial Society）这一概念，最早是由美国社会学家丹尼尔·贝尔（Daniel Bell）在1959年提出的，他在1973年出版的《后工业社会的来临》一书中对其进行了系统的论述。贝尔认为，后工业社会可以概括为：“1. 在经济方面：从产品生产经济转变为服务性经济；2. 在职业分布方面：专业与技术人员阶级处于主导地位；3. 中轴原理：理论知识处于中心地位，它是社会革新与制定政策的源泉；4. 未来的方向：控制技术的发展，对技术进行鉴定；5. 制定决策：创造新的‘智能技术’。”[②]20世纪90年代末，学界又有人提出了“知识经济时代”的概念，其实质与贝尔的“后工业时代”概念、托夫勒的“信息社会”概念是一致的。[③]

同工业社会相比，后工业社会有以下特点：

（1）后工业社会是以信息技术的出现和发展为标志的，特别是网络信息的发展，大大革新了人类的生活方式。

① 符祥青．工业社会学[M]．广州：中山大学出版社，1990:1-2.

② 丹尼尔·贝尔．后工业社会的来临：对社会预测的一种探索[M]．高铦，王宏周，魏章玲，译．北京：商务印书馆，1984:15.

③ 童星．现代社会学理论新编[M]．南京：南京大学出版社，2003:361.

（2）后工业社会更加注重系统的研究，注重各学科的交叉和综合。

（3）后工业社会反思工业化大批量生产带来的种种问题，更加注重机器生产的效率与人的需求、生态环境的平衡，因而是有节制的批量生产。

（4）后工业社会中，信息产业、服务产业等第三产业的比重越来越大，超越了同时期的工业和农业的比重，成为国民经济的主要贡献力量。

（5）后工业社会中，网络技术、远程控制技术的发展，使一部分工作可以在家里轻松完成。SOHO（家居办公）的出现就很好地说明了这一问题。

（6）后工业社会中，城市化的程度依然很高。但是，城市化不再同工业化密切相关。工厂被迁移到远离城市的周边地区，使城市更适合人的居住。

在后工业社会中，关于生活方式的改变，某些发展方向有所展现，如生活方式的世界化。全球化的发展使得地球变成了“地球村”，信息技术的发展使得地球上任何一个角落在信息的接收上几乎是同步的，进而导致了生活方式的全球化。随着20世纪70—80年代生态问题的提出，人类越发关注地球的生态平衡，呼吁保护脆弱的地球环境。随着《只有一个地球》《我们共同的未来》等报告的发表，越来越多的人认识到环境问题的重要性，因而，在未来“生态型生活方式”是一种必然趋势。随着知识经济时代的到来，“知识爆炸”成为20世纪80年代的关键词，“终身学习”的生活方式也是预料中的选择，其实在当代中国，已经有一部分工作是建立在“终身学习”的理念上的。信息时代的生活方式与工业时代、农业时代的生活方式相比有着根本性的变化，人们越来越追求高质量、低消耗的生活方式。

后工业社会在对工业社会反思的基础上，将会逐渐地走出工业社会的种种误区，如对大量生产和大量消费的摒弃，对工业社会中的功能主义、现代主义设计观的批判等。后工业社会的生产生活方式和设计理念的变化，也对竹类产品及其设计产生深远影响。

5.2 新的生活方式下竹器的衰落

一、竹器旧日的辉煌

竹类产品系统涉及人们生活的方方面面，这是毋庸置疑的。竹类产品系统在整个竹产区人们的生活中发挥着重要作用，可以说，人们的生活离不开竹类产品。

1. 从王侯将相到平民百姓

我们从马王堆汉墓出土的各种竹器文物中可以窥见竹器昔日的辉煌。“马王堆汉墓，是西汉初轪侯利仓家族的墓葬，是中国目前发现的保存最完整、出土文物最丰富的一座汉墓群，堪称本世纪中国最重大的考古发现之一……随葬的竹制品种类之多、数量之大、涉及面之广、工艺之精和价值之高，同样也是前所未有的，用地下‘竹子博物馆’来称呼它一点都不为过。”[①]据统计，马王堆汉墓出土的竹类制品共计 27 个种类，500 多件，其中竹简 312 枚，涉及劳动工具、生活用品、工艺品、书籍、乐器、兵器、饮食和体育等领域。另外，中国传统交通工具——轿子，也有很多是用竹子制成的。轿子在封建社会是达官贵人身份和地位的象征。文人使用的各种文化用具等也都和竹子有关。

至于平民百姓使用的竹类产品，那就更是不胜枚举了。本书中所引用、分析的绝大部分竹类产品实际上都是普通百姓所使用的，甚至包括很多已经失传的古代竹类产品。竹类产品本身的特点也决定了其平民化的属性。

中国竹文化也不只是文人雅士的“专利”，其中包含了很多民俗的观念和宗教、信仰的积淀。如云南少数民族地区的竹崇拜、竹图腾，哈尼族的招魂竹等[②]，都包含了普通百姓对竹子的信仰和情感。

2. 从高雅品位到廉价实用

竹子既可以制作高雅的艺术品，也可以制作廉价的实用品。竹类产品中有高雅的竹根雕、竹片雕等雕刻工艺品，也有各类极具品位的竹编工艺品等。其中，四川自贡出产的“竹丝扇”最为名贵，人称“龚扇”。龚扇薄如绢纱，明亮透光，并编有人物、山水、花鸟等图案。它以慈竹为原料，将竹篾刮得细如发丝，在半径 12 厘米长的团扇上，密排 700 多根竹丝做经线，又以同样细的竹丝做纬线，一根纬线需穿插 700 多次，所成扇面的质感如丝绸一般[③]。另外，中国的传统竹制乐器也是竹类产品中高雅品位的代表之一，这里就不再赘述。

廉价实用的竹制品大部分是农民在闲暇之时制作的，只有一部分是由专业的竹工艺人制作的。

---

① 蓝晓光．从马王堆看中国汉代的“竹子文明”[J]．竹子研究汇刊，2003，24(1):70-75.
② 何明，廖国强．中国竹文化研究［M］．昆明：云南教育出版社，1994:243-245.
③ 张齐生，程渭山．中国竹工艺摄影集［M］．北京：中国林业出版社，1997:3.

因此，竹类产品生产在早期的农业社会基本上是自给自足式的，只有在生产多余的情况下才会拿出去出售，而且价格也极为低廉。因为如果价格偏高，对普通百姓来说，与其花钱去买，不如自己制作。直至当下，笔者在安徽、福建等地考察时，仍发现竹类产品的价格极为低廉。如在安徽黄山地区，一个竹丝锅刷的售价只有0.5元人民币，可谓经济实用。

3. 从精神寄托到现实世界

竹类产品不仅是生活中的实用品，而且具有丰富的文化内涵和象征意义。在现实生活中，人们使用着各种由竹子制作的产品，包括普通百姓使用的日常生活用品，文人雅士使用的文化用品、古典乐器等。而在现实生活之外，竹类产品也寄托着人们的精神追求，正如前文所说的竹类产品承载着人们的宗教诉求、信仰诉求、文化诉求等。中国竹文化的精神诉求不仅可以从绘画、文学等方面体现出来，也可以从竹类产品身上体现出来。可以说，竹类产品也是中国竹文化的主要载体之一。

关于竹的崇拜，关传友曾经做过总结：“中国民族的竹文化崇拜主要表现在五个方面：1. 大量有关竹生人的神话传说，说明人类与竹有血缘关系；2. 存在着用竹作为氏族或部族的族称或标记；3. 存在着对竹的禁忌；4. 存在着大量有关竹的祭祀活动，主要有入社、繁殖、祭祖三种仪式；5. 有很多竹的模仿活动，如装饰、跳舞、音乐等。”[①]这些对竹的崇拜必然把相应的精神寄托也转移到竹类产品之中。

由此可见，在现实世界中，竹类产品为人们提供各种生产、生活的器具和资源；在精神世界中，竹类产品是中国竹文化的载体之一，成为文人雅士和普通百姓精神寄托的对象。

4. 从呱呱坠地到寿终正寝

从孩子出生时睡的摇篮，到稍大一点玩的竹制玩具，再到读书时用的竹制文具，生活中用的各种竹制日用品，生产中使用的各种竹制工具，结婚时乘坐的竹轿，年老时使用的竹制拐杖，休闲、纳凉时使用的竹椅、竹床，到最后离开人世时用的竹制棺材，竹类产品在时间维度上贯穿人的一生。

同样，竹类产品在空间维度上也伴随着人的整个生活生产活动——从室内的餐具、洗具、卧具、家具，到室外的生产工具、建筑等。从更加宏观的空间领域来看，从黄河流域到长江流域，从平原到山区，竹类产品遍布中国大部分地域。

竹类产品在中国数千年的文明史中扮演着重要角色。从达官贵人到普通百姓、从阳春白雪到下里巴人、从现实领域到精神领域、从生到死，都有竹类产品的参与。这种蔚为大观的竹类产品系统也只有在中国才有如此恢宏的表现，以至于英国著名科学史学家李约瑟感叹道：“中国曾是‘竹子文明’的国度。”[②]竹子和竹类产品在中国历史和文明中的作用与影响是不可磨灭的。

二、竹器当下的衰落

1. 慢慢消失的竹类产品

在现代生活中，竹类产品离我们的生活越来

① 关传友．论竹的崇拜［J］．竹子研究汇刊，1998，19（4）：64-70．
② 蓝晓光．从马王堆看中国汉代的“竹子文明”［J］．竹子研究汇刊，2003，24（1）：70-75．

越远，这也是不争的事实。笔者在实地调查的过程中，发现传统竹类产品的使用规模越来越小，在城市中基本上已经看不见，除去建筑用的竹制围护支架和家中的日常用品外，人们基本上已不使用竹类产品。家用的各种容器被现代的塑料制品代替；竹制的座椅被各种现代家具代替；农业生产使用的各种竹类工具在现代城市化进程中直接从人们的视线中消失，工业化的城市很少需要各种竹制农业用具；竹制的交通工具，如轿子和竹筏，则更是被现代机械制动汽车、火车、轮船等所代替；竹建筑则被钢筋混凝土的高楼大厦代替；竹制围栏等则被现代的钢铁栅栏代替……连竹类产品最为稳定的使用群体——农民阶层也正在发生翻天覆地的改变。

传统竹类产品的衰落主要有两个原因：一是竹类产品被其他产品替代，如竹制椅子被塑料椅子替代，竹制淘米箩被塑料淘米箩替代等；二是竹类产品在现代生活中因“无用武之地”而直接消失，这主要是生活方式的变化导致的，如农业生产工具竹掼床、竹连枷等因农业机械化生产而直接退出历史舞台，竹栅栏、牲畜竹笼、竹渔笼等家用竹器都因生活方式的变化而逐步退出人们的生活领域。

在城市中，传统竹类产品衰退的主要表现是直接消失，而在中国广大的农村，竹类产品的衰退则主要表现为被其他现代工业产品代替，但仍有一部分竹类产品还在使用，不过，相对于传统时代而言，竹类产品的旧日辉煌已不复存在。

2. 越来越难找的手工艺人

在中国传统的农业社会中，几乎每个家庭都有会制作竹类产品的成员。竹篾刀是农民家中必备的工具，在几十年前的中国广大农村仍在普遍使用。在改革开放后的数十年中，中国经济发展突飞猛进，现代城市的发展使得人们对竹类产品的需求越来越小，普通百姓则倾向于使用更为经济方便的塑料、金属制品，因为这些现代产品在使用性能、耐久性、耐污性等方面都优于传统的手工制品，致使普通百姓对竹类产品的需求也相对下降。

竹类产品需求量的下降，使得手工艺人的生计受到挤压，家庭成员开始对竹器制作失去兴趣，进城务工的潮流更是推动了这种趋势的发展。现在的竹器手工艺人基本上是以中老年人为主，而且人数越来越少。令人担忧的是，竹器手工艺人的生活越来越艰难，在年轻一代中更是缺乏技艺的传承人。以前几乎家家户户都有可以编织竹器的人，而现在几个行政村甚至方圆十几里才能找到一个竹匠。笔者在福建考察时走访过一位老竹匠，不看别的，单看他的双手和身上的衣服，已经完全可以说明他的生活何等窘迫（图5-1）。

在现今中国经济状况得到很大改善的时代，任何对竹工艺有兴趣的人在看到这双手以后都可能会望而却步。这不是现代人想要的生活，但是这却是一位竹匠真实的生活写照。

3. 廉价和贫穷的代名词

竹子为广大普通百姓提供了大量经济实用的产品，同时也为文人士大夫阶层提供了各种精致的文房用品和竹制工艺品。然而，在现代社会，随着在城市中使用频率越来越小，使用范围越来越窄，竹类产品基本上只在农村地区出现。在以经济发展水平为衡量标准的现代社会，农村地区相对于城市来说属于较落后的地区，竹类产品也因此成了只有落后地区才会大量使用的物品。

图 5-1　福建一竹匠的双手和衣服

传统的竹制工艺品也面临同样的问题，朱宁嘉等在考察浙江嵊州竹编厂后写道："目睹闲置的厂房、稀落的设备与工人、极不景气业务和收藏馆中蒙尘吃灰的精品，感受到的传统文化的衰败让人痛心疾首。"①

竹类产品中的实用品和工艺品同时出现衰落，而且整个竹类产品系统几乎成了廉价和贫穷的象征。在中国经济高速发展的今天，这样的问题不单存在于竹类产品系统中，中国许多传统产业都出现了这样的衰退。

4. 滞留在边缘地带

最终，竹类产品随着人们生活方式的变化，慢慢地淡出了人们的视线。大部分竹类产品目前被保留在偏远的农村地区和山区，或者干脆被放到民俗博物馆成为文物。笔者在云南调研时就在丽江木府看到了一个民俗博物馆，里面展示的很多物品都是当地人过去使用的竹类产品，如今它们俨然变成了文物。

之所以说竹类产品处于"滞留"状态，是因为在中国毕竟还有一部分地区和一部分人在使用传统的竹类产品。其在中国有着广泛的群众基础，暂时还不可能完全退出历史舞台。竹类产品在人类生活中还有使用价值，但已滞留在边缘地带，更确切地说，传统竹类产品已经被边缘化，早已不是人们生活中的必需品了。

总之，从上述 4 个方面我们可以看到，不论是传统竹类产品的使用群体还是制作群体都已经出现了极大的萎缩，传统竹类产品的消费市场也日渐衰退，使用地区更是逐渐边缘化。传统竹类产品以往在人们生活中的地位已经不复存在。

① 朱宁嘉．竹的研究之：嵊州竹编产业及其产品的研究与开发 [D]．无锡：江南大学，2002.

三、传统竹器的困惑

1.“人—物”关系的破裂

在第四章中我们已经讨论过，设计中最为核心的关系是“人—物”的关系。传统竹类产品在现代社会中同“人”的关系已经产生了根本性的变化。传统竹类产品随着社会形态和生活方式的变迁，已经不复往日的辉煌。人们也不再需要各种竹类产品提供的功能。竹类产品的“人—物”关系处于破裂的边缘，给传统的竹类产品系统的生存发展带来了前所未有的挑战。在中国延续了数千年的和谐的“人—竹”关系，在短短 40 年的时间内发生了极大的变化，原本巨大的需求几乎消失殆尽。

2. 整个传统产业萎缩

实际上，不单单是竹类产品，其他的中国传统产业领域也存在类似的问题。从 1929 年陈之佛发出对传统工艺的感慨[①]开始一直到现在，90 年的时间过去了，我国的传统产业随着社会的动荡有过起伏，不过，总体看来，中国传统产业还是在逐渐地萎缩。特别是近 40 年来现代工业的兴起，使得传统产业受到了巨大的冲击。“在市场经济的冲击下，不少传统手工艺从业人员外流，后继乏人。除极少数企业效益较好外，企业普遍亏损，包袱沉重。大部分企业工作环境较差，福利较低，加上这一产业投入少、上马快、一哄而起，相互争市场、争原材料，造成市场混乱。由于缺乏创新设计，抄袭假冒伪劣商品充斥市场，产品质量低下，行业管理也十分困难……”[②]

虽然张福昌仅仅就目前的传统产业状况进行了描述，但我们从中可以窥见中国目前传统产业的萎缩。

由于整个大的产业环境状况不佳，竹类产品系统的衰退也似乎是合乎情理的。但是我们仍然要问，为什么会出现这样的变化？

3. 衰退的根源

传统竹类产品系统乃至传统造物的衰退，究其原因，主要是生活方式的急剧变化带来了传统造物的无所适从。这点在中国表现得尤为明显。中国近 40 年的社会变化是前所未有的，使得中国从传统的农业社会急速进入工业社会，从工业社会又很快地延伸至后工业社会。这种变化实际上是把西方国家自工业革命以来 200 多年的社会形态变迁一下子浓缩到三四十年的进程中。国人的生活方式不像西方工业化国家那样经过了一段时间的缓冲。

西方文化的冲击，使我们原本和谐的“人—物”关系受到了质疑。新的社会形态和生活方式冲击着国人的思想意识，一部分人对西方国家的盲目崇拜也由此而生，他们将新的生活方式下的“人—物”关系当作“先进文化”的代表而接纳。

① 陈之佛．对于中国美术工艺的感想 [J]．装饰，1997，149(2)：58. 原文如下：中国的美术工艺，历代作品本不后人。就据大家所公认的最著名的工艺品来说，如江西的瓷器，福建的漆器，广东的牙雕，湖南的绣品，江浙的丝织，宜兴的陶器，天津的地毯，北平的七宝烧，其他金石竹木等类，也各有精品，差不多各省各有特产的工艺品。然而这等工艺品到现在大多数都是衰落不堪，非但不能和外国工艺品媲美，就是和前代的作品相比较，也不知相差要多少了，无论质地，图案，技巧，都是渐趋恶劣，有的甚至不堪寓目，其模样，色彩，不是恶俗，便是抄袭，并且不成样子。像这样的美术工艺品，我们以为还有美术工艺的价值吗？

② 张福昌．弘扬民族文化，振兴传统手工艺产业 [M] // 张福昌．感悟设计．北京：中国青年出版社，2004:678-679.

即使有一部分人不愿意接受或对是否接受犹豫不决，这也足以对传统的“人—物”关系形成不小的冲击。我国的近邻日本在“二战”后就出现过类似的情况，甚至一度全盘西化，抛弃传统的饮食习惯，改吃西餐，抛弃传统的意识形态，全盘接受西方的理念等。

但中国与日本仍然不同，在一部分人接受新的“人—物”关系的同时，并没有全盘西化。究其原因，一是中国传统文化有着深厚的积淀，不易颠覆；二是中国幅员辽阔，人口众多，各地对外来文化的接受程度并不相同，如东部沿海地区和西部地区相比，外来文化对西部的影响相对要小得多。正是在这种情形下，中国的“人—物”关系出现了更为复杂的局面。一些地区有选择性地接受了新的“人—物”关系，如部分发达城市；也一些地区坚守着中国传统的“人—物”关系，如农村和部分偏远地区；还有一些地区处于模棱两可的中间状态，如发达城市和偏远地区的中间地带。

4. 衰退的表现形式

“人—物”关系的复杂性，其主要的表现形式如下：

（1）生产模式的改变

生产模式的改变是毋庸置疑的，传统的手工生产采用自己设计、自己制作的个体生产模式，现代工业生产则采用分工合作的标准化、规模化生产模式。大量生产、大量消费是现代工业生产的主要特征。在手工业生产模式下，生产效率是很低的；而现代工业生产模式则要求规模效应，生产效率得到极大提高。

（2）消费模式的改变

消费模式在这里也可以说就是使用模式。人们在新的生产模式下的消费模式也发生了很大的改变，不再像传统社会那样只要满足实用即可，现代工业生产模式下的消费则是大量消费，甚至出现浪费。物品往往并没有使用很长时间就被新的、更好的同类产品代替，更好的产品刺激了更大的消费欲望。这使得中国传统的“物尽其用”的使用原则变成了“大量使用”。

另外，在对物品的消费中，消费者更加追求感性的消费理念，突出人的主体性，这在中国传统的物品使用观念中是没有的。

（3）流通模式的改变

大量生产、大量消费要求物品的流通模式必须改变，不能再像以往那样由人工进行物品的分流。现在的物品流通模式具有规模化、集团化、全球化特征。这在以前也是不可想象的。传统的物品流通模式基本上是局域性、小范围的流通，甚至就是在家庭、村庄等范围内流通。这种巨大的反差也使得传统造物没有能力适应现代社会。

（4）观念模式的改变

以上三点都是外在的变化，更为重要的是人的内在的变化——观念模式的变化。观念模式并不仅仅指某一个人或几个人观念的变化，而是指整个社会群体观念的变化。新生事物的冲击，使得国人在世界观、人生观、价值观、消费观等方面都发生了巨大的改变。

四、竹类产品的蜕变

传统竹类产品在转变过程中，是否只表现为衰退、消亡呢？答案是否定的。原因有二：第一，竹材作为一种自然资源，在世界范围内的分布极广，人们会开发新的利用方式来发展竹类产品系统；第二，竹类产品在传统的“人—物”关系中起过重要的作用，其对人类的意义必将延续下去。

1. 新的“人—物”关系亟待形成

在新时代下，传统的“人—物”关系遭到破坏，新的“人—物”关系还没有稳定。中国目前的“人—物”关系处于一种复杂的状态。一部分人的生活状态还停留在较为传统的生产方式和生活方式上，因此，这部分人仍维持着原有的“人—物”关系。另一部分人早已接受新的社会意识形态、新的生产方式和生活方式，以及新的“人—物”关系，而且明确反对传统的“人—物”关系。另外，由于后现代设计指出了现代主义设计中的种种问题，人们开始意识到他们曾经热衷的现代“人—物”关系并不完美。这一认识无疑让所有接受新的“人—物”关系的人又迷失了方向，那么，什么样的“人—物”关系才是合理的呢？新的时代需要新的“人—物”关系的形成。

在这一“人—物”关系的紊乱期，国内一大批学者和有识之士都大声疾呼保护和发展传统工艺。在设计艺术界，从最早的陈之佛、雷圭元等老一辈先驱到现代的张道一、张福昌、诸葛铠，再到中年一代的杭间、潘鲁生等，前仆后继地向社会呼吁：中国传统文化不能丢，传统工艺要振兴。

在新的“人—物”关系的形成过程中，传统工艺的振兴是其必要条件，但不是充分条件。这里需要说明的是本书中的“传统工艺”是指“造物”的工艺，而不是一般意义上的传统工艺品。

传统工艺的振兴并不是新的“人—物”关系形成的充分条件，因为新的、合理的“人—物”关系的形成必须依靠现代科技。人类社会发展到现代阶段，我们不可能再像莫里斯那样为了艺术的理想去阻拦历史的车轮。但是，以现代科技为基础的现代设计（不是现代主义设计）也并非十全十美，科技永远只是站在“物”的角度来考虑问题，因此，在“人—物”关系中的另一个必要条件是对人的充分认识。只有理解了现代人的需求和现代科技为人类提供的各种可能性，我们才有可能建立起新的、更好的“人—物”关系。这将是一个长久的过程，而不可能是一蹴而就的。高登·布鲁斯曾经说过：“工业设计在中国仅仅处在一个起步阶段……所以，这个必须正确处理：一步一步来。”[①]这说明中国新的“人—物”关系的形成需要“一步一步来”。

2. 传统造物振兴的必要性

对传统造物振兴的必要性的讨论由来已久，我们可以先来看看几位学者的观点。

张福昌认为：“在新的知识经济时代，世界各国的传统手工艺将复苏，具有传统文化特色和充满智慧的手工艺品将再次进入亿万家庭，传统手工艺产业在新世纪中的再构及设计振兴，已日益成为世界性研究课题。”“世界各国珍贵的传统手工艺品可以称得上是国家和民族传统生活文化的象征。无论过去，现在，还是将来，世界传统手工艺产业，都是形成地域生活文化的核心组成部分。传统手工艺沉淀着特定历史时代和地域环境下形成的价值观念和审美意识。富有特色和个性的传统手工艺产业在世界文明史上作出了无与伦比的历史性贡献。”[②]

① BRUCE G. Jetlagged in Mianyang [J]. Innovation, 2006 (spring):43.
② 张福昌. 弘扬民族文化，振兴传统手工艺产业 [M]// 张福昌. 感悟设计. 北京：中国青年出版社，2004:675.

诸葛铠认为："中国手工艺有万年以上的不间断历史，经过古代、近代、现代三个大时段的发展演变，正面临着蜕变和再生的考验。蜕变并不意味着消亡，而是以新的方式再生。然而，蜕变过程毕竟是脱胎换骨的改造。这一事实是残酷的。但适者生存的原则不仅适用于自然界，也适用于文化产业。"①

胡平认为："从现象上看，有的手工艺品种面临消亡或已经消亡。在这种情形下，如果笼统地提复兴传统手工艺则显然是逆历史潮流而动。但是，如果不单从产业的视角而从文化的视角来看这个问题，或者说从传统手工艺的不同层面以及从人的需要的多样性来看这个问题，则复兴传统手工艺不仅必要而且可能。当然，复兴不等于复古，而是结合现代社会和人们的各种需求，从传统手工艺文化中提取合理的基因，注入或融入现代生活的肌体中去，使之获得更生和发展，获得新的面貌和新的形态。"②

许平认为："在一个完整的经济与文化的生态环境中，传统手工艺与大工业生产之间存在着一种必然的互补关系，这种互补不仅是一种经济的推动或产品的填缺、消费的完整，而更是一种文化活力的补充。我在这里所说的'文化'，是指生活的动力、生产的努力、市场的开拓力、与审美的创造力等各种关系到人类行为动机、能力与价值标准的因素。应当看到，代表着两种文化类型的创造方式之间相互取长补短，相生相长，是关系到人类文化的长链接成一个整体，最终向着一个更健全、更完美的方向延续的大事。"③

莫里斯认为："在东西南北所有的土地上，蒸汽机的噶噶响声终将会取代犁地的卷发的农夫的低语。对各种生活的艺术深感兴趣或是自以为感兴趣的人们，往往会产生一种全面恢复手工艺制造方法的意愿；值得思考的是，这种愿望在多大程度上仅是一种对现实的无力的反抗情绪的宣泄，同时，在多大程度上，它又是我们的生活习惯领域中真实的、即将到来的一场变革的预兆，这场变革与过去那场催生了机器大生产系统的变革同样不可抗拒。"④

柳宗悦认为："日本至今仍然是个极为优秀的手工艺的国度，这是一件值得庆幸的事情……在西方，机械作业举国盛行，导致手工艺衰退，并且由于一边倒而出现了各种问题。因此，各国都在为复苏手工技能而努力……手工艺的显著特点是能够表现浓郁的民族特色，器物被踏实而仔细的制造出来。在这里，自由和责任得到保障……在各国计划发展机械作业的同时，重视手工艺是理所当然的，甚至于现代在西方说起'手工制作'，就直接意味着'优品质'，有着人类对手应该信任的含义。"⑤

总之，传统工艺、传统造物的振兴在现代社会仍然有其必要性。

3. 竹类产品系统新的蜕变

竹类产品系统作为传统造物中的一种，在新

① 诸葛铠．适者生存：中国传统手工艺的蜕变与再生［J］．装饰，2003，154(4):45.
② 胡平．中国传统手工艺的复兴［J］．装饰，1999，150(6):10-14.
③ 许平．文化的互补：作为产业经济的文化基础的传统手工艺［J］．装饰，1997，148(2):11-13.
④ 莫里斯．手工艺的复兴［M］// 奚传绩．设计艺术经典论著选读．南京：东南大学出版社，2005:119.
⑤ 柳宗悦．日本手工艺［M］．张鲁，译．桂林：广西师范大学出版社，2006:1-2.

时代的发展中也有其必要性，那么就会涉及如何发展的问题。对于这一问题的回答，我们不可能用三言两语说得清楚，笔者在本节的开头已经说明，传统竹类产品的现代蜕变主要有两大方面：一方面是对传统竹类产品利用中“人—物”关系在物质层面和精神层面的挖掘，这是在传统竹类产品层面进行总结和挖掘；另一方面是根据竹材的特点进行新的竹类产品的开发，这是在原材料层面的发展。

诸葛铠认为：“在21世纪，中国的传统手工艺可能有三种生存方式。一种是整体的传承……一种是传统的技艺和现代风格的结合……一种是将风格从技艺中分离出来，使之与现代材料和工艺结合……上述三种类型中，后两种都以风格和技艺的分离为特点，从中我们不难看出传统手工艺‘蜕变再生’的规律。”①

但是，在竹类产品系统的蜕变过程中，我们不能完全按照对工艺品保护的方式来对待竹器产品。本书所关注的主要是竹类实用产品，除了具有文化、欣赏等精神功能之外，这些产品多具有与人们生产、生活息息相关的物质功能。因此，对于竹类产品的保护方式，应有别于对工艺品的保护方式。

① 诸葛铠．适者生存：中国传统手工艺的蜕变与再生［J］．装饰，2003，154(4):4-5.

5.3 设计范式的改变

一、范式的概念

1. 范式的概念起源

“范式”一词是1962年美国科学哲学家托马斯·库恩（Thomas Kuhn）在其专著《科学革命的结构》中首次提出的，用来指某一科学共同体成员共同遵循的理论、概念和思想方法。7年后，库恩再次就“范式”的概念进行了论证，提出“范式”一词有两种意义不同的使用方式。一方面，它代表着一个特定共同体的成员所共有的信念、价值、技术等构成的整体。另一方面，它指谓着整体的一个元素，即具体的谜题解答；把它们当作模型和范例，可以取代明确的规则以作为常规科学中其他谜题解答的基础。[①]

科学范式演变的次序一般是“前常规科学—反常—危机—后常规科学”，而每一个常规科学都作为一个科学共同体的共有的范式而存在，只有旧的范式不能解释所有的现象，在出现大规模的反常进而出现危机后，才可能有新的范式来代替旧的范式，新的范式为科学共同体解决问题提供了新的、更接近真理的视角和方法。正如库恩所说：“在革命之后，科学家们所面对的是一个不同的世界。”[②]就像把牛顿的空间和爱因斯坦的空间相比较，空间本身并没有变化，变化的是看问题的角度。

关于新旧范式的转变，库恩进一步解释道：“真正发生的，并不是标准的降低或升高，而不过是采纳新范式后标准的变化，而且这种变化可能逆转过来，再次返归早先的标准。”[③]

2. 范式的内涵

范式[④]是科学共同体的凝聚因素之一。某一科学共同体总是有着相同的范式。范式是在科学活动中产生和形成的。某一理论如能很好地解释科学面临的问题，某一著作如能总结科学成就，创造一种新的科学传统，往往能导致范式的产生。牛顿的《自然哲学的数学原理》、拉瓦锡的《化学》、莱伊尔的《地质学原理》、达尔文的《物种起源》，都创造了一种科学范式。

范式的确立有着重要的科学价值。首先，它表明某门学科趋于成熟和规范化，是科学发展进入常态阶段的标志。它对科学共同体的成员起着心理定向和思维定向的作用。它影响着科学共同体的工作范围、选择问题的标准和解决问题的模式。其次，范式是科学共同体的凝聚剂。范式促使一些科学家用相同的基础解决问题，在承认和

① 托马斯·库恩．科学革命的结构[M]．金吾伦，胡新和，译．北京：北京大学出版社，2003:157.
② 托马斯·库恩．科学革命的结构[M]．金吾伦，胡新和，译．北京：北京大学出版社，2003:101.
③ 托马斯·库恩．科学革命的结构[M]．金吾伦，胡新和，译．北京：北京大学出版社，2003:99.

应用范式的基础上逐步形成科学共同体。再次，范式能用来较好地解决不同学派之间的分歧。不同学派之间有着不同的范式，造成观察问题的角度、方法的差异。①

二、设计模式

在库恩对“范式”概念界定的基础上，本书提出了“设计范式”的概念。相应的，“设计范式”的一般定义是：设计学科的共同体成员共同遵守的理论、概念和思想方法，设计范式是设计学科共同体进行常规研究的基础和平台；只有在设计范式形成的基础上，设计共同体才有可能进行更深入的研究，对设计范式提出的各种问题进行论证。这是对设计范式一般性的界定，在解释其具体内涵之前，我们先来看看国内外相关学者的观点。

杨裕富认为：“流行与范型（即“范式”）之差异不在于时间之长短，而在于走过是否留下痕迹……在设计上的现代主义则不同，如果以包豪斯兴起至1970年后现代设计兴起60年间，算是设计上的现代主义鼎盛期，后现代设计兴起至今也有20余年，可是，并没有因为设计的概念上后现代主义的兴起，而让设计上的现代主义消失无踪。这就是‘范型’，在后现代设计论述里，不但极力攻击现代主义论述，同时也极力吸收、融合现代主义设计的特质。”②

莱斯利尔·斯皮尔（Leslie Speer）：“谁是我们的消费者和使用者已经在改变，我们将不得不重新定义对他们的需求和问题的看法。当为58亿人进行设计的时候，设计师不再是单枪匹马的天才，我们必须放下我们的护栏让这58亿人进来。在即将出现的市场中，他们比我们对解决问题更有经验。我们必须抓住机会跟他们学习、同他们合作，然后为他们最大限度的创造新的、恰当的解决问题的办法。”“所有的这些事情使我认识到一种转变正在发生，并且将会以我们不能想象到的方式改变设计的世界。改变是好事情。”③其他论及范式的言论则比较零碎，多夹杂在对现今设计所面临的各种问题的分析中，或者说并没有直接引出范式的概念，但是所谈论的主题基本上是现今设计中的变革因素，如本土化、全球化、多样性、交叉文化性、农村化，当然还有我们已经耳熟能详的生态保护、绿色设计、可持续发展等。对这些问题的论述没有直接涉及设计范式的概念，但是，它们对后工业社会设计范式的形成提供了重要的论据。

1. 设计范式与库恩范式的关系

设计范式的概念是根据库恩范式理论提出的，因此，我们有必要解释一下它们之间的异同。很显然，设计范式的概念是从库恩范式的概念中直接移植过来的。它们有以下共同之处：

第一，它们都指在各自学科领域内的共同体进行研究时所具有的共同价值观念和指导思想。如在工业社会中，多数设计师都认为艺术与技术的结合是必然的，必须肯定机器、技术的价值，机器生产代表了最先进的文化，人必须适应机器等。

第二，它们都指学科共同体所共有的研究思路和方法论。如设计在现代主义时期，其方法论

① 朱长超，江世亮．现代科学技术新概念手册[M]．杭州：浙江科学技术出版社，1989:484.
② 杨裕富．创意活力：产品设计方法论[M]．长春：吉林科学技术出版社，2004:168.
③ Speer L. The next decade in design:paradigm shift[J]. Innovation,2006(Spring):31-35.

的核心就是功能主义；功能至上，功能决定着产品的形态。

第三，它们都指学科共同体所共有的一套研究体系、一套培养新的共同体成员的方法。如在农业社会，培养工艺传人的方法是“师傅带徒弟”。师傅有什么样的技艺和思想，徒弟就会有什么样的技艺和思想，徒弟的知识结构完全是从师傅的认知体系中得到的。

第四，它们都指学科共同体所共有的某一学科的基础理论体系。如在设计学科中，现代设计的理论基础基本上是以包豪斯体系为蓝本的，大家都共有包豪斯体系中技术与艺术的关系、现代构成理论等。

第五，科学中的新旧范式之间是“非累积性事件”，“其中旧范式全部或部分地为一个与其完全不能并立的崭新范式所取代”[①]，在设计范式中也同样如此。设计范式在不同时期有着不同的表现，虽然有一定的相似性，甚至新的范式是对原有范式的修正，但是这种修正是关键性的，是使新的范式区别于旧的范式的重要标志。这与在旧有范式框架下的修正是不一样的。

同时，设计范式由于设计学科的特点，又有一些区别于科学范式的内涵。在设计中，没有像自然科学那样的精确性，没有绝对的对与错的存在。设计范式与科学范式之间的区别在于以下两个方面。

第一，科学中对自然界的认识是对真理的无限逼近，是一个探索真理的过程。而真理，特别是自然科学中的真理，往往具有严密的精确性，因此，对真理的认识首先应是一种对自然事物精确性的认识。一旦原有范式在追求真理的过程中其思路出现问题，那么整个论证过程都会有问题，最终会被新的能够更好解释“反常情况”的范式代替。

但是，在设计中，其核心关系是“人—物”的关系，是一个只可定性的对象，而不是自然科学中可精确定量的对象。对设计范式的理解，往往是从人的情况和物的情况两个方面进行的。“人—物”的关系只有合适与不合适，没有绝对的正确和错误。因此，设计范式的变迁往往不容易被人们察觉，但即使是定性的“人—物”关系，我们也会看到其中存在范式的变迁。

第二，科学的原动力是对真理的不断探索，因此，科学范式的变迁是因人们对真理的不断探索而产生的。而设计的原动力，或者说设计中推动“人—物”关系发展的因素则是生产力，而生产力发展在人类历史上是一个持续不断的过程，设计范式的变迁实际上是生产力发展的结果。

2. 设计范式与设计风格的关系

关于设计范式与设计风格的关系，多数观点认为，设计范式是包含设计风格的，一个设计范式下可能有很多种设计风格，但是一种设计风格却并不一定只属于一个设计范式。库恩曾坦言，他的科学范式的概念是受到文学史、艺术史中关于不同时期的“风格、口味、建制结构等革命性间断”[②]的启发，再加上自己的创见得出的。实际上，本书对库恩范式的借鉴，也是为了避免设计方式与设计风格等概念混同使用。

---

① 托马斯·库恩．科学革命的结构［M］．金吾伦，胡新和，译．北京：北京大学出版社，2003:85.
② 托马斯·库恩．科学革命的结构［M］．金吾伦，胡新和，译．北京：北京大学出版社，2003:85.

设计范式与设计风格的最大区别就是设计范式是站在整个设计学科的角度来说明设计学科共同体所共有的观念、思维和研究方法的，是站在科学的角度来看设计的。而设计风格主要是从某一团体的角度来总结其主要观念、思路和研究方法的。虽然“风格”一词主要来源于艺术学科，但是笔者则认为应站在科学的角度对设计风格进行界定。

风格关注更多的是意识形态，而范式则更注重理性的分析和设计共同体的全方位的研究。设计范式的变迁是由生产力的发展而推动的，而风格的变化则不一定同生产力有关系。

三、设计范式经历的三个阶段

从历史发展的角度来看，人类文明主要经历了3种不同的设计范式，即农业社会的设计范式、工业社会的设计范式和后工业社会的设计范式。下面我们分别从设计观念、“人—物”关系、设计形式、设计基础等方面来分析3种不同设计范式。

1. 农业社会的设计范式

在农业社会形态下，人类的生产力尚不发达，处于一种尚求生存和自保的阶段。因此，这段时间的设计范式有以下特征。

世界观：以天地为主宰，人与自然和谐共存。这里最为重要的一点是“以天地为主宰”。正因为“天地”（即自然）是不能为人力所控制的，人类才会敬畏自然，才会要求与自然“和谐共存”。这里的“和谐共存”只是人们的一种美好愿望，因为人根本无力与自然抗争。

价值观：以生存为导向的价值观。因为生产力不发达，人们无力与自然抗争，所以，人的生存就成为头等大事。在价值取向中，能够生存和生存得更好是最重要的，人们在以生存为导向的价值观的基础上进而才会寻求更好的精神寄托。那时的精神寄托同现代的精神需求是有很大差别的，原因在于这种精神寄托在很大程度上是实现不了的。

“人—物”关系：正因为人很渺小，物的存在是为了保证人的生存，所以，物是人生存的一种保障，人对物有相当程度的依赖。在此，人对物是“有感情的”。这种感情也是建立在以生存为导向的价值观基础之上的。

设计基础：不发达的生产力和手工技艺。最常用的动力是生物力和自然力，如人力、畜力、风力、水力等。物品的制造主要是由手工完成的。设计技艺的传承主要是靠“师傅带徒弟”的方式完成，并采用“一对一”的传授模式。

设计对象：以个体为主。设计服务的对象主要是个人和家庭。

共同体的设计观念：以手工制造为基础的造物活动，体现着以“用”为本的“用”与“美”的统一，美的先决条件是“用”。

2. 工业社会的设计范式

世界观：生产力的急速发展，促使人们征服自然的欲望日益强烈。工业革命的到来，使得人征服自然的能力得以加强。正因为人类压抑了几千年甚至上万年的情感终获释放，人类对征服自然才有着前所未有的热情，人类要改造自然、征服自然的欲望才更加强烈。

价值观：以机器为中心的价值取向。因为机器的出现，大大拓展了人类的各项能力，人类不再像以往那样敬畏自然了，因为他们发明的机器可以“征服”自然。人的生存能力也得到大大提高。

“人—物”关系：由于“物”对“人”的保护能力大大增强，人们开始依靠“物”的发展，利用“物”的发展，可以说一度达到了以“物”为中心的局面。人在这种环境中，只能适应“物”的存在，不能适应机器生产的人将会被社会淘汰。

设计基础：设计的基础首先是机器生产，只有能适应机器生产的设计才能被采用。机器生产成为衡量一切设计的标准。机器生产的一切要求都成为设计的要求，诸如标准化、批量化等。设计技艺的传承主要靠批量化的授课形式完成，一个老师可以传授给很多学生设计知识。设计知识也被标准化了。

设计对象：大众。设计的对象不再是传统的个人，而是整个社会和所有人。大众也被看成了标准化的个人。

共同体的设计观念：以机器批量化生产为基础的造物，以机器为本的“用”与“美”的统一，符合机器生产就是美的标准。

3. 后工业社会的设计范式

世界观：人类对世界的进一步征服使得自然不堪重负，终于被人类“打倒”。被“打倒”后的自然出现了各种问题，如环境污染、生态失衡、大气层被破坏、物种减少等，使得人类赖以生存的环境变得不再适合人类居住。这时，人类才发现，大自然是如此脆弱，人与自然应当和谐共处。虽然这同农业时代的世界观有一定的相似之处，看似是一种回归，但是这里的“和谐共处”是在人类占据支配地位、掌握主动权之后产生的自我意识。

价值观：人、物和自然等是地球生态链中的重要一环。每一个物种、每一种文化都有其存在的价值和意义。人类不是至高无上的存在，也不是地球的主宰，人的价值观念趋向多元化。

“人—物”关系：人造物的能力过于强大，强大到已经超出自然的承载能力，也超出了人类自身的承受水平。人类对其自身制造的物也难以控制。人类开始反思“人—物”关系，强调人的重要性，形成了根据人的需要进行物品设计的观念；同时，又由于生态问题的出现，开始认为“人—物”关系既是整个自然系统中的一部分，又是社会系统中的一部分，从而形成了“社会—人—物—自然”的系统关系。

设计基础：机器生产仍然是社会生产的主要基础，但是标准化已经失去了中心地位。由于对人的重要性的强调，人不再是标准化的个体，而是鲜活的有个性的个体，不同的人有不同的需要。因标准化而丧失个性和无人情味的局面不复存在，多样化、生态化的需求浮出水面。

设计对象：由大众到分众。批量生产受到质疑，为不同的人而设计的理念得到认同。但是，为分众而设计仍然是建立在机器生产的基础上的，这一点不同于农业社会设计范式的设计基础。

共同体的设计观念：以机器生产为造物的基础，以人为本的“用”与“美”的统一。美的标准是设计应适应“社会—人—物—自然”的系统。

5.4 中国设计范式的多重性

一、中国人生活方式的多重性

1. 社会形态的多重性

在人类历史上依次出现过原始渔猎社会、农业社会、工业社会和后工业社会等社会形态，但是，社会形态的变更并不是绝对的，例如直到中华人民共和国成立初期，在云南等少数民族地区还有原始社会存在。中国从持续了2000多年的农业社会一下子转变为现代工业社会，由于变化速度太快，很多地区还来不及转型，特别是在改革开放前，中国仍然是一个以农业经济为主的国家。经过40年的努力，中国的工业化进程取得了明显的进步。“所谓工业化，从狭义上讲，是指由农业和手工业占主导的经济，向制造业及相关工业为中心的经济转变的过程。作为此过程的必然结果是，从事农业人口在总人口中的比例下降，而从事工业的人口在总人口中的比例上升。”①从这一定义中，我们可以看到，工业化是一种进程，有一个逐步实现的过程。在实现工业化的过程中，工业和农业、手工业等可同时并存。实际上，即使实现工业化后，也仍然有一部分人从事农业和手工业，只不过所占比例较小而已。

中国经过近几十年的发展，工业化水平大大提高，城市化进程加速。“1978—2003年，中国的城市化水平由18%上升到40.53%，城镇人口也由1.8亿人增加到5.2亿人，增长了近3倍。”②据《中华人民共和国2017年国民经济和社会发展统计公报》的数据显示：从城乡结构看，2017年城镇常住人口为81347万人，城镇人口占总人口比重（城镇化率）为58.52%，比2016年末提高1.17个百分点；乡村常住人口为57661万人，占总人口比重的41.48%。不管中国城市化进程的状况如何，就目前而言，中国城镇人口已经超过8亿。这一数据显示了中国工业化的进步，但是我们仍然不能忘记中国还有近6亿农民。从绝对数量上来看，目前我国农业人口的数量超过了整个欧洲的人口数量。

因此，在目前工业化的进程中，我国呈现出一个特殊的情况，那就是工业社会和农业社会两种形态并存。与此同时，在全球化浪潮的席卷下，中国也轰轰烈烈地迈出了向后工业化社会转变的步伐。中国后工业化社会形态虽然还没有占据主导地位，但是已经初见端倪。可以预测，中国在进入后工业化社会以后，也是以后工业化社会为主导，工业、农业等社会形态并存的社会（图5-2）。

① 童星．现代社会学理论新编［M］．南京：南京大学出版社，2003:345.
② 卢向虎，朱淑芳，张正河．中国农村人口城乡迁移规模的实证分析［J］．中国农村经济，2006(1):35.

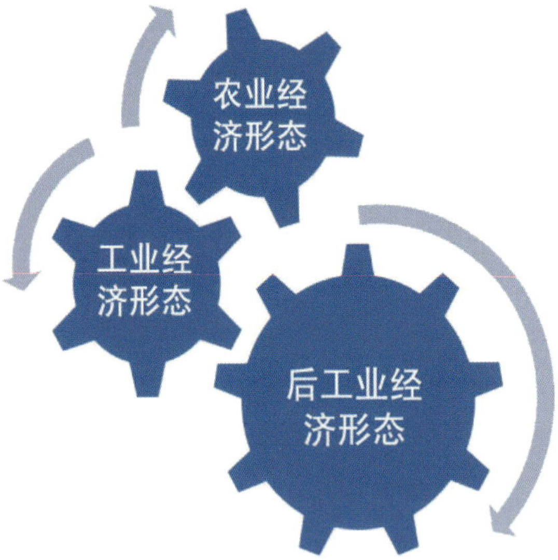

图 5-2　中国不同社会形态的共存

这一方面是由社会形态转化的进程决定的，另一方面是由中国的人口基数决定的。作为世界上人口最多的国家，中国拥有世界近 1/4 的人口。这么多的人同时进入工业化社会或后工业化社会，且不论其可能性，至少将是一个漫长的过程。在此过程中，中国将是一个农业社会、工业社会和后工业社会并存的混合形态的社会。而且任何一个社会形态下的人口数量都是惊人的，甚至超过了世界上部分国家的人口数量。

综上所述，在中国当前一段时间里，3 种不同的社会形态将同时存在，这是由中国的基本国情决定的，体现了中国社会形态的多重性。

2. 生活方式的多重性

由上面的分析推断，中国人的生活方式也将出现农业社会的生活方式、工业社会的生活方式、后工业社会的生活方式三者共存的局面。这 3 种生活方式不存在绝对的分界线，在很多情况下处于一个边界模糊状态，我们只能说在某一特定区域是以哪一种生活方式为主。

这种状况也决定了在当前一段时间内我国国民的生活方式不仅具有多样性的特征，而且还具有多重性的特征。

二、中国的多重设计范式

设计是建立在人的特定的生活形态和生活方式基础上的，因此，在不同的社会形态下有不同的设计范式，而中国当前正处于并将长期处于混合型的社会形态之中。相应的，中国设计也将处于一种多样性的阶段：学习现代设计的人热衷于各种现代设计项目的开展，学习传统文化的人热衷于为传统产业的振兴奔走呼号。为什么中国设计经过这么多年的发展，在世界设计舞台上还没有相应的地位？喊了这么多年的传统产业的振兴，为什么还没有看到应有的成果？

这就像库恩所说的那样，每一个范式共同体都在力争用自己的理论依据论证自己结果的正确性，“当不同范式在范式选择中彼此竞争、互相辩驳时，每一个范式都同时是论证的起点和终点。每一个学派都用它自己的范式去为这一范式辩护”[①]。这样的论证就像是“自己说自己是对的”一样，自己不可能证明自己是错的。用农业社会的设计范式去理解工业社会的设计范式，或者用工业社会的设计范式去理解后工业社会的设计范式，都是不可行的，就好像用牛顿的时空观去解释爱因斯坦的相对论一样。

不同范式之间的转换就已经让我们不知所措了，而更使人迷惑的是，中国目前处于一个多重

① 托马斯．库恩．科学革命的结构 [M]．金吾伦，胡新和，译．北京：北京大学出版社，2003:87.

设计范式并存的时代，而且不同层次的设计范式之间往往并不是界线分明的。

这里有几个问题需要说明：

（1）我们在前面提到，新范式和旧范式之间是“范式全部或部分地为一个与其完全不能并立的崭新范式所取代”，说明两个范式之间是不可并立的，为什么在这里又提出中国目前是多重范式并存的呢？

中国目前的社会形态具有多重性特征，如果把中国的农业社会形态、工业社会形态、后工业社会形态等不同社会形态分开来看，就会看到不同的社会形态需要不同的设计范式。每一种社会形态对应一种设计范式，这是毋庸置疑的。虽然目前中国的社会形态相互之间的边界已经变得很模糊，但是其核心仍然存在，因此，相应的设计范式也应当存在。

正如前文在分析设计范式与库恩范式的关系时所说的那样，设计范式之所以不完全等同于库恩范式，是因为库恩范式是自然科学中的范式，所追求的是对真理的无限接近，真理是有明确的对错标准的，一旦一个旧范式不能解释真理所表现的现象，它就必须让位给新的范式；而设计范式则不一样，对设计共同体而言，主要的评判标准不是一个特定的结果，没有明确的正误之分，仅有适合与不适合之分。因此，设计范式的评判标准是“人—物”关系的适合与否，在特定的生产力条件下会有特定的最合适的“人—物”关系与之相对应。因此，虽然在一般意义上各个范式之间是不能相互并立的，但是，对于不同社会形态中选择不同生活方式的人而言，这些设计范式是可以并立的，因为选择不同设计范式的“人”是并立的。

（2）为什么多重设计范式之间的界线不是很分明？

这是因为在现代中国，各种不同的社会形态是相互交融的，并不像传统农业经济条件下就只有农业社会，而后来的工业社会要全面否定农业社会，后工业社会又要否定工业社会那样。中国社会的“否定”步伐没有那么快，也不可能那么快，试想14亿人的工业化进程能跟1亿人的工业化进程一样吗？中国目前正处于以工业化进程为主，兼有农业社会和后工业化进程的状态。为什么要说中国是以工业化进程为主呢？虽然中国的农业人口目前有近6亿人，但是，工业化的观念已经深入人心，中国人已经看到工业化是必然的趋势。而且中国的农业也在努力地向农业工业化靠拢，只是中国农业人口基数太大，想快速转变还不是一件容易的事情。

后工业化进程也一样，虽然在中国已经有一定的基础，但是其并非主流。因此，不管中国的农业社会形态和后工业社会形态中的人口的绝对数量是多少，中国都是以工业化进程为主体的。这导致了各种社会形态之间的界线不是很明确，从而也导致了中国不同设计范式之间的界线模糊。

5.5 不同设计范式之间的关系

一、工业文明设计范式的核心地位

从日益提高的中国制造业水平可知，中国已经是一个制造业大国。其中，进行工业化生产的7亿～8亿城镇人口是一支庞大的产业大军，即使整个欧盟也只有5亿多人口。工业化进程对人们生活的巨大改变是有目共睹的，工业生产虽然给环境带来了巨大的压力，但是工业化的生产模式是社会生产力前进的标志，它对提升人民生活水平起到了前所未有的推动作用。不能因为工业生产的负面影响就完全否定它。

工业化是一个不可阻挡的过程。发达国家的历史经验证明，工业化是人类发展的必由之路。从最早的莫里斯、拉斯金倡导的反对机器生产的思想，到后来的新艺术运动、装饰艺术运动等，没有哪一个人可以阻挡机器化大生产的迅速发展。我们应从西方发达国家的发展经验中吸取教训，把工业化生产导向更加合理的发展方向。

工业化机器生产无疑将成为人类生存的基础。纵观西方发达国家的历史，以及中国改革开放以来社会的巨大变化，人类对这一观点早已形成共识。在此基础上，我们就很容易理解工业文明下的设计范式在3种设计范式中的中坚地位了。

工业文明下的设计范式的核心地位，还可以从其对农业文明和后工业文明的影响中看出。当前，在农业文明社会中，农民们同样使用机器生产的各种产品，只有在没有更好的或更低廉的现代工业制品代替的情况下，他们才会使用传统的产品。农民已经看到了工业生产给人们带来的便利，这种工业文明的社会形态理念已经被普通百姓所认可。

另外，后工业文明设计范式也是建立在工业化生产的基础之上的。消费意识的发展，使得人们更倾向于高质量、低消耗的精神性消费和体验性消费。不过，无论我们如何努力追求这种更高层次的生活模式，我们的生活和产品系统仍然是建立在工业化生产的基础之上的。人类不可能生活在没有物质的世界，只不过在后工业文明下，人类更注重蕴含于产品之中的意义与情感等精神方面的体验。

由此可见，工业文明下的设计范式在中国多重设计范式并存的状态下具有核心地位。

二、农业文明设计范式的基础地位

农业文明设计范式在中国目前的国情下，在设计范式并存的状态下具有坚实的基础地位。

在农村人口仍占主体的国情之下，农业文明下的设计范式所表现的“功能第一”的意义更为重要。正如李砚祖教授所说的那样：这是一种建立在生命价值观基础之上的造物。农业文明下的造物在现代大部分可以由机器生产的产品来代替，但是对于很大一部分农村地区来说，这是一种奢侈消费，因为机器生产的产品虽好，却要花费更多的钱来购买。

针对中国目前的广大农村人口的产品设计（或造物设计）应该建立在农业文明设计范式的

基础上。用数千年积累下来的造物智慧来解决中国目前农村的生活需求问题，这才是最有效的思路。但是，我们又不能照搬传统造物模式，而应当辅以工业化生产的经验来提高广大农村人口的生活水平。

就竹类产品来说，传统的制作工艺是值得推广的，但是我们必须在农业文明设计范式的理念下，根据现代农村人口的生活方式进行新的设计和规划，辅以工业化生产的手段，制造出更加经济实用的竹类产品。这种新的发展模式最终会推动中国农村生活水平的提高。

总之，基于中国目前的国情，我们必须清醒地认识到农业文明设计范式的基础地位。

三、后工业文明设计范式的指导地位

后工业文明在中国的发展还处于起步阶段，仅在经济发展水平较高的区域才存在一定的后工业文明的生活方式，但是这种生活方式的出现却是势不可挡的。后工业文明设计范式在我国还没有成为主流的设计范式，很大一部分人还没有真正认识到后工业文明设计范式的意义。

后工业文明设计范式目前在中国属于一种前瞻性的设计范式，其对于农业文明设计范式和工业文明设计范式具有指导意义（图5-3）。

后工业文明设计范式对工业文明设计范式的指导意义在于，它能够给工业化生产指明方向，尽量避免工业化文明设计范式下所产生的各种误区和问题。西方发达国家的经验已经证明，工业文明自身存在不少弊端。这些经验教训促使我国的设计范式迅速与后工业文明设计范式接轨，并使人们认识到中国传统文化的价值和意义、人的生活方式中“质”的重要性，以及人类寻求情感外化的需求等。

图5-3　3种设计范式的关系示意图

后工业文明设计范式对于农业文明设计范式的指导意义在于，它肯定了农业文明设计范式中的“人—物”关系。农业文明设计范式下的“人—物”关系是和谐的，人与物之间是以一种情感纽带来维系的，这种情感纽带的基础就是物对人的价值体现。不过，后工业文明设计范式对农业文明设计范式下的生产方式并不持赞同态度，虽然前者也强调手工艺的意义，但是这种“意义”是建立在工业化生产基础上的。正因为工业化生产使人和物之间的联系越来越少，所以人类需要从事适当的“亲物”活动。这种“物”既可以是传统的“物”，也可以是现代工艺生产的“物”。只要是建立在对自然的合理开发基础之上的“物”，对人类来说都是值得“亲近”的。后工业文明设计范式更强调手工艺同现代科技、人文科学、传统文化等相结合。所以，后工业文明设计范式是吸取了农业文明设计范式的精华并对其进行改造的产物，这种改造对传统的设计范式具有重大意义。

第6章 工业模式下的竹器设计

6.1 工业模式下设计的“共有基础”

在《第三次浪潮》一书中，阿尔文·托夫勒(Alvin Toffler)把工业文明称作第二次浪潮，并指出工业社会有6个原则：（1）标准化；（2）专业化，“专业化的工作，不需要一个‘全人’，而只要有人的一个肢体或器官”；(3)同步化；(4)集中化；（5）好大狂；（6）集权化。[①]当然，这种归纳是从整个工业社会的原则来看的。从设计的角度来看，对工业文明设计范式影响最大的应该是专业化分工和机器生产的标准化，这是工业文明设计范式存在的基础。此外，追求利润的最大化使得批量化生产也成为一个显著的特征。为了提高产量和利润，“福特体系的大规模生产方式”出现。在这种体系下，为了提高生产速度，福特模式“分解作业本身，依靠简单作业的反复积累，不要熟练。而且，即使是单一作业，作业者也不需要做无效的行动，动作本身也被标准化了”[②]。

一、机器生产

机器生产是整个工业文明的标志。工业革命实际上是人类为摆脱自然条件的各种限制而进行的一场革命。机器生产成为工业社会的基础，并促使现代设计诞生。对是否应该接受机器生产这一问题，设计界产生了工艺美术运动、新艺术运动等改良运动，以及德意志制造同盟等设计组织，直到包豪斯出现，才真正确立了机器生产的主体地位。

在早期，约翰·拉斯金(John Ruskin)、威廉·莫里斯(William Morris)等人对机器生产基本持反对态度。虽然拉斯金说：“工业与美术已经齐头并进了，如果没有工业，也就没有美术可言，各位如果看看欧洲地图，就会发现，工业越发达的地方，美术也越发达。”但是，拉斯金的设计思想其实是非常混乱的，其中也包含了对大工业化的不安。[③]

莫里斯对机器的观点，可以通过下面这段话来解释：“我们有办法区分大艺术（指造型艺术）与小艺术（指装潢美术与产品设计），这种区分对艺术并无好处，因为一旦如此区分，小艺术就变成无价值的、机械的和没有理智的东西……”[④]虽然莫里斯说这段话的初衷是在说明要将大艺术与小艺术结合，但是从他的话语中，我们可以感受到，他把机械与无价值、没有理智等相提并论，由此可知，莫里斯对机器生产也持反对态度。

以拉斯金和莫里斯为先导的反对机器生产的思潮，催生了19世纪下半叶到20世纪初的各种艺术运动。但是，即使这样，工业化的步伐仍然

① 阿尔文·托夫勒．第三次浪潮[M]．北京：生活·读书·新知三联书店，1984:100.
② 大智浩，佐口七朗．设计概论[M]．张福昌，译．杭州：浙江人民美术出版社，1991:152.
③ 王受之．世界现代设计史[M]．广州：新世纪出版社，1995:41-42.
④ 王受之．世界现代设计史[M]．广州：新世纪出版社，1995:41-42.

势不可挡，机器生产越来越普及。

从20世纪初开始，人们已经注意到，如果希望某种风格得到普及，成为流行趋势，批量生产是一个不可忽视的重要因素。装饰艺术运动是装饰艺术在20世纪的最后一次尝试，它具有手工艺和工业化的双重特点，采取设计上的折中主义立场，设法把豪华的、奢侈的手工艺制作和代表未来的工业化特征合二为一。①

对机器的充分肯定出现在20世纪初期，主要的促进因素有两个：一是建筑技术的发展。3种新型建筑材料——钢铁、水泥和平板玻璃，逐步取代了传统的木料、石料和砖瓦。二是20世纪初期以来欧洲产生的现代艺术运动，特别是由强调形式的理性结构表现的绘画派别和强调时代感的派别所发起的艺术运动。最终，瓦尔特·格罗皮乌斯（Walter Gropius）在他的著作《全面建筑观》中写道："我们处在一个生活大变动的时期，旧社会在机器的冲击之下被粉碎了，新社会正在形成之中，在我们的设计之中，重要的不是随波逐流地随着生活的变化而改变我们设计的表现方式，绝对不应该单从形式上追求所谓的风格。我们反对把形式与功能本末倒置，并且强调机械对于工业设计的决定性作用。"②

此后的历史涉及影响整个世界的现代主义的发展。现代主义的发展是建立在对机器充分肯定的基础上的，同时也是建立在"民主主义"思想基础上的。18世纪，工业革命已经开始，但到20世纪初，人们才开始充分肯定机器的存在，机器生产由此才在整个人类历史中占据主导地位。

二、机器生产的各种原则

机器生产的各种原则主要是由机器生产的自身属性决定的。正如手工艺生产具有自身的特点一样，机器生产是完全不同于手工艺生产的方式，这样的制造基础决定了工业文明设计范式和农业文明设计范式是有根本性区别的。

1. 标准化

其实，标准化在机器生产之前就已经存在，如中国秦朝时的兵器生产等，已经应用了标准化的设计方式，但是在机器生产出现之前，标准化的利用非常有限。机器生产的出现大大推动了标准化的发展，以至于后来出现了"没有标准化就没有机器生产"的观念。

国际标准化组织对"标准化"的定义是：标准化主要是对科学、技术和经济领域内重复应用的问题给出解决办法的活动，其目的在于获得最佳秩序。一般来说，其包括制定、发布与实施标准的过程。在本书中，我们主要讨论的是机器生产的标准化问题，因此，与上面的定义略有不同。标准化的主要形式有简化、统一化、系列化、通用化、组合化5种。③

机器生产的标准化主要体现在机器制作程序的标准化、工人动作的标准化、制作步骤的标准化、所生产产品形态的标准化等。其表现在设计中就是设计活动必须建立在标准化的基础上，不论是在形态还是结构方面，都必须按照机器生产的要求进行一定程度的标准化设计。最根本的一点是机器生产的标准化使得标准化观念融入现代

① 王受之．世界现代设计史［M］．广州：新世纪出版社，1995:92.
② 王受之．世界现代设计史［M］．广州：新世纪出版社，1995:94.
③ 简召全，冯明，朱崇贤．工业设计方法学［M］．北京：北京理工大学出版社，2000:162-164.

设计的行为之中。符合机器生产的设计才是好的设计，能生存的设计。如在装饰艺术运动中，“非几何形态造成了只能手工生产，不能大批量机械生产的情况”[①]。

2. 批量化

批量化生产是机器生产的又一个原则，正因为早期手工业时代生产效率极其低下，人类才会努力发明出机器设备来提高生产效率。如早期的织布机利用人力、水力等自然力为动力，而珍妮纺织机的效率比当时的纺织机提高了8倍，到了1779年，缪尔纺织机的效率则是手纺机的300倍[②]。而现在的机器生产效率相比于18世纪的机器已经有上万倍次的提高。在手工业时代，一个人在单位时间内只能生产一个产品，机器生产在这个层面上和手工业生产有着本质区别。

机器生产的最终结果就是拥有大批量的产品。在工业革命刚刚开始之际，尽管当时的机器可以进行批量化生产，但是其批量化生产的规模同现代机器相比还是很有限的。而随着现代社会生产率的不断提高，批量生产的能力越来越强。到目前为止，现代生活中的各种产品几乎都是用批量化方式生产出来的。

3. 大众化

同批量化生产相对应的就是消费者的大众化，大量生产出来的商品最终需要有大量的消费者来购买的。这同手工业时代的精英主义消费不一样。“18世纪的设计活动主要是基于手工业为中心的活动，并且设计者和制作者也往往是同一个人，并没有精细的分工。而设计服务的对象，也仅仅是权贵和上层贵族阶层……整个设计运动的支柱力量正是王权、教会、新生的资产阶级，为了满足他们奢华的要求，设计上自然出现了矫饰的、人为做作的风气……”[③]工业文明之前的设计基本上都是为少数人服务的，历史上也将其称作精英主义的设计。

而机器生产的服务对象则是大众，因而其设计属于民主主义设计，甚至连反对机器生产的莫里斯也认为，“产品是为千百万人服务的，不是只供少数人赏玩的”。[④]这是同工业革命时期欧洲盛行的民主主义思想有关的。在中国也有类似情形，中国自古以来就将艺术分为民间艺术和宫廷艺术。长期以来，中国的手工艺生产就是为广大劳动人民获取生产生活资料服务的。

但在工业文明形成的初期，机器生产的大众化泯灭了人的个性化需求，如福特T型车在销售了数百万辆后，其颜色没有任何变化，这也使得福特汽车在1927年销量锐减到27万辆。[⑤]

4. 可复制性

可复制性是因批量化生产的存在而存在的，因为机器生产要求产品制作是大批量的，往往是数以万计的，所以，为了保证生产的速度和数量，必须要求在生产过程中每一个产品都是一模一样的。这种要求使得产品在尺寸上必须是精确的、可复制的，而不能像手工业生产那样，每一个产品的形态都不拘一格。

① 王受之．世界现代设计史［M］．广州：新世纪出版社，1995:92.
② 诸葛铠．社会经济类型与设计的价值取向［J］．南京艺术学院学报（美术与设计版），2006,(3):19-23.161.
③ 王受之．世界现代设计史［M］．广州：新世纪出版社，1995:35.
④ 王受之．世界现代设计史［M］．广州：新世纪出版社，1995:42.
⑤ 大智浩，佐口七朗．设计概论［M］．张福昌，译．杭州：浙江人民美术出版社，1991:152.

5. 机械动作的单一性

机器加工虽然高效，但是动作却比较单一。机器不可能像人手一样完成各种丰富的动作，一般来说只能完成简单的、精确的单一动作。

三、各种原则衍生的设计方法

1. 模块化设计

模块化设计主要是从机器生产的标准化衍生而来的，主要体现为模块化组合形式。组合化是以产品系列中的通用零部件作为组合单元，利用其功能互换性和几何互换性，再加上一些专用的零部件，组成新的产品的方式。组合化又分为一般组合和模数化组合，模数化组合又叫模块化组合。

模块化设计的关键是设计“模数”。模数是产品长度基数、宽度基数和高度基数的最大公约数，是在某种产品或建筑的设计、布局中普遍重复应用的基准尺寸。产品的模块化设计则主要是预先设计好一定尺度的功能模块，再通过模块的相互组合而实现产品的不同应用。①

模块化设计最为基本的特征就是标准化，没有标准化生产，就不可能有模块化设计的出现。同时，模块化设计也要求各个功能模块可以通用或进行不同的组合。

2. 功能主义设计

功能主义设计主要是从机器生产的批量化和大众化思想衍生而来的。功能主义设计体现着为大众的平民主义。

“把功能主义只看成是建筑设计和产品设计的一个流派，只是各种‘艺术风格’中的一种，认为功能主义在建筑、室内和家具设计中突破了以前那种模仿古代风格的古典主义美学，减少或者消除附加装饰，强调可用性。他们把功能主义只看成是一种艺术职业，只从设计技术的角度描述工业设计，掩盖了功能主义的社会背景和为大众服务的目的，这种观点抹煞了欧洲工业设计的以人为中心思想和人道主义本质。实际上，功能主义的本质是‘为大众需要而设计’。”②

功能主义设计的主要理念是以功能为核心，而不是以形式为核心。德国功能主义的具体设计思想是要首先发现事物的本质、目的和用途（需要），正确充分地发挥事物的功能，形式应当反映设计的本质和目的。

3. 大众化设计

大众化设计就是为了大多数人进行设计，这同机器生产的批量化和大众化生产原则是直接相关的。机器生产的服务对象是普通大众，而不是王公贵族等少数人。但是，随着社会生产力的发展、人类物质财富的丰富，大众化设计很快催生了大众化消费，进而使社会进入由消费驱动设计的时代。大众的功能主义设计变成大众的国际主义设计，为大众的设计慢慢地变成刺激大众消费的设计。

---

① 简召全，冯明，朱崇贤．工业设计方法学［M］．北京：北京理工大学出版社，2000:164.
② 李乐山．工业设计思想基础［M］．北京：中国建筑工业出版社，2001:14.

6.2 竹器新的设计思路

一、竹器工业化生产的标准化准备

1. 竹材生产的标准化准备

竹材具有优良的物理性能，但是也有材质上的不均匀性和尺度上的不一致性，而且还是中空有节的。这样的材料特性使得竹材很难被直接利用，更难以被工业化机器生产直接利用。因为机器生产要求材料本身具有一致性特征，这种一致性是材料可以被标准化生产的基础。如金属材料一般是实体均质的材料；塑料材料可以很轻松地由液态转化成固态，且液态塑料的各部分都十分均匀。

从很多角度来看，竹材的确没有太多的标准化基础，因此，竹材利用的工业化进程比其他自然材料都要慢。在木材利用的工业化进程中，早在20世纪上半叶，阿尔瓦·阿尔托（Alvar Aalto）设计的各种木制扶手椅等已成为木材工业化设计的典范。但是，同木材相比，竹材截面积小，具有削尖度，中空，且竹壁质地和尺寸都不均匀，因而难以被直接利用。

随着中国工业化进程的发展速度越来越快，对竹材的工业化开发显得越发紧迫，竹材的利用也在慢慢地走向工业化。其工业化进程需要跨越的第一道门槛就是材料的标准化。下面分析一下竹材标准化的各种可能性。

（1）单位长度内的截面直径近似相等

竹竿虽然是越向顶端越细，但是从某一段距离来看，竹材近似为一个圆柱体（图6-1）。这样的圆柱体其高度是可以被标准化的，而圆柱体截面圆的大小则很难保证一致。因为不同的竹竿截面是不一样的，即使同一根竹竿不同部位的截面也是不一样的。因此，短距离横向切分所得的近似圆柱体可标准化的参数只有高度（图6-2）。

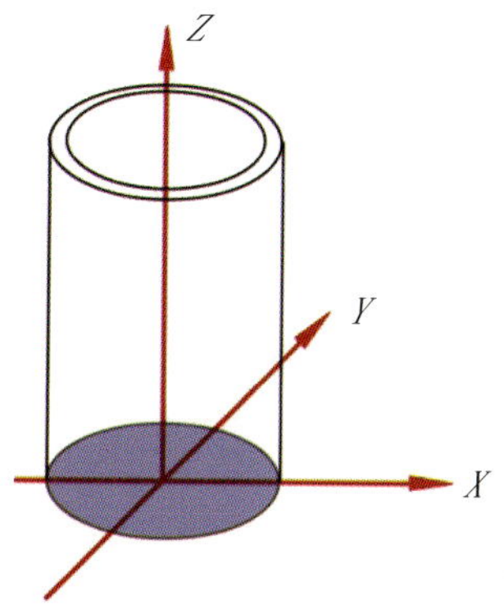

图6-1　短距离横向切分得到圆柱体

（2）横向切分具有同样高度的竹竿

横向切分具有同样高度的竹竿，也就是对竹材进行高度上的一致性切分。不管直径多大的竹子，由于其长度很长，我们可以截取相同长度的竹材。在对整根竹材的切分中，由于竹竿不同部位截面大小不同，我们在三个维度上只可能取得高度上的一致性。在X轴、Y轴所在面基本上得不到可标准化的基础（图6-2）。

（3）纵向切分得到线性竹材

由于竹材的中空和不同部位截面形状不同等因素的限制，竹材的标准化生产很难在X轴、Y轴

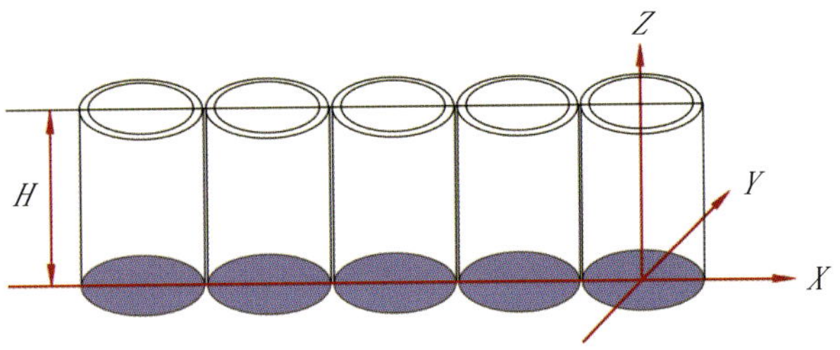

图 6-2　同样高度的横向切分的圆柱体

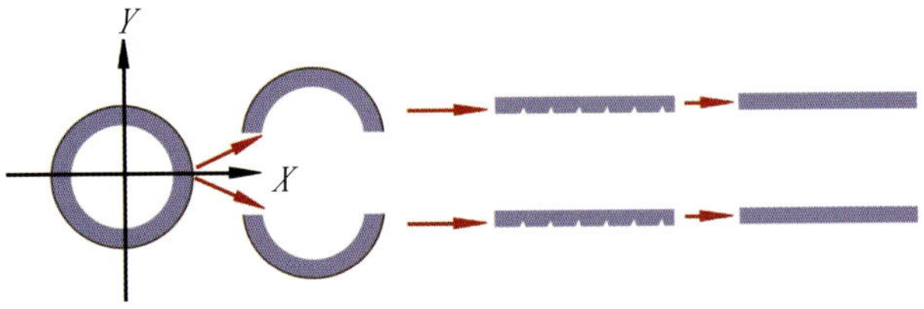

图 6-4　半圆形竹筒的展平

所在面有所突破，从理论上来说，我们可以把*X*轴、*Y*轴所在面进行适合标准化生产的处理，比如可以把竹材的界面进行点化和线化（图 6-3）。竹材的截面经过点化处理或线化处理后，在其他维度上就有了可标准化的基础，可用于机器加工。

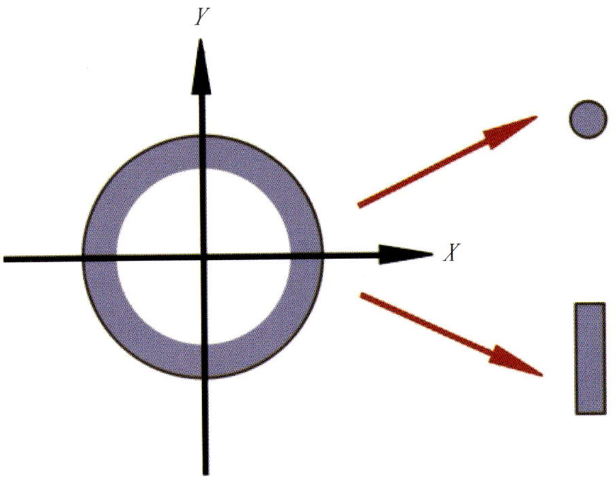

图 6-3　对竹材横截面进行点化、线化处理

笔者在实地考察过程中，已经看到了这种由面向线转换的极限，即将整个半圆形竹筒软化展平（图 6-4）。但是，这种方法对竹材的胸径是有要求的，并不是所有竹子都可以做这样的处理，一般“竹材胶合板生产用的竹子要求胸径 9 厘米以上”①。

有一部分竹子本身胸径就很小，如 5 厘米以内胸径，甚至 2 ~ 3 厘米胸径的竹子，由于纵向切分进行线化处理的可能性比较小，因此，可将其进行点化处理。如图 6-5 所示，点化处理的截面可以有多种变形可能。

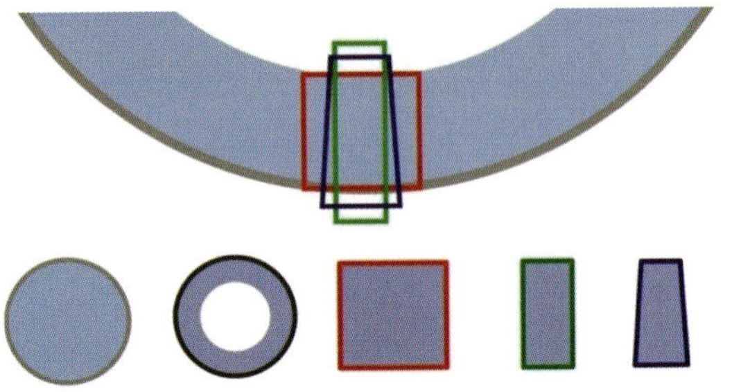

图 6-5　竹材截面点化处理中的变形

（4）横纵切分得到点性竹材

在前面的分析中，我们已经说明在竹材的各种切分形式中，横纵切分是将竹材进行多次横向切分和纵向切分。一次横纵切分很难得到点性的竹材，所以，必须进行多次横纵切分。

如前面展示的竹制隔热垫、麻将竹席等，就是由点性竹材（图 6-6）制成的。点化处理，使得竹材不论本身的形状是怎样的不均匀，最终都可以得到批量复制的点性竹材。

2. 竹材的二次处理

虽然竹材经过标准化处理以后，就可以直接用于工业化生产，但是一般性的竹材原材料还存在一个较大问题，即从宏观来看只有一个尺度，

① 江泽慧 . 世界竹藤 [M]. 沈阳：辽宁科学技术出版社，2002:242.

图 6-6 竹材的点性处理

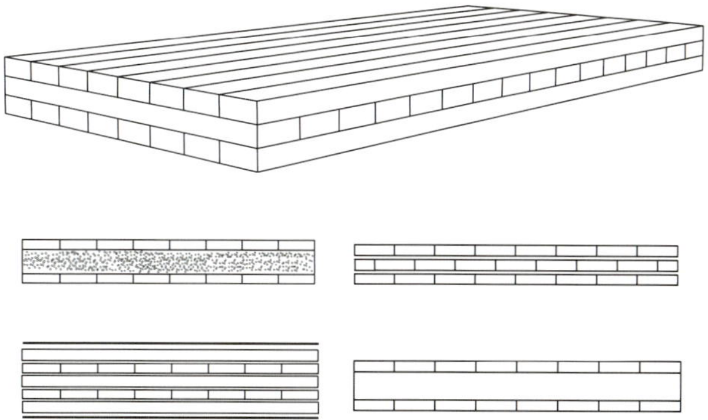

图 6-7 最基本的由竹线材拼合成的面材及其几种剖面的形式

都是线材。特别是尺度超过 1 米以后，所有的竹材原材料都是线材。线材最为典型的特征就是截面尺度相对于高度来说很小，在数量级上相差好几个级别，如竹材长 2 米，其截面直径只有几厘米。

（1）竹材的面化处理

为了拓展竹材的这种线材特征，有必要对其进行二次处理。最直接的尺度拓展方式就是由线到面的拓展。在实际处理中，线材的铺法有很多种，但是其目的只有一个，使竹材由线材变成面材。如竹集成材、竹胶合板、竹席板、竹地板、竹篾板等的制作都应用了这一方法（图 6-7，图 6-8）。

另一种面化处理方式是利用竹材的废料，将竹材废料打碎，再经过胶合制作成竹材刨花板。在制作竹器家具时，一般用竹席或竹帘等做面，将竹刨花板包裹在里面做芯。

（2）竹材的体化处理

竹材的体化处理拓展了竹材的第三个维度。竹材体化处理的方法有两种：第一种是竹材面材的叠加，这是最直接的方法；第二种是竹材线材的直接体化叠加。因为竹材虽然是线材，但是仍有一定的宽度和厚度，经过大量的叠加后也可以增加竹材在 X 轴和 Y 轴方向上的尺度。

图 6-8 竹帘、竹胶合板

经过面化或体化处理后的竹材，其利用空间得到了很大的拓展，如竹胶合板和竹集成材可以同木材一样制作家具。

竹材中空的供给特性使得竹材的积材率很小，只有普通木材的 1/3 左右，因此，竹地板和利用竹胶合板等制作的竹制家具在成本上要比木材高很多，产品价格也相对高了不少。

3. 竹材标准化处理的总结

竹材标准化处理的方法基本是将竹竿不断地进行横向或纵向切分，取其局部，使其能适合标准化的生产。在将竹材线化或点化后，再在这些点性竹材或线性竹材的基础上进行重组，得到面化或体化的竹材。这一过程被称为自然竹材的“打散重构”。

二、竹器设计的新思路

“共有基础”促使自然竹材需打散重构，那么，相应的，竹类产品设计的思路也必须重新定位。

工业化生产的前提是材料的标准化、可复制化。传统设计范式下的竹类产品制作虽然也有横向切分、纵向切分和横纵切分方式，最终所得的材料也有点材、线材、面材、体材等，但是它们与上述为工业化生产做准备的竹材的点化、线化、面化和体化等有着根本的区别。其主要区别在于后者是精确加工、可无限量复制的。而传统设计范式下各类点材、线材、面材和体材，是很难被大量复制的。

现代竹类产品的生产，要求加工过程程序化和可重复化。在竹材原材料已经统一制作的前提下，竹类产品的设计也必须简化和统一化。在传统竹类产品的制作中，大部分竹类产品是通过竹编工艺完成造型的，因竹篾造型自由度大，所以，竹编的造型能力可以达到“无所不能”的程度。但是，在现代加工工艺中，竹编制作过程中复杂的穿插动作使得竹编的工业化几乎不可能实现。虽然现在已经有各种能够完成简单竹片编织的机器（图 6-9），但是其加工能力非常有限，主要用于较宽竹片的十字编织，所加工的产品主要是平面的十字编竹席。

现代工业化生产要求竹类产品的生产必须是有限的、可重复的、机械动作可以完成的。因此，这给竹类产品设计也提出了新的要求。即使是在竹材生产标准化后，竹类产品的设计也必须考虑机械生产的可能性。

竹类产品设计的新思路要以有限的机械生产动作为设计基础。传统竹类产品之所以在现代社会受到冷落，其主要原因在于其中很大一部分产品是由手工制作而成，制作的任意性很大，而这种任意性恰恰是机器难以完成的。

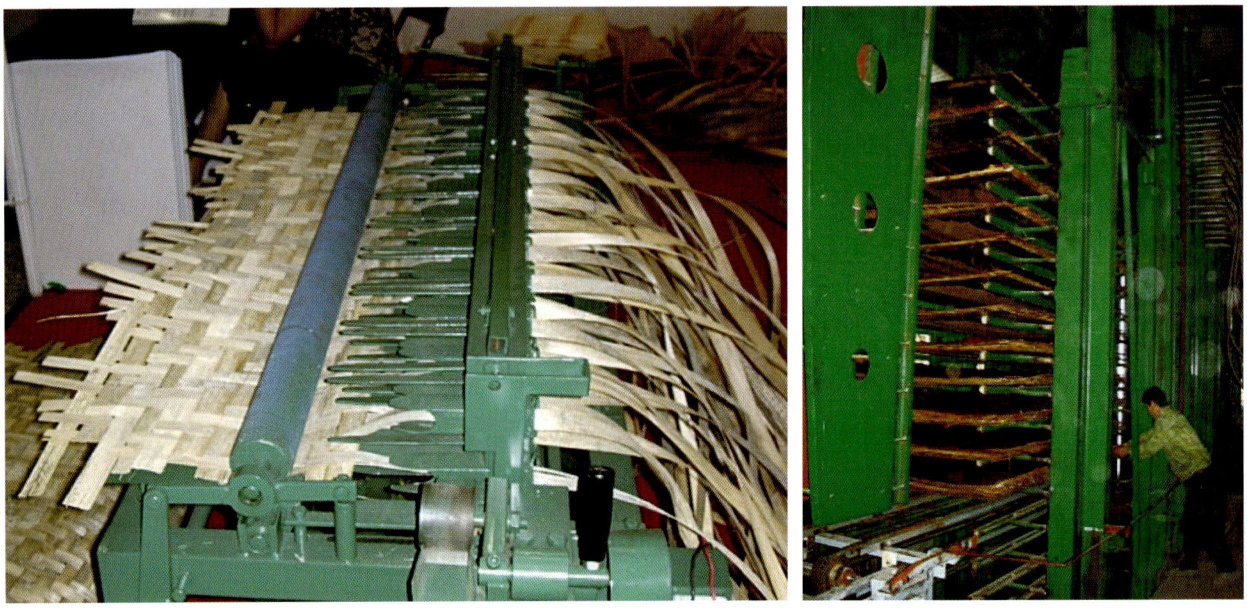

图 6-9　竹编设备和竹胶合板胶压设备

6.3 工业模式下的竹器设计

一、以“点材”为基础

这里的点化不是纵向切分中的点化，而是横纵切分中的点化，是将原本不规则的竹材进行不断切分后的结果。点化后的竹材最大的特点就是尺寸很小。限于竹材自身的竹壁厚度，竹材点化后肯定有一个维度的尺寸是小于竹材壁厚的。

用于点化的竹材既可以是竹竿，也可以是竹枝、竹根等部位，但竹材一般被利用最多的还是竹竿。因此，竹材点化的对象也主要是竹竿。点化的程序如图6-10所示。竹点材的设计就是在这些“点”的基础上进行的产品开发。

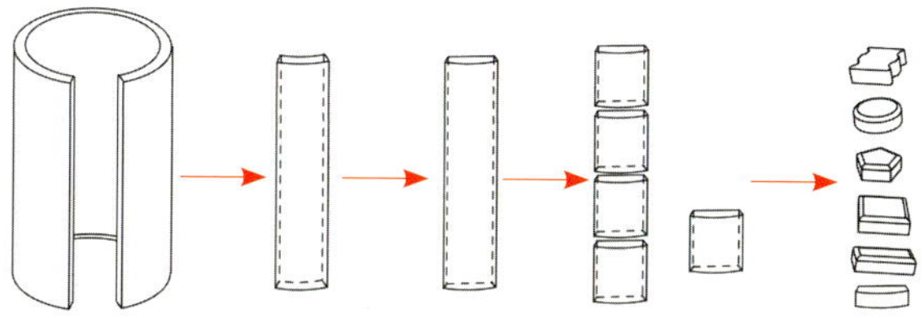

图6-10 竹材的点化过程

1. 点材的利用方式

点材最重要的应用方式就是平铺。点材很难进行累积，而且在一般情况下也没有必要把材料点化以后再进行累积。所以，点材最基本的应用方式是平铺，而且基本上是在一个平面内的平铺。平铺的形状和大小完全取决于人的需要，如既可以铺成隔热垫大小的产品，也可以铺成麻将席大小的产品，甚至更大的产品。竹材经过点化以后，其线性材料特征得以改善，可以在一个二维的面内任意造型。

点化使竹材变成可重复生产的材料，也使竹类产品的工业化生产变为可能。但是，点材的平铺也存在缺点，由于材料被切割成很小的尺寸，要想铺设成较大尺寸的产品，需要经过很多道工序使这些点材连接在一起。目前点材的连接基本上都是通过手工或机器用线串联起来的（图6-11）。竹点材不可能用胶黏接，因为其接合强度一般达不到要求。现有用线串联的连接方式使得点材用得越多，工作量越大。笔者在考察竹制麻将席的制造过程中发现，点材最后是工人用手一个个串上去的，这样的工作量使得竹制麻将席的制作时间和成本都大大增加。

图6-11 竹点材的连接

另外值得一提的是，竹枝本身是中空的，而且其横截面很小，截面积差距不大，因此，竹枝经过横向切分后可以直接作为点材利用。中间节省了很多竹点材生产前期的准备程序，因而也得到了一定程度的应用。用竹枝制作的点材也是通过线串联起来的。这类产品主要有竹衣和竹制装饰包（图 6-12）。但是，用竹枝制作的点材比其他竹制点材更小，因此应用范围较窄，只能制作一些装饰品。

图 6-12　竹枝点材制作的装饰包

2. 竹点材利用的优缺点

竹点材的优点包括：第一，其使得竹材可以进行适当的工业化生产，使得原本不规则的竹材变得整齐划一。第二，通过平铺以后的产品保持了竹材原有的自然特性，可以代替一些传统的平铺类产品，如竹篾席等，同时竹点材的厚度远大于竹篾，更不易被折断，提高了产品的耐用性。第三，竹点材的造型自由度更大，特别是跟竹篾、竹片等相比较而言。由于点材尺度较小，可以有很高的平铺造型能力，而且其平铺出来的面是可以弯曲的。第四，竹点材继承了竹材本身的各种属性，如竹点材制作的竹席具有降温功能、制作的隔热垫具有隔热功能等，而这些功能在传统竹类产品中也可看到。

竹点材的缺点包括：第一，在制作产品过程中需耗费一定的手工劳动，需要大量的劳动力，增加了制作的成本和时间。第二，尺度太小使得竹点材很难发挥更广泛的作用，限制了其应用的范围。第三，由于用竹点材制作的竹类产品都是由很多点材串联而成，因此，一旦其中某一个环节出现问题，整个产品也就损坏，无法继续使用。

3. 竹点材的设计思路

（1）在竹点材设计中，最基础的环节是“点”的形态的设计。

在竹点材的制作过程中，前面的几个阶段基本上没有太大的设计空间，只有在“点”的形态上可以有发挥的余地。当然，这里不仅强调形态的重要性，而且强调“点”的形态设计能否使得点与点之间更容易接合。目前，点与点之间的接合都是通过人工穿线相连，这样的生产模式有待改进，以使竹点材的利用更加方便。

（2）竹点材最大的特征是平铺性，对平铺性的深度思考会提升竹点材的利用价值。

竹点材由于其自身的特点，一般来说，只能进行点与点的串联平铺。这种方式也相应地限制了竹点材的利用。平铺后的竹点材其实仍然有一定的自由度。所以，严格来说，竹点材的平铺可以是“二维曲面”的平面①。二维曲面可以有更多的利用方式，比如，其具有典型的“围合”功能等。

（3）对竹点材连接方式的重新思考可能会设计出新的竹点材产品。

① 张福昌 . 造型基础 [M]. 北京：北京理工大学出版社，1994: 22. “二维曲面”主要是指圆柱体、圆锥体中除去平面的底剩下的曲面形态，是相对于完全平面的方体和完全曲面的球形或椭球形而言的。

竹点材的利用目前最难突破的地方就是点与点之间的连接。一旦连接的方式得以突破，竹点材的利用空间将得到极大的拓展。图6-13所示是用竹点材制作的盘子和装饰球，其点与点之间的连接是直接胶合的。这样的设计和技术突破对于更深层地利用竹点材是大有裨益的。

图6-13　用竹点材制作的装饰盘与装饰球
（引自美国竹业协会官网）

二、以“线材”为基础

竹线材的概念在第四章中已有所提及。这里的线材主要是指横截面近似为一条“线”的较长的竹材，其长度是远大于横截面尺度的。

“线性”和“面性”的利用在传统竹类产品中相对比较广泛。同样，在工业化生产中，竹材的“线性”和“面性”材料也是应用得最为广泛的。但是，在工业化生产中，对“线”的理解和应用角度则与传统竹类产品有很大差异。传统设计范式下对竹材“线性”的利用主要通过两种方式实现：一是竹竿的直接利用，对竹竿的同一化要求并不高，或者说根本不存在；二是通过劈裂以后，用竹片或竹篾编织。这两种方式在工业文明的设计范式下都必须进行修正。粗细不均致使竹竿在机器生产的情况下很难被直接利用，只能先对竹竿进行纵向切分，使得竹材变成可以统一利用的竹片，再进行批量生产。这就是本书在上一节中所说的对竹材的点化和线化。即使在有规格统一的竹线材的情况下，竹类产品的设计也不能按照传统设计范式下竹编的思路进行，这样的思路使得机器生产无法进行。因此，竹线材在工业化设计范式下必须有自己独特的设计语言。

1. 竹“线材”的利用方式

（1）线性支撑型

在竹线材的利用中，有些方式直接利用了竹线材特别是竹竿的纵向、横向承力强度较大的特点，即竹材的承载功能。线性支撑的方式主要有单一线型支撑和组合线型支撑等。

在线性支撑中，既有直线型的支撑，也有曲线型的支撑，如图6-14所示，其最主要的形态特征是一条条较独立的“线”的存在。线与线之间一般用金属构件连接，以保证线与线之间的牢固度。当然，也可以使用传统竹类产品加工中的铆接工艺。金属构件连接的方式使得竹线材的造型能力大大增强，可以不再依靠传统的编织方式连接，使得竹线材可以进行批量化生产。

竹线材之间的连接问题解决以后，其工业化生产得以实现。我们在前面已经说过，竹材在横截面上很难取得完全一致的尺寸，只能在高度上达到一致。高度一致，并且各个竹线材之间可以方便连接，即可轻松完成各种支架的搭设，从而实现工业化生产。当然，这里首先要求竹竿实现标准化生产，其次要求较宽的竹片也实现标准化生产。

图 6-14　线性支撑型竹线材的利用

在竹线材的利用中，还存在将多个竹线材进行捆绑组合以增大竹线材的截面积从而增加支撑力的方式（图 6-15）。虽然每个竹线材在形状上不一定能做到完全一致，但是捆绑后的竹线材则可以作为一个整体进行处理，其可以在高度上保持完全一致，具有良好的支撑功能。

竹线材的支撑方式可以分为单一支撑和组合支撑（图 6-16），这里最为重要的条件就是竹材高度的统一性。竹材在横截面上不好做工业化处理，但是其高度是完全可以控制的。不论是单一线型支撑还是组合线型支撑，都可以预先决定其高度（或长度）。

图 6-15　竹线材的捆绑再处理

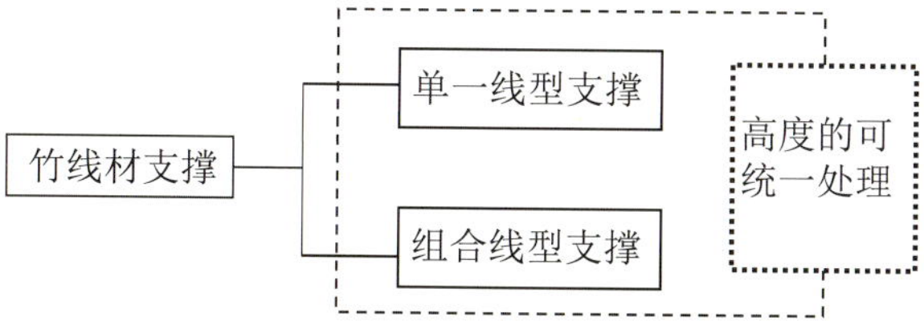

图 6-16　竹线材支撑的原则

（2）排列平铺型

排列平铺是线材最为典型的利用方式之一。竹线材同样也可以通过竹子的排列组合来实现各种面的造型。平行平铺后所形成的面既可以作为水平的承载面，也可以作为垂直的空间分割面，同时，这个面还可以根据需要在竹材属性范围内进行变形处理。平行平铺既可以是紧密的不留间距的平铺，也可以是疏松的留有适当间距的平铺，通常由平铺所需实现的功能而定。不过，竹线材要实现紧密的平铺比较困难，主要以留有适当间距的平铺为主，甚至可以出现较大间距。

除了平行平铺外，竹线材的平铺方式还有叠加平铺和交叉平铺等（图 6-17）。

图 6-17　竹线材的平行平铺、叠加平铺和交叉平铺

叠加平铺是指竹线材之间相互叠加，在叠加后的竹线材上固定一个中心点，那么，叠加后的竹线材就可以这个点为中心进行旋转平铺，最为典型的例子就是中国的竹制折扇。

交叉平铺是指竹线材相互交叉铺就。鉴于工业化生产的需要，目前交叉平铺主要以十字交叉平铺为主。

在上述 3 类平铺的基础上，我们还可以对平铺的面进行二次处理，把这些平铺出来的二维的面变成三维的面。如对平行平铺所得的平面进行热弯处理，这样所得的面就是典型的二维曲面。对竹线材的热弯处理和对竹线材的平铺之间不存在先后顺序，两者顺序可以互换。热弯处理往往也给平铺带来意想不到的造型优势。如图 6-18 所示，左图为较为传统的竹线材的弯曲平铺，是按照弯曲方向一致的原则来排列的；而右图则是将弯曲处理后的竹线材进行排列平铺。两者产生了完全不同的空间效果，也给竹器设计提供了全新的思路。

图 6-18 竹线材的弯曲处理与平铺
（引自张济生《中国竹工艺》及国外设计网站）

综上所述，竹线材的平铺方式主要有平行平铺、叠加平铺和交叉平铺，在这些平铺的基础上，还可以进行竹线材的变形处理。在此，我们可以把竹线材的变形作为这 3 类基本平铺方式的可变因素看待，由此可得竹线材平铺的主要原则，如图 6-19 所述。

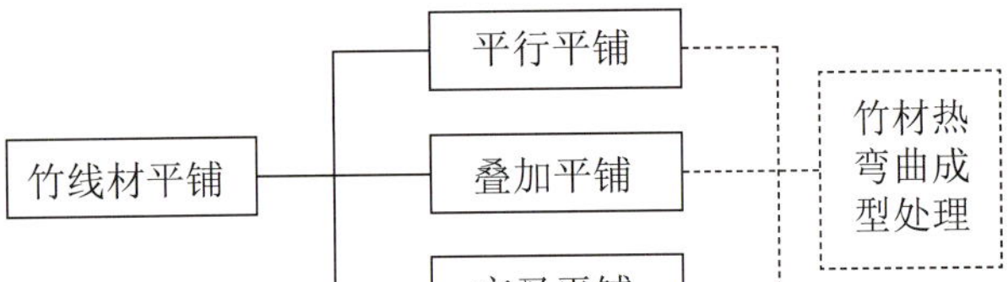

图 6-19　竹线材的平铺原则

（3）线性围合型

竹线材的另一种利用方式就是线性围合。虽然此处的围合和传统竹类产品的围合在功能上一样，但在内涵上却有很大差别。现代工业社会与传统农业社会相比，人们的需求发生了很大变化，工业化生产条件下的围合是为了满足工业社会中人们的各种需求而产生的。因此，竹线材的围合功能同传统农业社会下竹类产品的围合功能有很大的差别。

根据考察，笔者认为竹线材的围合方式可以分为平铺围合、曲面围合和缠绕围合 3 种类型（图 6-20）。

平铺围合主要是指对竹线材先进行平面性的平铺，然后再用平铺所得的面进行围合。平铺围合所得的空间具有一定的容纳功能，其长方体的形状便于存放物品和围合空间自身的叠加。这种围合的最大特征就是利用了面的围合，如各种方形的边框等（图 6-21）。

平铺围合

缠绕围合

曲面围合

图6-20 竹线材的3种围合方式

图6-21 竹线材的面型围合

曲面围合是指用弯曲的竹线材进行围合的方式。首先要对竹线材进行弯曲处理并形成各种曲面，进而用一个或多个曲面进行围合，最终形成围合空间。但是，由于这类围合空间是由弯曲的面组成的，突出了竹线材的弯曲变形特征，因此不利于各空间之间的连接、叠加。就功能而言，这类围合空间在很大程度上仅有装饰性，但经过后期的产品定位处理，此类产品可以成为极具美感的现代产品。

缠绕围合是指充分利用竹线材柔韧的特点，在一定的支架基础上进行缠绕。这种缠绕既可以是有序的缠绕，也可以是无序的缠绕。缠绕围合出的空间一般不具有容纳功能，但是其具有很高的欣赏价值，因而也有一定的应用。

竹线材的围合方式最为典型的特征就是“孔洞性”（图6-22）。特别是在工业化生产中，在人们已经可以轻松地将竹线材转化为竹面材的情况下，竹线材的围合理应以“孔洞性”的围合为主。这是对材料供给特性的合理利用的要求。

2. 竹线材设计思路的总结

高度可统一性、平铺可弯曲性和孔洞性是竹线材利用中的3个重要变量。这3个变量的出现为竹线材的设计提供了很好的切入点。再加上支撑、平铺、围合等利用方式的配合，竹线材利用具有广阔空间。

首先，高度的可统一性和孔洞性之间没有必

图 6-22　竹箩的光感

然的冲突，孔洞性仍然是一种保留了竹材中空性供给特性的利用。竹材一旦被纵向切分，其纵向受力能力将大为减弱，因此，作为支撑用的竹线材基本上是以完整的竹竿为主体，并保留了竹材本身的中空性。由此可见，竹线材利用中的高度的统一性对孔洞性也有一定程度的依赖，至少是同孔洞性没有实质性的冲突。

其次，竹线材的平铺在很大程度上是依赖孔洞性的。用线材去铺面，在一般情况下，会尽可能地留有较大的孔洞。在产品设计中，铺面是为了实现一定的功能。如果对所铺的面有严密性的要求，那么可以直接用竹面材或其他面材来制作，而不会用线材来制作。所以，在竹线材铺面的过程中，依然有孔洞性的存在。

最后，在竹线材的围合中，孔洞性的运用也十分普遍。在现实的产品中，有很多情况不需要实体性的围合（图 6-22），甚至在特定的情况下，产品需要孔洞性来保证其功能得以实现。如现代室内环境装饰中的光影效果的呈现，就特别需要孔洞性来保证光影的变化（图 6-23）。

图 6-23　竹线材制作的灯具也具有“孔洞性”

由此可知，在竹线材的利用中，孔洞性依然是一个重要特征。竹类产品在传统设计范式下的利用也是以孔洞性为主要特征。在工业化设计范式下，对孔洞性的认识完全可以借鉴传统竹类产品的设计经验，并进行更深层次的开发。

三、以“面材”为基础

竹面材是利用现代加工工艺对竹线材进行再次加工的结果，如竹胶合板、竹集成材、竹木复合板等产品。

竹面材也可叫作竹制人造板、竹材人造板。“竹材人造板是以竹材为原料，经过一系列的机械和化学加工，在一定温度和压力下，借助胶黏剂或竹材自身的结合力的作用，胶合而成的板状材料……竹人造板的厚度一般为 2 ～ 40 毫米。其幅面可根据加工工艺中主要设备的规格尺寸而定，也可以根据需要在长度或宽度方向进行接长或接宽加工……竹材人造板的品种很多，但用途比较大、产量比较多的主要品种仅 20 多种。”①

1. 竹面材的利用方式

大部分竹面材都是用线材进行横向平铺和纵向平铺后胶压成型的。其直接影响就是这类竹面材丧失了竹材本身的可弯曲性。只要是由竹线材经过横向或纵向叠加而成的竹面材，基本上没有多少热弯曲的性质。

竹面材成型的另一个影响是孔洞性的消失。竹面材是由竹材严密拼接而成的，其拼接误差必须控制在 0.1 ～ 0.2 毫米②。在该精度下，竹面材几乎不可能留有孔洞。在这种情况下，竹面材的利用是通过对竹面材的切分和拼接进行的。

图 6-24 竹面材切分的各种形状

（1）竹面材的直接切分利用

竹面材的切分利用是指竹面材经过切分后直接形成产品，或仅做简单处理即形成所需的产品。

最常见的竹面材的切分利用方式是竹地板。竹地板基本上是在制作竹面材的过程中就已完成。因而，在竹地板的制造过程中，最后形成的竹面材就是竹地板，一般不需要进行额外的切割。除竹地板外，各种工程用板、车厢底板等都是事先设计好产品尺寸规格，在生产竹面材时直接按

---

① 江泽慧．世界竹藤［M］．沈阳：辽宁科学技术出版社，2002:235.

② 江泽慧．世界竹藤［M］．沈阳：辽宁科学技术出版社，2002:265. 原文如下：精确控制的误差允许范围是：竹片精刨宽度小于 0.1 毫米，厚度小于 0.1 毫米，地板安装缝隙小于 0.2 毫米，高低不平度小于 0.2 毫米。

照需要的尺寸来生产，这样生产出来的竹面材不需要切分即可直接使用。

竹面材的第二种切分利用方式是各种“适合形”的切分，如圆形、方形等。只要外形轮廓不是太复杂，基本上都可以被切分出来。如图 6-24 所示，竹面材可以很方便地被切割成圆形、方形、花边形，甚至刀叉等餐具的形状。但这类切分一般仅限于尺寸较小的产品，而且此类竹面材的厚度不能太大，否则不利于面材的切分。切分后再经过适当的热压成型，可以产生较浅的下凹槽。

竹面材的第三种切分利用方式是对较厚的竹面材的切分（图 6-25）。这种情况一般只做简单的方形切分，一方面，切分后的竹面材可以进行新的拼接，如制作较大型的竹家具等；另一方面，其可以直接作为产品出现，如竹砧板，只需要一个坚实的面就可以了。

图 6-25　竹砧板

竹面材的另外一种切分方式——螺旋式切分，可以作为一个特例来说明（图 6-26）。对一整块竹面板进行螺旋式切分，最终并不把竹板完全切开，而是在切割到一定位置时就停下。在重力作用下，竹面材一层一层下坠，最终形成一个容器，一般用作果篮。

图 6-26　竹面材的螺旋式切分

（2）竹面材的拼合利用

竹面材的拼合利用主要是切分后再进行拼合，一般是根据设计好的产品的各个部件的尺寸要求对竹面材进行切分，然后再把各部件组装起来。因竹面材的尺寸是可以严格按照要求生产出来的，在对竹面材的再次切分中也可以得到非常精确的尺寸，因此，也只有竹面材有条件进行切分后再拼合。

拼合利用中最为经济实用的方式就是方形切分拼合，因为方形利于各部件之间的连接。当然，也可以有适当的曲线形态出现，但是竹面材中的曲线并不像竹线材那样需要用热弯成型工艺制作，而只需将竹面材进行“适合形”的切割即可。因此，竹面材中的曲线、曲面形态的弯曲度是非常有限的。

本书把竹面材的拼合利用分为面型拼合和体型拼合。面型拼合主要目的是产生功能面。如桌子，其功能部位是桌面，桌腿等其他部件的安装都是为了使桌面能正常工作。类似的情形，本书称之为“面型拼合”。面型拼合的竹类产品，小型的有果盘、隔热垫、扇面、菜板等，稍大一点的有板凳、扶手椅等，更大的有饭桌、办公桌、床面等（图 6-27）。

“体型拼合”的目的是形成一个完全围合或

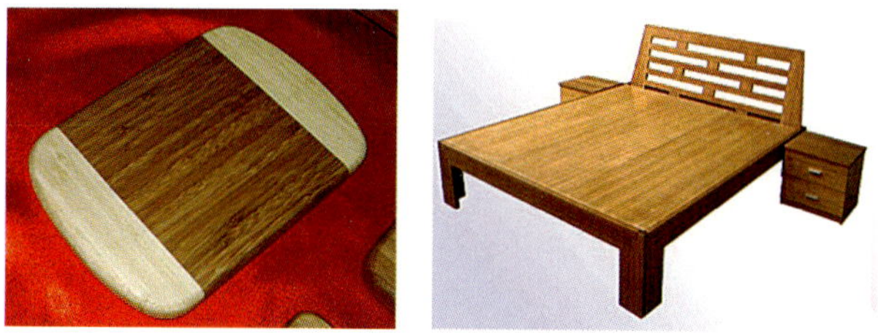

图 6-27　面型拼合

半围合的空间。这样的围合基本上是以实体为主，但是半围合可以使得竹面材本身的实体性得到适当的改善。同前面的面型拼合一样，体型拼合用的竹面材的大小和厚薄程度也有所不同，其中，小型的体型拼合竹类产品有首饰盒、食品盒、包装盒、书本盒、储物罐、工具盒等，较大的则有小型柜子、半围合的架子、橱柜等，更大的则有大型衣柜、书柜等家具（图 6-28）。

（3）竹篾压制的竹面材

在竹面材的利用中，利用竹篾进行胶合压制

图 6-28　体型拼合

成型，也能制成小尺寸的面材。这类竹面材多用于制作盛装食品、饰品等的各种盘子和盒子。虽然尺寸有限，且利用面较窄，但是作为一种利用方式，这是对材料充分利用的体现。

2. 竹面材设计思路总结

竹面材的切分利用虽然在思路和利用形式上相对简单一些，但是竹面材能够制作大型的家具，可以部分甚至全部替代木质材料，这是很难得的。目前，世界木材资源比较短缺，用竹材代替木材的部分功能，也是当初开发竹面材的目的之一。因此，在竹制家具中，竹面材（竹板材）起到了很重要的作用。竹板材使得竹材能像木材一样可用于各种加工和制作。

但是，由于竹面材丧失了很多竹材本身的属性，特别是较厚的竹面材不能进行弯曲成型加工和孔洞化处理，竹面材的应用基本上不能保留竹材原有的特色，能够体现的主要是竹材的自然质感。由于竹板材本身就是在“以竹代木”的口号下产生的，因此，在竹面材的应用中，我们看到的基本上就是木材的利用方式，如切分和拼合等，很难体现竹材本身的加工特色。

由于竹面材大多呈方形，因此用其制作的各种产品也都具有“直方”的造型感。只有在较薄的竹面材进行“适合形”的切割加工时，才能体现出一定的曲线形态。

在竹面材提供的各种造型可能性中，有两个特征最为明显，那就是“面”的特征和“体”的特征。竹面材首先能提供给我们的就是各种不同大小的面，这种面还可以经过适当的切割加工变成各种平面的“适合形”，也可以经过拼接形成复合型的面。作为面的延展应用，竹面材还具有“以面围体”的应用特征，因为竹面材是以直方造型为主，不论是小型的空间还是大型的空间，完全围合空间还是半围合空间，这样的直方形用来围合空间是非常方便的。

四、以“体材”为基础

竹体材即指在竹材的利用中，需体现“体”的特征，如盛装竹筒饭的竹筒就是较为典型的竹体材利用方式。竹体材在工业化生产模式下主要有两种来源：其一，经过切分处理的竹材。竹材经过切分后三维尺度差距缩小，基本上处于同一级别，如被横向切分的半节竹筒；其二，由竹面材叠加整合而成。这样的竹体材在三维尺度上要比对竹竿进行横向切分所得的“体”大出许多。由此可知，竹体材的利用就被分为两种形式：切分的竹体材的利用和面材叠加的竹体材利用。

1. 切分的竹体材的利用

以切分方式得到的竹体材，主要有横向切分型和横纵切分型两种。但是，不论怎样切分，所得的竹体材的尺度都只是在厘米级或 10 厘米级的范围内，不可能出现更大的竹体材。横向切分型较为简单，不再赘述。横纵切分型则是指横向切分后再进行纵向切分，得到不完整的竹壁，再对竹壁进行拼合，但是不会把竹壁切分成“点材”的状态。在这两种切分方式下，竹体材有以下几种造型：第一种是有节的竹筒，可以做容器；第二种是无节的竹筒，可以视情况把底封住；第三种是竹壁的一部分，可视竹壁的截取情况来利用。

（1）有节竹筒的利用

有节竹筒的利用主要用来做茶杯、花瓶、烛台等容器（表 6-1）。从这 3 种产品来看，除茶杯是实用品外，其余两种均为装饰品。为了体现其装饰性，横向切分都做了适当调整，变成倾斜的横向切分，增加了竹体材自身的美感和韵味。

表 6-1　有节竹筒的工业化利用

竹茶杯	花　器	烛　台
		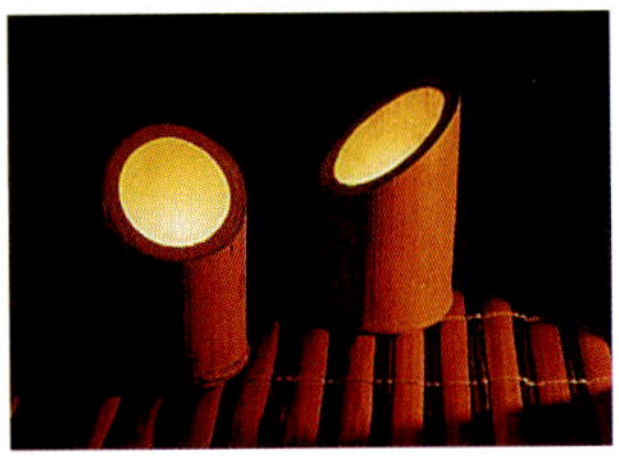

（2）无节竹筒的利用

无节竹筒在工业化生产条件下的利用也为数不多，大致分为以下两种产品（表 6-2）。一种是利用无节竹筒制作的竹碗，另一种是作为装饰品的烛台。这两种利用都需要对竹环进行封底。

表 6-2　无节竹筒的工业化利用

竹　碗	烛　台

（3）部分竹壁的利用

部分竹壁的利用，主要是对竹壁进行斜向的切分，使得切分后的部件具有一定的曲面度，通过与其他部件的组合产生新的形态。一般此类产品也是以小物件为主，兼具装饰和实用等特点（图 6-29）。此类产品仍保持着竹类产品共同的特色——自然性。

综上所述，由于尺度上的限制，切分的竹体材制作的产品基本上都是一些家用的小尺度装饰性的实用品，其共同点是都能够通过机器的批量化生产得到。

2. 面材叠加的竹体材的利用

在调查过程中，我们只发现一例竹类产品是用面材叠加的竹体材制成的。这类产品较少的根本原因是，在竹材由线材向面材转化的过程中，竹材的原有属性基本泯灭，剩下的只有竹材的材料质感属性。面化后的竹材在利用方面由于丧失了弯曲度和孔洞性等特性，基本上只能制作面型和体型的竹类产品，而制作这类产品并不是竹材的“强项”。换句话说，经过面化的竹材，其造型能力实际上已被削弱。而如果在竹面材的基础上再进行进一步叠加的话，其造型能力将会进一步下降。这样的竹体材甚至连“面型”产品的造型能力都受到限制，只能用来制作奢侈品。

图 6-30 是用竹体材制作的小方桌，从左边的细节放大图中可以看到，这个竹体材实际上是用小竹板纵向排列叠加组成的，此时已经很难找到其“面型”的特征了，它实际上已经是“体型”的直接应用。如果以 15cm×50cm×50cm 的尺寸进行估算，这个竹体材的体积为 0.0375m^3，根据竹胶板的平均密度 0.80 ～ 0.85g/cm^3 来计算①，其质量为 30 ～ 31.875kg。一张台面不大的小方桌，不仅用材奢侈，而且质量惊人。

3. 竹体材的设计思路

根据上述分析可知，竹体材制作的产品种类相对较少。这是因为一方面受限于竹体材本身的尺度，另一方面受限于竹体材材料的奢侈程度。两类竹体材都没有被开发出太多的产品。

小尺度的竹体材的设计应该朝着“精致的小玩意”②的方向进发，这一点可以从各种小型的烛台和果盘等产品中得到启发。如果仅仅是将竹体材用于实用品的开发，那么其成品的附加价值并不高。现代设计的思路已经不能再沿着挥霍资源的老路走下去。人类的资源是有限的，对材料

① 江泽慧．世界竹藤 [M]．沈阳：辽宁科学技术出版社，2002:235.

② IDSA 2003 Design Trends Report[J]. Innovation，2003(Summer):40. 在美国工业设计师协会 2003 年设计趋势的报告中，对现代厨具的一个趋势界定是：从现代主义到精致的小玩意。

的利用应当精打细算，设计者应设计出现代人类需要的“精致”产品。

而对于大尺度的竹体材，目前在国内开发中还没有太多的产品出现，但是它毕竟代表了一种新的利用方式——竹类奢侈品的开发。虽然这一开发利用方式还有很多地方值得深思，但是对于现代社会而言，其具有一定的存在价值。

图 6-29　部分竹壁的利用

图 6-30　用竹体材制作的小方桌

6.4 工业模式下竹器的设计规律

一、功能演变规律

传统竹类产品的很多功能在现代竹类产品中仍然存在，如容纳功能、围合功能、承载功能、温控功能等，而流通功能、过滤功能等在慢慢地退出人类生活的历史舞台（表6-3）。

这些仍然存在的竹类产品的功能在工业化生产的基础上，又有着同以前略有不同的新内涵。这种新内涵随着人们需求的变化而不断地发生变化。如传统的围合功能是对空间的划分和控制，而现代的围合功能则变成了对“虚”空间的围合，诸如“光线”等的围合，是根据人们生活条件和需求的变化而产生的新的功能内涵。

具有容纳功能的传统竹类产品的尺度显然已经不能满足现代人生活的需求。现在竹材面化后所能实现的容纳尺度已经远远超出了传统竹类产品的容纳尺度。这也对竹类产品的设计提出了新要求。传统竹编容器容纳功能不被现代人所需要而退出了历史舞台，如传统农业生产用的各种竹制工具。

表6-3　工业文明设计范式下竹类产品功能的演变

功　能	围合功能	容纳功能	过滤功能	承载功能	流通功能	温控功能
农业文明设计范式	对空间的围合	有限尺度的容纳、有孔洞的容纳	孔洞实现过滤功能	抗拉强度和抗压强度实现承载	中空性实现流通	降温、隔热、控温
工业文明设计范式	空间围合、虚空间营造、光空间	尺度范围更大、无孔洞的容纳	过滤功能被其他更好的材料如不锈钢、塑料代替	一部分功能被新材料代替	被更薄、更轻、更耐用的其他管材代替	功能没有大的变化，实现形式有一定发展

这些传统功能在工业文明设计范式下，其内涵发生改变是必然的。生产的基础发生了改变，设计的思路也必然发生改变，“人—物”关系中“人”的改变必然导致“物”的内涵的改变。工业文明中新的生活方式的兴起必然会改变传统竹类产品系统，改造旧有的竹类产品为现代人所用，而且工业设计范式会导致竹类产品新的功能的产生，如对光和空间的调节功能等。

二、形态发展规律

1. 竹线材的造型能力在工业设计范式下最为丰富

在工业化生产条件下，竹线材的造型能力最为丰富，不但具有承载、排列、围合等功能，而且可以变形——曲线化处理，还可以进行空间的虚实变化——孔洞化处理。众多造型变量为竹线材的造型提供了更多可能性。

竹线材还有自身长度和宽度的变化，以及横截面形状的变化等，这些都是竹线材造型的“语言”。竹线材还有曲与直、方与圆、粗与细等不同的外观形态“语言”。

甚至竹线材在工业化生产对尺寸精度要求很高的条件下，还可以有适当的形态自由度。图6-31下图所示的小竹床，乍一看好像每一根竹线材都是粗线相同的，但仔细比较一下就会发现，其实每一根竹线材都不一样，甚至有的呈现出歪歪扭扭的自然形态。这是由于竹材排列时产生的“孔洞性”给予了竹线材自由变形的空间。在这种情形下，只要竹线材两端的横截面近似相等即可，至于两个端点之间的线材尺度是否精确对产品没有任何影响。图6-31上图中排列整齐的竹竿也一样呈现出竹材的自然形态。

相比而言，竹点材、竹面材和竹体材在形态的塑造能力上都是有限的。如竹点材基本上只能靠大量的平铺连接，从而形成有序的排列；竹面材一般也只用在面的塑造和体的塑造方面；竹体材则由于自身形态的限制，也没有太多的“用武之地”。但是，竹线材却可以实现大部分抽象的线性形态。

图6-31　竹线材在标准化生产中的自由度

2. 竹面材、竹体材拓展了竹材利用的尺度

竹面材和竹体材虽然造型能力不是很强，但是它们大大拓展了原有竹材的尺度空间，增强了竹材的尺寸精确性和材料的实体性等。我们在前面分析过，人造竹板材厚度虽然一般只有2～40毫米，但是其长度和宽度可以随实际需要适当加长。这充分说明竹面材和竹体材的尺寸可在长度和宽度两个维度上得到充分的拓展。这与传统竹类产品尺度拓展方式有很大区别。传统竹类产品的尺度拓展是通过对竹材的纵向切分实现的，最终尺度拓展的极限就是竹材本身的高度，这种拓展是以虚空间（即孔洞）的增加来实现的。现代竹面材和竹体材则是通过工业化加工方式使得竹材能在数米的尺度内自由伸缩，同时所得的竹面材和竹体材是均匀的方形材料。

同传统竹材尺度拓展一样，现代竹材的尺度拓展也要付出一定的代价，那就是竹材大部分的自然属性会丧失，如弯曲度、孔洞性等，使得竹面材和竹体材的造型能力大为减弱，最终保留下来的只剩下竹材的自然质感。

三、空性设计

1. 受压制的空性设计

在工业文明设计范式下，传统竹类产品的空性设计受到了一定程度的压制。其主要原因是一部分空性设计的产品不符合机器生产要求，此外，传统竹类产品已经失去其赖以生存的基础。取而代之的是竹面材和竹体材的实体性，特别是竹面材的广泛利用，使得竹材的空性设计遭受了很大的冲击。竹面材产品基本以实体形、平面形、适合形等为基础造型，实体的竹面材本身的供给特性就决定了其不能联系到空性设计上。此外，空性设计的理念也受到了压制。

我们在前面已经论述过，空性设计是在竹类产品的设计制作中慢慢被发现的，随后空性设计作为一种原则得到广泛利用，如在设计时可以通过实际容装物的大小来控制孔洞的大小。但是，在当下竹面材广泛利用的情形下，孔洞的设计理念基本消失，这种对材料的利用原则也不常体现。

2. 空性设计的新孔洞模式

总的来看，空性设计在现代竹类产品中仍然具有很强的生命力。对竹竿整体的利用、对竹片的间隙排列、对空间的孔洞化围合等，都是包容、利用了竹材本身的中空性；这种对孔洞化的设计处理就是对竹材空性设计的继承和发展，形成了在工业化生产条件下新的孔洞设计、生产模式（图6-32）。在工业设计范式下，孔洞的形成同传统设计范式下的孔洞有着本质的区别。传统竹类产品中的孔洞基本上是通过竹片或竹篾的编织预留而成，形成孔洞的程序比较复杂，不符合现代工业化生产的要求。因此，现代竹类产品中的孔洞都是通过竹材弯曲成型后，再进行平铺、排列等而形成的，如竹制支架中的孔洞、平行平铺中的方形孔洞、十字交叉平铺中的方形孔洞等。孔洞的形态基本上都是简单的几何形，或者是缠绕围合中的不规则形。这些现代孔洞的产生适应了工业化生产的需要，但其存在的根本原因是竹类产品的设计中需要有空性设计的存在，竹材自身的供给特性也决定了其更适合空性设计。

3. 竹材加工中的“实体化”误区

在工业文明设计范式下，对竹材的利用存在一个误区，那就是无视竹材供给特性中的中空性和竹类产品的空性设计，将竹材进行实体化的加工和利用。

目前，竹材利用中发展得最快的是各类竹胶合板。竹胶合板的制作过程是先把中空的不规则的竹材转化为实心的尺寸精确的竹板，再对竹板进行加工，制作成各种竹类产品。人们在“以竹代木”的号召下开始把竹材像木材那样处理（为了尺寸的精确和生产的便利，木材加工产生了模块化的木胶合板、三合板等），很快便发展出竹胶合板。但是，竹材和木材在材料属性上有很大差异，木材本身就是实心材，而竹材则是空心材，将空心材转变为实心材的思路本身就存在误区。

虽然竹子成材快，生长周期短，一般只需 3～5 年就可成材，但是竹材积材只有同样大小木材的 1/3。换句话说，同样大小的板材需要 1 根木材或 3 根同样大小的竹材来制作。这对竹材的利用极为不利。

目前，竹面材的开发与利用对中国来说是利大于弊的，主要是因为它充分利用了中国丰富的

图 6-32　现代竹类产品的各种孔洞

竹资源，并适当地缓和了中国木材供应紧张的局面。但是，竹材的实心化利用不应成为竹材利用的主流方向。在竹材的工业化生产中，竹胶合板等竹面材的出现是必然的。它能改进竹材的各项功能，扩大竹材的利用范围等，但我们必须认清竹材自身的材料特点，即将竹材转变成实心材的思路与竹材的供给特性相违背，竹材“丧失了自我”。

四、点线面体竹材的主次关系

1. 竹线材与竹面材的主次关系

点材和体材在竹材的利用中是处于附属地位的，而线材和面材则是竹材利用的主流。这两者的关系尤为重要，因为其涉及竹材利用的合理性问题。

竹线材的造型能力强，利用形式多种多样，充分体现了竹材的各种供给特性，而且竹线材在传统竹类产品中的利用有大量可借鉴的经验。但竹线材也有其自身的缺点，其在截面尺度上受到很大限制，制作的产品严密性不够。

而竹面材恰恰在竹材尺度拓展和竹材尺寸的精确控制等方面表现优秀，其尺度可拓展到数米，尺寸控制的精度可达 0.1 毫米，使得竹材的利用范围大为拓展。竹面材的主要缺点是造型能力不强，不能像线材那样轻易弯曲成型，其最便利的利用形式是“适合形”的切分。竹面材在尺度和精度方面的突破，使其性质和利用方式完全倾向于木胶合板，基本不能体现竹材的特色。竹胶合板和木胶合板最大的区别仅仅是材料的不同，在其他方面基本一致。竹面材在很大程度上是对木材的一种模仿。

但是，从历史的角度来看，传统竹类产品有其自身的特色。在几千年的发展中，传统竹类产品衍生变化，其明显的特征就是“自成体系”。绝大多数传统竹类产品是没有办法用木制品代替的，而木材也有自己的产品体系。它们之间虽然有相互借鉴的内容，但基本上各自保持着较为独立的发展。由此可见，竹材和竹类产品的一些特征是木材和其他材料所不能替代的。材料的这种不可替代性就是材料能够生存下来的根本原因。相应的，在工业文明设计范式下，某些竹类产品也是其他材料的产品不能替代的，或者即使可以替代也不是最合适的。因此，竹类产品应该体现基于竹材本身供给特性的产品特色。

如图 6-33 所示，这两组沙发分别是用竹线材和竹面材制作的。从功能的角度来看，两者没有太大区别。其中，用竹面材制作的沙发给人的整体印象是规整的、直方的、实体的，用竹线材制作的沙发给人的整体印象则是线性的、自由的、孔洞化的。竹线材制作的沙发体现出强烈的材料意向，而用竹面材制作的沙发基本上体现了木材的特征，只有细看其肌理才能分辨出是竹材。

图 6-33　竹线材制作的沙发和竹面材制作的沙发

当然，这两组沙发从产品的角度来看，很难分辨出哪一个更好、哪一个更高档，但是从加工程序来看，前者要经济得多，对竹材原材料不需要进行过多的处理，只要进行简单的竹竿切分和弯曲，再经过适当的化学处理即可，前期的生产成本要小得多。而用竹面材制作的沙发，首先要做的就是把原竹变成板材，再对板材进行切分和拼合。竹材的面化处理不但耗费大量的成本，而且其加工过程也会产生更多的污染。即便这样，竹线材和竹面材得到的结果却基本一样，都是现代沙发。

通过比较可以发现，对于同样规格的产品，竹面材要花费更多的成本和资源。因此，我们应当深刻理解“以竹代木”这个口号的内涵，而不是仅仅停留在字面意义上。从设计的角度来看，“以竹代木”应该是用竹材制作的产品来代替木材制作的产品，而不应用竹材来代替木材。对产品进行分流，使得木材的需求量下降，这才是对“以竹代木”本质的正确理解。试想一下，如果用竹线材制作的沙发代替了用木材制作的沙发，那么，木材的需求量就会下降，我们也根本不需要考虑竹材是否需要变成像木材一样的“板材”。

由此可见，竹线材更能体现竹材自身的特色，在实际的利用中，其重要性是大于竹面材的。

2. 点、线、面、体竹材的总体关系

上述分析表明，竹线材更能体现竹材本身的特色和利用方式，是应该加以倡导的，而竹面材作为竹线材的重要补充也占据重要地位。不过，本书认为竹线材是竹材利用的最核心方式，而竹面材是竹线材利用的重要补充。竹点材和竹体材则是竹线材和竹面材的重要补充。这就是在竹材利用中各种不同造型材料之间的总体关系（图6-34）。

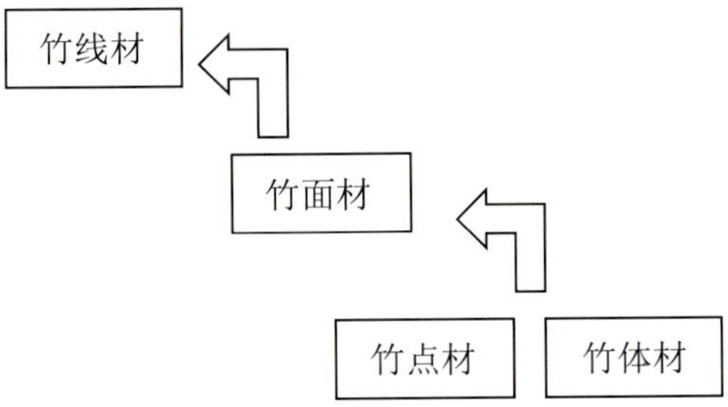

图 6-34　竹点材、竹线材、竹面材和竹体材之间的总体关系

第7章 后工业模式下的竹器设计

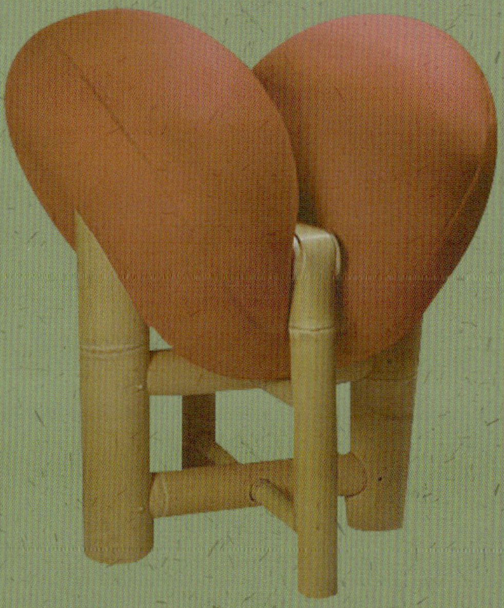

7.1 从工业模式到后工业模式

一、工业模式的新问题

1. 机器生产的隐化

200多年来，在机器生产推动人类社会发展的过程中，人类对机器的热情逐渐降温。机器生产在提高人类生活质量的同时，也给人类带来了灾难。第二次世界大战的爆发，让人类认识到科学技术是一把“双刃剑”，它不仅可以造福人类，也可以毁掉人类的幸福生活。当然，问题的关键不在于科技本身，而在于人类如何使用科技。机器生产只是人类生产生活的一个方面，要人去适应机器时代的节奏是对人的一种讥讽，人类发明了机器却要沦为机器的附庸，难道不是作茧自缚吗？对于人类而言，我们更加关心的是机器生产出来的产品能否使人类更好地生存，机器生产到底为我们带来了什么样的产品，而不是机器生产本身。

2. 标准化的危机

标准化是现代社会赖以发展的基础之一，但是如果任何事物都以标准化的框框来套，就是“走极端”了。一旦走向这样的极端，标准化就会阻碍社会的发展。也就是说，标准化有利有弊，而且其最为严重的问题不是标准化本身，而是标准化思维。约翰·萨卡拉（John Thackara）认为，在现代主义的发展过程中，“采用同一的方法，同一的设计方式去对待不同的问题，以简单的中性方式来应付复杂的设计要求，因而忽视了个人的要求、个人的审美价值，忽视了传统对人的影响，这种方式自然造成广泛的不满”[①]。标准化生产把人类的各种需求，特别是情感的需求都按统一的标准来对待，这是造成标准化危机的根本原因。

但标准化本身“不一定就是意味着形态的单一化，均质化。标准化是为了使物品和零部件、物品和物品、物品和人之间具备相互关系的约束规则”[②]。

3. 批量化生产的危害

批量化生产的初衷是为更多人生产所需的物品，但是随着社会的发展、社会财富的不断积累，人类社会部分地进入了“丰裕社会”的时代。物质财富的极大丰富刺激了人类的无限需求：其一，批量化生产使得我们的世界充满了各式商品，很多商品所具有的功能并不是消费者所必需的，这就造成了大量多余商品的存在；其二，生产产品的各个环节常会对环境造成污染，特别是现代工业的化学污染、大气污染等；其三，产品不再具有使用价值后就会变成垃圾，而且很多是无法回

① 王受之．世界现代设计史[M]．广州：新世纪出版社，1995:296

② 荣久庵宪司，野口瑠璃，伊坂正人，等．不断扩展的设计：日本GK集团的设计理念与实践[M]．杨向东，詹政敏，詹懿宏，译．长沙：湖南科学技术出版社，2004:137.

收的垃圾，典型的如白色污染、重金属污染、废电池污染等。这些最终都归因于工业化时代的批量化生产。批量化生产刺激了消费，大量消费的结果就是大量垃圾和污染的产生。商人在利益的驱动下进行大批量生产，这加速了对地球环境的污染，进而对人类生活方式造成破坏，使人们在眼花缭乱的商品中无所适从。

“产品是所有环境问题的源头，也许你会吃惊，但是大多数环境问题是制造、使用和废弃中没被意识到的边际效应导致的。”“每有一吨产品到达消费者的手中，就会产生超过30吨的废弃物。但是这些产品中的98%则会在6个月内被扔掉。当我们把制造业对环境的潜在影响也算在内的时候，我们每一个消费者每两天就消耗掉相当于我们体重的材料。”①从这个角度来看，大批量生产的危害是非常惊人的。

二、对“人—物”关系的重新认识

在工业文明设计范式下，标准化、批量化的生产最终使得“人—物”关系处于破裂的边缘：一方面，同质化的物无法满足人类多样化的需求；另一方面，花样繁多、华而不实的产品充斥着人类世界的每一个角落。随着工业文明的基础——分工，不断受到质疑，新的“人—物”关系也在逐渐地形成。

1. 人的内涵的变化

在新的“人—物”关系中，“人”的内涵不论是在量上还是在质上都发生了很大的变化，表现在质上的变化是对人的多样性的认同，“人”逐渐从“大众”中的人变为“个体”的人，由此引发了针对个体的设计的发展，如人性化设计、个性化设计等。另外，对人群的细分，还产生了“分众”的概念。

杨裕富认为：“在现代主义设计运动盛行时期，由于现代主义的普同性迷思，促成设计为大众而‘大量生产’的迷思。事实上，在已开发国家早在70年代，次文化的概念就逐渐被‘分众’的概念所取代，到了80年代，精于市场调查的日本商社与生活研究单位，终于提出了‘分众的诞生’的概念，一扫单一产品‘大量生产’的迷思，所谓‘后福特（生产）时代’也就名正言顺地不得不为厂商、设计者所接受。”②由此可知，从“大众”到“分众”，人的不同群体性和文化性得到了重视，而不再是从单一的生产商的角度来看待产品的设计。

量的变化主要表现在后工业文明设计范式中“大众”的概念扩大。在工业文明设计范式下，“大众”是指所有的工业化国家的普通大众，起初并不包括第三世界国家。“我们还远非一个全球化的国家。国家仍被分成两种基本的类型：一边是由工业发达的北美、日本和欧洲组成的工业三强（加上一两个像澳大利亚和新西兰这样的国家），另一边是世界上的其他国家。”③但是，近年来，这种倾向已经有所改变，全球化发展使得一部分学者开始思考“为了全人类”的设计，把“大众”的概念大大地拓展了。

美国设计理论家维克多·帕帕纳克（Victor Papanek）最早认识到这一点。1970年，他在

① DE. The total beauty of sustainable products[M]. Rotovision SA, 2001:16-17.
② 杨裕富．创意活力：产品设计方法论[M].长春：吉林科学技术出版社，2004:170.
③ 斯丹法诺·马扎诺．飞利浦设计思想：设计创造价值[M]．蔡军，宋煜，徐海生，译．北京：北京理工大学出版社，2002:12.

《为真实世界的设计》（*Design for the Real World*）一书中提出："设计应该是为广大人民的服务，而不是为少数富裕国家的服务。"在这里，他特别强调设计应该为第三世界的人民服务，同时还提出，"设计不但应该为健康人服务，同时还必须考虑为残疾人服务"①。

由此可知，在后工业文明设计范式下，设计中"人"的内涵发生了很大的变化，首先是"人"的广度被拓展，从一部分国家的人扩大到全世界所有的人，其中包含相对落后地区的人。在"人"的概念最大化的同时，其也在不断地细分和最小化，即从"大众"到"分众"，从"分众"再到"个体"。后工业文明设计范式下，设计不断地从宏观和微观来看待其服务的对象——人，大到整个地球上的全人类，小到个体的人。

2. 对物的作用的反思

正如前文所述，物的大量消费使得人类的生存环境不堪重负。地球环境已经饱受全球变暖（Global Warmming）、臭氧层破坏（Ozone Layer Destruction）、浪费（Waste）、水污染（Water Pollution）、资源消耗（Resource Consumption）、噪声污染（Noise Pollution）等的影响。这些影响使人类不得不反思自身的造物运动是否恰当。

"许多商品一味地追求销售场面上的竞赛，过于以销售为目的，而那些被卖掉的商品在实际生活中却无法成为有用的道具，最终成为泡沫商品。"②泡沫商品的出现，是因为制造商没有考虑到使用者的实际情况，而纯粹以商业目的为中心生产出来的。为了达到目的，销售者甚至采取夸大宣传和制造消费需求等方式来刺激消费者产生购买行为，但是商品出售以后的利用率却很低，这样的例子不胜枚举。

一方面，物的大量生产造成了浪费和环境破坏；另一方面，销售者却在不断地制造消费需求，刺激消费。在高涨的消费需求下，我们丧失了对物的真正意义的思考，"人—物"之间的本质关系被埋没了。"现代设计已经背离了物质的内涵，只作为一种商品存在，越来越表面化。"③

3. 扩大了的"人—物"关系

在环境保护和可持续发展等问题被提上日程后，人类开始反思自己的行为，并对"人—物"关系进行重新定位。人类意识到自身的行为已经产生了巨大的影响，破坏了人类赖以生存的地球环境，并造成了人类文化的同质化。

随着"地球村"的出现，欧美地区的文化借助其经济的巨大影响力，使得地球文化的多样性受到巨大威胁。信息时代的到来更是促进了世界范围内的信息传播，世界文化出现同一化趋势，甚至比 20 世纪 50—70 年代的国际主义风格的造型同质化速度更为迅猛。有识之士认识到，世界文化的多样性必不可少，尊重不同国家的传统和文化是相互交流的基础。

站在全人类的高度来看待"人—物"关系，就形成了"社会—人—物—自然"这个庞大的关系体系。在"人—物"关系中，人不再是单独的人，

① 王受之．世界现代设计史［M］．广州：新世纪出版社，1995:236.

② 荣久庵宪司，野口瑠璃，伊板正人，等．不断扩展的设计：日本 GK 集团的设计理念与实践［M］．杨向东，詹政敏，詹懿宏，译．长沙：湖南科学技术出版社，2004:26.

③ 大智浩，佐口七朗．设计概论［M］．张福昌，译．杭州：浙江人民美术出版社，1991:43.

而是人的系统，物也不再是单独的物，而是物的系统，从而形成了“人的系统—物的系统”的关系。它是在共同生存和可持续发展的基础上形成的“人—物”关系。

三、设计的全球化与多样化

1. 设计的全球化

社会技术的进步使得人类的沟通越来越方便。一方面，交通工具的发展使得人类之间的距离逐渐缩短，从地球的一端到另一端，一般只需要12小时。另一方面，信息技术的发展，使得各种信息在地球上可以实现瞬时传送，相差不过数秒。特别是在知识经济时代，信息的价值也被体现出来，信息技术为知识经济的飞速发展提供了可能。进而，不论是实体的远距离传送，还是信息的瞬时传送，我们都可以看到地球正变得“越来越小”。“地球村”的概念应运而生。

物质和信息的高速传播，使得经济的发展得以全球化，进而推动了文化的全球化、信息的全球化、产品的全球化和设计的全球化。

我们可以从跨国企业在世界范围的销售市场感受到设计的全球化，像人们耳熟能详的大众、福特、丰田、宜家、华为、微软、苹果等品牌，市场已经遍及世界各地，即它们的产品已进入到全球化时代，相应的，它们的设计也进入了全球化时代。

2. 设计全球化引发多样化与本土化

随着全球化时代的来临，设计应当更好地应对全球化的状况，设计全球化首先需要面对的是具有不同文化背景的群体，由此也引发了设计多样化的问题。“当今的世界是一个‘大碰撞’的时代：文化、多样性、态度、兴趣和信仰等相互碰撞交织在一起。但是，多样化本身并不是问题，相反，它是一笔巨大的宝藏，关键在于我们如何对待它。”①多样化的设计给我们带来了挑战，同样它也给我们带来了前所未有的机遇。

设计的全球化带来的第二个问题就是本土化问题。斯丹法诺·马扎诺认为：“全球化以及更大的流动性让人们得以更加了解其他种类的文化。过去严格定义的民族和社会群体正变得越来越模糊……这种发展是否会导致一种没有差异的全球文化，或更具讽刺意义的是会不会抹杀多样性——这一启发探索精神中首要的元素呢？我并不这么认为……不同的民族按照自己的社会文化需求和品位，对这些基本形态进行装饰和加工……美国的冰箱与德国或意大利的冰箱就不一样，每一种冰箱都迎合了该民族的需求和品位……尽管我们对文化全球化的状况已经有目共睹，民族多样性却仍然生机无限，而且在未来将会更加繁荣。我们应该加强民族多样性的使用，这不仅能够充分表达我们民族的特征，还可以展现我们自己的独特身份，实现自我完善。”②

当然，虽然全球化中关于本土化的观点远不止斯丹法诺·马扎诺提出的这一种，但是对全球化和本土化（或民族化）之间的关系，各种观点存在共识，即全球化和本土化犹如一枚硬币的两面，没有全球化就无从说起本土化，没有本土化，全球化也有失去了意义。这里面体现了人类的共

---

① MARZANO S. Design for diversity, let us begin![J]. Innovation, 2003(spring):41.

② 斯丹法诺·马扎诺. 飞利浦设计思想：设计创造价值[M]. 蔡军，宋煜，徐海生，译. 北京：北京理工大学出版社，2002:73-74.

性和个性的关系。全人类在一定层面上有着基本的共性，但是由于各自民族的传统和文化背景的不同，其认同的差异性也必然存在。

四、物质的消费到精神的消费

如果说在工业化时代，人们追求的是物质的大量生产的话，那么在后工业化时代，人们的追求开始倾向于“非物质化”的需求。人们不再关注机器生产的产品性能如何，而是关心这样的产品能带给自己什么样的感受。这不是因为人们不在乎产品的功能，而是因为产品具有的功能已经是一种理所当然的存在，人们更在乎的是在这一功能基础上的使用感受。

美国认知心理学家唐纳德·诺曼（Donald Norman）在其对人类情感的分析中，就把人类对产品的认知分为3个层面，第一层是本能水平，第二层是行为水平，第三层是反思水平。他详细分析了这3种水平的认知是如何同“物”产生联系的，并指出如何在3种水平下进行产品的设计。

“本能水平是‘前意识’的和‘前思考’的，这是外表和第一印象之所以形成的原因，本能层面的设计就是关于最初的冲击的产品设计，是关于外表、触觉和感觉的。”①

“行为水平是关乎使用及一个产品的体验的。但是体验本身有很多方面：功能、操作和可用性。一个产品的功能规定了它能支持什么样的活动……操作则是这个产品能否很好地达到所期望的功能……可用性是描述使用者对产品如何工作和如何操作的理解是否轻松。”②

“只有在反思水平中，意识和最高水平的感受、情感和认知才存在。只有在这一层面上，才会体验到思想与情感的完全冲击。在较低的本能和行为水平上，只有影响，但是没有解释或者意识。解释、理解和推理都是来自反思水平的。”③

同时，唐纳德·诺曼又指出，反思水平是高于（override）本能水平和行为水平的，并且只有反思水平的认知是持续的、长久的——能让人“记住过去的事情和思量将来的事情”（remember the past and contemplate the future），而本能水平和行为水平都仅仅是“现时（now）”的，不具备较长的时间性，只有人们在看到或使用这些产品的时候才能想起来。

通过唐纳德·诺曼的分析，我们可以看到，在工业文明设计范式下，机器生产考虑的大部分是本能水平和行为水平的产品设计，而对于反思水平的设计则没有特别重视。在后工业化时代中，对于人的个体的重视，使人们得以发现人类情感同产品的联系实际上是发生在反思水平上的。产品一旦在情感上同人发生联系，那么，产品的意义就会大大超越产品功能本身。

关于这3种认知水平同设计的对应关系，唐纳德·诺曼给出了自己的看法，见表7-1。唐纳德·诺曼是从认知心理学的角度来探讨设计中的情感问题的，这种对人的情感问题的重视已经得到了广泛的认同。

“设计师必须决定通过设计要传达什么样的

① NORMAN D A. Emotional design: Why we like or hate everyday things[M]. Basic Books，2004:36-37.
② NORMAN D A. Emotional design: Why we like or hate everyday things[M]. Basic Books，2004:37.
③ NORMAN D A. Emotional design: Why we like or hate everyday things[M]. Basic Books，2004:38.

表 7-1 人的认知水平和设计的对应关系[1]

本能水平	外 表
行为水平	使用的效率和乐趣
反思水平	自我形象、个人满足和记忆

故事和为什么产品对消费者来说是有意义的、重要的或有趣的。为了在设计中嵌入这些意义，设计师必须超越他们自己的信仰去发现对消费者来说什么最重要。”[2]

“在这个随意废弃的社会里，我们早已失去了与当代产品的情感，不再建立与他们的情感联系……我们需要认知究竟是什么因素使得人们想要拥有产品，即使这些产品已经不中用。比如老爷车……它们所具有的附加值从其散发的文化氛围中得到体现，这种价值到一定时候就会完全取代原有的功能价值。”[3]

在这里，我们看到的是产品中应该有情感、意义、文化等各种精神要素的提升，在工业文明设计范式下没有得到充分重视的人类的情感在后工业文明设计范式下逐渐被人们认识。

当然，并不是重视精神要素，就完全不需要考虑产品的物质要素，只是在工业时代，我们过于重视物质的要素，而忽略了人类情感的要素。

五、后工业模式的形成

在经历了工业化时代机器生产的核心地位的转移，新的“人—物”关系的形成，现代设计中全球化、本土化和多样化及其对人类情感需求的重视等一系列转变以后，新的后工业文明下的设计范式正在逐渐形成。工业文明设计范式已经不能适应现代人生活的需要，特别是科技发展到现阶段，物质生产已经极大丰富，人类需要在众多的产品中挑选更适合人类生存和发展的产品，而这是在后工业文明设计范式下的挑选，因此，我们应采用后工业文明设计范式的基本观念和思路来对产品进行重新定义和开发，而工业文明设计范式已经不能解决工业化带来的种种问题。

① NORMAN D A. Emotional design: Why we like or hate everyday things[M]. Basic Books，2004:39.

② BUCHNER D. The role of meaning and intent[J]. Innovation，2003(spring):17.

③ 斯丹法诺·马扎诺. 飞利浦设计思想：设计创造价值[M]. 蔡军，宋煜，徐海生，译. 北京：北京理工大学出版社，2002:95-96.

7.2 有“故事”的竹子与竹器文化

一、有“故事”的蛋

在丹麦，自由圈养的母鸡下的蛋已经占领了整个市场份额的50%，消费者不希望母鸡生活在又小又受限制的笼子里，他们想要一种被称作“退化产品”的蛋。他们希望鸡蛋是在技术与我们祖父母的方法——传统的方式下生产出来的。这就意味着鸡蛋将会变得更贵一些……消费者很乐意为鸡蛋背后的故事多付15%～20%的额外价格。他们愿意为动物伦理、田园浪漫等付更多的钱……鸡蛋成为我们饮食中良好的传统产品已经有数个世纪。现在，一个故事已经被赋予了鸡蛋，那是一个非理性的因素，在某种程度上，它并不反映鸡蛋的质量会有何不同，但是这却是一个有利可图的因素。[①]

这个实例充分说明如果其种产品在功能之外还有值得消费者感兴趣的“意义”，那么，这种产品将更受消费者欢迎。这就是比较典型的精神消费。在正常的实用功能之外，现代人更愿意选择有“意义”的消费。这种消费理念体现了现代人的价值观、道德观等，同时也是对消费者重视自我的一种“诠释”。

在这个实例中，有几个原则值得我们注意：

1. 故事的意义

产品背后要有一定的“故事”，这个故事不是生产者随意编造出来的，而是生产者通过与使用者进行换位思考得来的。这些“故事”是为使用者创作的，能够体现使用者的某些价值观念和内心愿望。

2. 使用者的认同

即使有这样的“故事”存在，也不是所有的使用者都能够认同它。“故事”的“意义”不只是来自生产者，还要使用者通过自己的“诠释”产生认同感。如一双竹筷，无论放在哪里都能体现中国的传统饮食文化和中国特色；一个开瓶器在不加解释的情况下，我们看不出其中的奥妙，但是如果告诉你这是阿莱西今年的最新产品，这个“故事”便存在了，产品的“意义”也就出现了。

3. 最终的决定因素

故事的“意义”的起因是使用者，最终的认同者也是使用者。因此，故事的“意义”最终是由使用者决定的。生产者或设计师需要做的就是去发现使用者关注的“意义”是什么。这个“意义”

---

① JENSE R. The Dream Society[M]. New York: McGraw Hill, 1999:3.

有可能是健康、安全、心理、文化等各方面因素。

4.“意义”的价值

为什么使用者愿意花更多的代价来购买故事的“意义”，就是因为这样的“意义”有着他们自己认同的“价值”存在。故事的“意义”本身其实并不重要，重要的是这种“意义”对于使用者的价值。如鸡蛋中所包含的动物伦理、田园浪漫等，体现了消费者的价值观和消费理念。这就是精神消费的意义。

二、竹子和竹器已有的“故事”

竹子和竹类产品已经伴随中华民族走过了几千年甚至上万年的时光。在这一漫长的历史时期中，竹子、竹类产品同中国先民之间建立了一种永恒的情感，这种情感在民族意识中是抹不去的。笔者认为，中国竹文化和竹类产品的文化是已有的“故事”。对中国人而言，它代表了人与竹共生数千年的文化；对人类而言，它代表了中国文化，是中国传统文化的一部分。这些竹子和竹类产品是具有典型东方文明特征的传统材料和产品，是中国文化的载体之一。

1.竹子的“故事”

在中国数千年的历史中，竹子作为精神象征得到了中国古代文人士大夫的推崇，成为他们的精神寄托。

《中国竹文化研究》一书的作者把中国竹子具有的文化内涵归纳为以下4个方面[①]：

（1）送子延寿，祖先代表——竹宗教符号

中国早期的道教信奉者和彝族、傣族、景颇族等少数民族都崇拜竹，认为竹是一种极为重要的宗教符号，具有神秘的神性和超自然的伟力。

（2）赋竹赞竹，寓情于竹——竹文学符号

竹凝聚着无数文学家的审美理想与艺术追求，融入了他们的炽热情感和睿智思索。竹是一种极富中华民族文化特色的文学符号。

（3）清姿瘦节，秋色野兴——竹绘画符号

竹自六朝隋唐进入画家视野之后，就成为中国画中重要的绘画符号，从而获得了长足发展。竹的“能指”有“再现”和“引现”两种类型，具有坚贞高洁的公立象征意义和繁复众多的私立象征意义。其以简淡逸远的审美风格在画坛上独树一帜。

（4）凌云浩然之气，淡远自然之趣——竹人格符号

竹指述与象征着中华民族的人格评价、人格理想与人格目标，是中国传统文化中极为重要的人格符号。

2.竹类产品的“故事”

竹类产品同样有着自己的“故事”。竹类产品是中国竹文化中不可分割的一部分，它和竹子的文化共同构成了中国竹文化。

（1）竹类产品体现中国人的智慧

在中国，竹类产品是一种平民产品。竹类产品所代表的是中国民间数千年来对竹子利用的智慧结晶。在总结民间竹器的利用原则时，有人做过这样的总结：①因时因地制宜的原则；②用养结合的原则；③材尽其用的原则；④物尽其能的原则；⑤物以致用的原则；⑥物以致心的原则；⑦惜物用物的原则。[②]这些原则虽然概括得不算

① 何明，廖国强．中国竹文化研究［M］．昆明：云南教育出版社，1994:239，267，329-330.
② 沈法．民间竹器物的生态“设计”研究：基于象山县民间竹器物的调查研究［D］．无锡：江南大学，2003.

完善，但至少从一个侧面反映出存在于竹类产品中的中国人的智慧。

(2) 竹类产品具有独特的造型语言

在数千年的材料利用中，农业文明设计范式下的竹类产品体现了其造型的独特性——空性设计。这是竹材区别于其他材料的重要特征之一。独特的造型语言会与竹类产品之间建立一种意向上的联系，当人们看到空性设计的造型特征时，便会联想起竹类产品和竹子。这说明竹类产品已经有了自己的造型语言。

另外，竹类产品自然生成的有节外形和四大色系等，都是竹类产品区别于其他产品的造型语言。这些特征实际上已经是竹类产品已有“故事”的一部分，其造型本身已代表了竹类产品和竹文化。

(3) 竹类产品系统庞大

在人类历史上，不论是在时间跨度、空间跨度还是产品的丰富程度上，没有哪个国家对竹类产品的利用像中国这样庞大。本书第四章已经列举了竹类产品在中国应用的领域和种类，从中我们可以看到，竹类产品作为一个系统，一直在服务着中国的普罗大众。中国对竹子的利用程度在世界上是独一无二的。

(4) 每一种竹类产品都有自己的故事

中国竹类产品系统虽然宠大，但是每一种竹类产品都有自己的“故事”。如竹筷，体现了中国饮食文化的特色；竹凉床，使人联想到童年时光，在炎炎夏日的晚上，躺在爸爸或妈妈的怀里静静地数着天上的星星，联想到安静夜晚的家庭温情、夜色浪漫等；甚至竹扁担也有自己独特的故事环境……这些竹类产品的独特故事和文化内涵是在数千年的漫长过程中慢慢积累起来的，是一笔宝贵的财富。

三、竹子和竹器应有的“故事”

竹子和竹器所蕴含的“故事”大部分是在农业文明设计范式下形成的，但是，在中国由农业文明向工业文明和后工业文明急速转型的过程中，竹类产品在各种技术与产品的冲击下几乎丧失了与人的情感联系，大部分的竹类产品在现代社会已经用不上了。现代社会的快节奏和产品的不断更新换代，使得现代人与产品之间的情感联系越来越少，大部分产品都处于用后即弃的境地。

“我们被毫无意义的广告和媒体的大量信息包围轰炸时，在我们所使用的产品中，过度泛滥的功能几乎将我们淹没。这些产品所提供的多余和不适用的功能把我们的脑子搞得乱七八糟，结果使我们不再关注产品及其相关的感情。我们从未和产品交过朋友，他们只是在我们真实存在的世界边沿中偶然相识。”[①]在工业化大生产时代，由于产品更替过快，人和产品的感情越来越淡，致使人和产品之间的“故事”越来越少，人们越来越感受不到与产品之间亲密的感情；同时在产品设计中，设计师也很少意识到人的反思水平对情感认知的重要性，所以大多数产品变得冷冰冰。

现代产品之所以同人的情感联系越来越少，是因为产品缺乏对有意义的“故事”的发掘，工业化生产的竹类产品，如竹面材制作的家具，在很大程度上除了功能以外就没有其他的“意义”了，那么，竹类产品的“意义”在工业文明设计范式下应该体现在哪些方面呢？

① 斯丹法诺·马扎诺. 飞利浦设计思想：设计创造价值 [M]. 蔡军，宋煜，徐海生，译. 北京：北京理工大学出版社，2002:95.

1. 关系到使用者切身利益的意义

对于产品同人的“意义”联系，设计者必须考虑关系到使用者切身利益的“意义”。如前文所述，有“故事”的鸡蛋除了具有鸡蛋本身的功能外，还具备了贴近消费者感受的意义、健康的意义等。在竹类产品的设计中，设计者同样需要有这样的考虑，既要保证其基本功能，又必须使其涉及健康、安全、兴趣、文化、情感等意义。竹子的供给特性在这些方面具有很大的潜能，设计者应当充分挖掘，如竹子是一种健康的自然材料，竹文化在中国有着广泛的群众基础，竹器在世界上代表东方文明等。

2. 关系到使用者美好记忆的意义

除了关系到使用者切身利益的意义外，产品同人的“意义”联系还可以是使人有美好经历、记忆的意义。前一种意义主要在于设计者对使用者的悉心考虑，后一种意义则是使用者对自己体验的“物化”过程。这种体验可以是童年的一场宴会，也可以是一次旅游的经历，更可以是一种与亲人的联系……这些与美好回忆相结合而设计制作出来的产品便会成为永恒的“物化”记忆。按照斯丹法诺·马扎诺的逻辑，随着时间的推移，产品的功能会慢慢地转变为情感功能，也就是说，即使产品“不中用了”，它也依然值得我们留恋。

3. 关系到使用者自我形象的意义

一个人的自我形象实际上是一个人的综合素质、价值取向等各方面的综合，每个人都有自己的亚文化圈，这也是后工业社会中“分众”概念的源头。具有不同形象的人对产品的选择是不一样的，即使是同样功能的产品，每个人的选择也会有所不同。在后工业文明设计范式下，竹类产品的设计者应当考虑到这样的“意义”。

在实现基本功能的前提下，以人的感受、情感等为纽带进行竹类产品的开发，无疑是在后工业文明设计范式下设计者应当去完成的任务，显然这一过程还有很长的路要走。

四、竹文化在后工业模式中的价值

在后工业文明设计范式下，我们应该在对“人—物”关系重新认识的基础上，努力去创造“知识型”非物质化的价值。这样的价值不仅是使用者所希望拥有的，而且有利于社会的可持续发展。其对人类及其赖以生存的环境来说，都是一个“有利可图”的因素。

在工业文明设计范式下，人类一度迷失在纷繁复杂的商品世界中。大量的商品的刺激，使得人类的消费达到了一种不能再向前进的程度——我们的环境已经无法承受这种破坏性的消费。人类的发展需要自然环境的支撑，人类和其他生物一样需要依赖自然环境；同样人类也需要一个有情感支撑的人工环境，没有感情的人工环境往往会把人类推向孤独的边缘。特别是在人类技术已经发展到可以制造出足够多的产品的情形下，人类没有必要用自己生产出来的产品去毁掉其赖以生存的环境。人类文明应该体现在更高层次的精神追求上，而不是在无限制的物质欲望上。

在讨论了竹类产品已有的“故事”和应有的“故事”之后，本书将进一步讨论竹类产品的这些故事是如何转化为有情感的产品，如何在更高的层面与使用者达成共识的。

7.3 竹器文化价值的“无限”

一、两个“无限”基础

在正式讨论竹类产品的精神价值之前，我们先考察一下感性价值的特征。感性价值的最典型特征即相对“无限”性，体现在时间和传播上。

1.“故事”的无限可复制性

产品的“故事”有一个可以无限复制的“语意”。“故事”作为一种文本，随着现代信息技术的发展，可以在全世界复制，也可以在每个人的大脑中复制。这样，一个人的故事可以变成无数人的故事。正如前文所述的“有故事的鸡蛋”一样，“故事”已经在很大范围内被人们复制了。

竹类产品的“故事”也同样可以建立在这样的机制上——设计者可以大量复制人们希望、乐意了解的故事。这种复制同工业化时代的批量生产有着本质区别。首先，它不是强制性的，不想了解这些“故事”的人的头脑中一般不能直接意识到“故事”，只有有意愿了解“故事”的人才能看到这些“故事”，在打动自己的前提下，他们会用自己的思维来重新“诠释”这些“故事”。其次，“故事”的复制是由使用者来完成的，同样的“故事”被不同的使用者重新“诠释”后，会有细微的差别，这些差别是因为使用者自身具有个体差别。

2.情感的无限可分享性

感性价值的无限性还体现在人类情感的无限可分享性。人类的情感是可以同别人分享的，如人们希望将快乐与别人一起分享，使一个人的快乐变成大家的快乐。人类切身的感受、美好的记忆等，都可以和别人分享，这是人类生存的一种本能——希望得到他人和社会的认同。

二、竹器的切身利益层价值

在产品设计领域，使用者或消费者最关心的问题是产品的精神价值和他们自身有什么联系。

这些同使用者切身利益相关的价值主要体现在使用者对自身的关心、对他人的关心、对社会的关心等方面，如对自身健康和安全的关心等。切身利益层的价值是一种以人的生理为基础的精神价值，是对人的生命存在的关心。

1.人类对自然的需要

在现代社会，工业产品充斥着人类的生活，人类也越来越远离自然环境，同自然失去联系的人类总是渴望亲近自然。“一切自然的东西都是上乘的吗？我们的回答可能是不一样的，但是即使最愤世嫉俗的人也会意识到，我们的健康需要清新的空气、阳光和洁净的水，不受持续不断的机械噪音的干扰。”①作为一种生物，人类最基

① 艾伦·鲍尔斯．自然设计［M］．王立非，刘民，王艳，译．南京：江苏美术出版社，2001:11.

本的需要是生存，即使人类制造的产品再伟大，其最终也不可避免地要走向死亡。人类对自然的渴望如同人类对自己生命的渴望一样，是有着根本的原动力的。特别是随着 20 世纪 70 年代以来人类对“绿色”概念的认同，人类更加意识到自然对人类生存的重要性，以及自然对个体生命的重要性，从而也促进了现代人类对自然的依恋情感。现代人类比以往任何时代都需要“自然”，而竹子和竹类产品作为纯自然的产物，拉近了人与自然的距离。这种自然性体现了竹类产品的时代价值。

“人们越来越偏爱把自然中的某些状态作为现代高雅品味的象征。20 世纪 70 年代是一个思考和变化的年代，表现大自然的色调变得尤其流行，尽管他们通常与 60 年代遗留下来的最极端和最‘不自然’的颜色在一起使用。”①

2. 人类对健康和安全的需要

人类对健康和安全的渴望，其原动力还是对生命的渴望——没有什么比健康地活着更重要。现代工业技术的发展在破坏自然环境的同时，也在破坏人类的健康。农药、化肥的大量使用，使得人类的食品安全越来越无法得到保障；化工材料的使用，使得人类生活的环境也越来越不安全，如室内装饰中所使用的各种现代工业材料会释放出有害物质，威胁着人类的健康和安全。而自然材料，在进行合理的加工处理后，可制造出对人类没有危害的原材料，如竹子本身就是一种非常安全的自然材料，在没有进行化学处理的情况下对人是没有危害的，即使经过适当处理也仍然是相当不错的自然材料。

图 7-1 和图 7-2 反映出竹子和竹类产品的自然、健康、安全的“意义”。笔者在浙江安吉和江苏溧阳考察时，看到漫山遍野的竹林间流淌着清澈见底的山泉水。绿色的竹海、清新的空气、清澈的泉水向人类展示着自然对生命健康、安全的重要性。正如前文所说，这种自然性正诠释着竹子背后的“故事”，这些“故事”也将随着精心制作的竹类产品送到每个喜欢“故事”的人身边。

图 7-1 竹海和清澈的山泉水

图 7-2 江苏溧阳南山竹海

① 艾伦·鲍尔斯. 自然设计 [M]. 王立非，刘民，王艳，译. 南京：江苏美术出版社，2001:99.

3. 人类对自身责任的认识

随着绿色环保意识的不断增强，人类越来越认识到自身肩负的责任之重大。“政府和大公司否认对环境负有责任，否认可能出现的灾难。当经过二三十年后，环保意识已深入人心，政府或大公司对绿色环保思想继续持对立的态度再也行不通了。”“在西方国家，消费水平不再是生活水平的主要指标，质量意识变得越来越重要，如个人的财富和环境、工作机会和休闲的质量。消费者开始意识到不要购买违反道德的产品；他们不仅意识到对自己和家庭负有的责任，而且还意识到对广大的社会群体和其他群体的责任。”①

人类对自身责任的认识，使得人类更关心自己生活的“质”的提高，而不再追求“量”的提高。同时，对环境的责任也被作为衡量生活水平的重要因素之一。这种对“质”的追求，使得传统的自然材料受到人们的青睐。竹类产品在这一方面具有天然的优势，而设计者所要做的就是更好地发挥和扩大这一天然优势。

竹材的天然优势在中国目前的工业化生产中并没有得到足够的体现，反而在某种程度上被削弱了。如在竹类产品的制作中大量地使用化学物质对竹材进行处理；各种燃料、防腐剂、油漆等的使用，不仅损害了竹材应有的形象，也使得原本自然的竹材变成对人体不利的产品源。目前，中国竹类产品的加工技术还有待提高，竹类产品的制作应该以扩大竹类产品的自然性优势为导向。图 7-3 展示的是一家竹胶合板生产厂家正在对竹胶合板进行防腐防蛀的淋浸处理，所使用的药剂是一种化学原料。绿色竹类产品的发展还有很长一段路要走，重中之重是技术上的发展和突破。

图 7-3　竹胶合板加工厂对竹材的防腐防蛀处理

4. 竹类产品的切身利益价值同功能的关系

在现代社会，传统竹类产品基本已被更方便、更简洁的其他产品所替代，似乎已经失去存在的价值。从某种程度上来说，现代材料科技已十分发达，同一功能的产品可以采用不同的材料来制作。与此同时，产品的形态也更丰富，人们也有了更多的选择。比如，椅子的形态、材质可以有无数种，但是其功能都是供人休息，在这种情况下，椅子背后的“意义”就显得很重要了。用竹材制作的椅子拥有独特的造型语言和文化内涵。这样的椅子其“休息”功能是被湮没在竹材材料特性和竹材独特的文化内涵之中的。由于竹材自身所具有的特点，竹椅对于使用者来说不仅仅是一把椅子，还包含一种对切身利益的感受。如图 7-4 所示的竹椅，其在制作过程中采用现代造型语言，但保留了竹材的自然感觉，特别是保留了竹节中的隔膜，这使得竹材的自然性越发明显，表现出其他材料所没有的特性。

在后工业文明设计范式下，基本功能的实现

① 艾伦·鲍尔斯．自然设计 [M]．王立非，刘民，王艳，译．南京：江苏美术出版社，2001:25.

并不是最重要的，我们应当把使用者关心的与其切身利益相关的价值融入产品，因为使用者更关心产品功能之上的无形价值。这再次印证了现代人的消费已经由物质层面慢慢地转变到精神层面（图7-5）。

图7-4　竹椅
（引自《日本竹器》）

图7-5　竹椅设计
（易设计，中国台湾）

三、竹器的情感体验层价值

竹类产品情感体验层的价值源自时间维度上使用者同产品之间的联系，其一方面是指竹类产品在使用者记忆中停留的时间；另一方面是指使用者自己记忆中的那一段经历。竹类产品对于人的情感体验层价值应从竹类产品的“故事”中去发现。

1.“两双竹筷”的体验

在2006年的某一天，笔者收到了一份礼物，是两双竹筷（图7-6）。这两双竹筷比较特别，是一位老师去同里古镇旅游回来带给笔者的。这两双竹筷同一般竹筷的不同之处在于竹筷的上端装饰了不同的图案。图案其实并不复杂，一双是江浙一带较为普遍的蓝印花布的纹样，一双是中国传统的仕女画形象。两双筷子分别长22.5厘米和18.5厘米。竹筷在制作过程中基本保留了竹材的自然肌理和自然特征。相比一般的竹筷，这两双竹筷是很精致的竹产品，尤其是上面的装饰图案让人一下子就能联想起江南风情。

图7-6　两双竹筷

为什么会对竹类产品产生新的美好印象呢？这就在于，在这两双竹筷中，设计者不仅把它们当作具有传统筷子功能的产品，还为其附加了新的“意义”，那就是这两双竹筷都可以用来做女性发簪，简洁中透露出精致，是同现代女性的心理和审美观相一致的产品。它们不仅体现了传统文化，也体现了现代智慧。

2. 竹类产品情感体验层价值的内涵

关于竹类产品情感体验层价值的内涵，我们可以从两双竹筷的体验中得到启示。

（1）体验价值的核心——人的情感体验

体验价值最核心的内容就是人的自身体验。这种体会基于人对一件事、一个人、一次经历的感受等，而且是一次愉快的体验，能够形成美好的经历和记忆；感觉不好的体验是不具有体验价值的，那样的体验只能使得人和产品的关系变得越来越差。

每个人都有自己独特的经历和体验，并可以凝聚在特定的物品中，这种情感体验使得物品有了特殊的“意义”，从而使物品有了新的价值。它使得物品的“意义”远远大于物品的功能本身。

（2）体验价值的载体——恰当的竹类产品

“意义”需要有适当的载体使之“物化”。这种载体既可以是一张照片，也可以是一段影像资料，还可以是一件恰如其分的器物。竹类产品是可以发挥这种“物化”功能的产品之一。首先，竹类产品在中国民间有着广泛的利用基础，是中国民间造物智慧的代表之一。其次，竹类产品在中国有着深刻的文化内涵，是中国文化特别是中国竹文化的载体之一。

同时，竹类产品也可以利用其自身特色，为现代人创造全新的体验。如图 7-7 所示，位于日内瓦的日本电信公司展厅的 VIP 休息场所利用竹子独特的造型语言创造出一种特殊空间。在这里，

图 7-7　日内瓦日本电信公司展厅的 VIP 休息场所
（引自日本电信公司官网）

竹子营造的气氛是独特的：一是在现代城市空间创造了一种自然的氛围；二是竹线材的自由造型使得这种空间更加自由、随意；三是竹子代表了一种独特的东方文化。这种体验效果是其他任何材料难以达到的，可以说是以恰当的物品提升了来宾的体验。

（3）体验价值的丰富——竹类产品文化内涵

竹类产品的丰富文化内涵在某种意义上又增加了竹类产品给人们带来的情感体验。这些文化内涵经过数千年的积淀，具有不可替代性，只能为竹类产品所有，并使得竹子和竹类产品具有典型的东方文明特征。这种特征不是我们现在创造的，而是我们的先辈们创造的。我们仅仅是用竹子和竹类产品来为现代人创造一种美好的体验，这种体验是其他材料无法供给的，从某种意义上说已经变成竹材的一种深层次的供给特性。当然，美好的体验是以合适的竹类产品及其相应的优良功能为基础的。

四、竹器的自我形象的价值

竹类产品对人的精神价值的综合意义就是对使用者或消费者的自我形象的意义。每个人的自我形象都会因各自的经历、受教育程度、个性、性别等因素的不同而不同；每个人也会因世界观、价值观、人生观等的不同对产品的要求有所不同。在经历了工业化大发展以后，人类进入了物质产品极为丰富的社会，可以自由选择自己想要的产品。不同的产品具有不同的实用功能和象征功能，甚至有时候实用功能已经变得不那么重要，更重要的是使用者使用产品时的自我感觉。

1. 竹类产品是“自然主义”价值观的体现

竹类产品体现了“自然主义”价值观，不管使用者是有意识的自然主义者还是无意识的自然主义者（图7-8），他们对竹类产品的青睐都源于对自然的亲近。这代表人类已认识到现今生存环境恶化的状况，并愿意为环境的自然化承担责任和付出努力。自然主义是环境保护意识的升华。在自然材料制成的产品同现代工业产品具有同样功能的情况下，甚至在现代工业产品有相对更好的性能的情况下，选择自然材料制成的产品，实际上就代表着个人对自然的喜爱和对环境的负责。

图7-8 Bow Tie椅
（Gridesign工作室，中国台湾）

人们愿意为保护自然环境而支付更高的价格，也愿意为拥有自然材料制成的产品支付更高的价格。人们在观念上已认同自然材料优于其他材料，虽然其他工业材料如塑料、金属等并不一定比竹材差，甚至有些性能比竹材更好，但是因塑料是不可降解的、金属是冷冰冰的而让使用者望而却步，导致人们最终选择自然材料制作的产品。

2. 竹类产品是“东方文明”的象征

竹类产品所具有的独特的文化内涵，使其富有典型的东方文明特征（图 7-9）。虽然现在欧美国家也大量引种竹子，但是从竹类产品的丰富程度和利用历史等角度来看，东亚地区的竹类产品更具代表性，其中以中国的竹类产品文化内涵最为深厚。欧美国家在介绍中国文化时，不可避免地要对竹子和竹类产品进行介绍，并认为它们是最能体现中国文化的元素之一。

图 7-9　Red 系列竹簪
（设计师：范承宗，中国台湾）

“贯串于中国历史中，学者和哲人们都喜欢赞颂竹子的美德，把它描述为‘最谦卑的木头’和‘最有美德的植物’。诗人陶潜启发诗人们将农民简单、质朴的乡村生活浪漫化，这些诗人也就纷纷效仿陶潜尊崇竹子的简单美。”“它（竹子）至少已经被利用了一万年——出土的竹类文物的历史可以追溯到新石器时代。竹子甚至用来制作实用品和装饰品：发簪、箭鞘、工具和器具等。”[①]

3. 竹类产品是文化多样性的象征

竹类产品反映了中国数千年的历史文化，中国人不断地对竹子和竹类产品进行开发，并赋予其一定的文化内涵和精神寄托，形成独特的竹子文化。中国的竹类产品无疑在世界文明史中占据着重要的地位。

在保护文化生态、提倡文化多样性的时代，中国的设计者需要在已有的基础上，创造出更多新的符合现代人需求的竹类产品。

总之，竹类产品在自我形象方面的各种价值最终会糅合在一起。我们不应割裂地去分辨竹类产品的某一个方面的形象，而应根据使用者对竹类产品使用的总体情况对其进行综合性的评价。如图 7-10 所示是一个利用整根竹竿加竹枝设计而成的衣帽架，其具有典型的自我形象的表现意义。这是一种综合的印象，是一个夹杂着自然主义、传统文化和自我个性等元素的混合体，而且这种印象是明确而具体的。

① QUINN B. The art of living: Chinese style[M]. London: Conran Octopus, 2003:110.

图 7-10　竹制衣帽架
（引自《台湾工艺》）

五、竹器的社会价值和自然价值

从人类总体的角度来看，每个个体的综合就形成了社会总的取向。前文已论述了竹类产品在切身利益层、情感体验层和自我形象等方面的精神价值。这些价值是建立在现代人类对其所在的自然系统和社会系统的认知的基础上的。个体的人之所以有自然主义的倾向，是因为人类对环境保护的认同。环保意识是一种社会意识，经过几十年的沉淀，已成为人类的共识。在后工业文明设计范式下，传统的“人—物”系统已经变成“社会—人—物—自然”的大系统，是“人”的系统和“物”的系统的综合。

精神价值具有无限可复制性，竹类产品在后工业文明设计范式下的利用将不再是工业文明设计范式下的对“物质”的“量”的无限追求，而是着眼于以“精神”的“质”为主的追求。竹类产品的精神价值会随着每个个体的不同“诠释”而变得丰富多彩，使大批量复制的精神价值具有了个性化色彩。

竹类产品在精神价值无限拓展的同时，也实现了其社会价值和自然价值，把现代人类倡导的“自然精神”、新的消费方式等推向新的高度。以竹类产品为载体，创造中国人新的生活方式，推动中国向节约型、可持续型社会发展，关心人类个体的精神需求，实现新的社会价值，对个体、民族、国家的发展都是有利的。

竹类产品在满足人类精神需求的同时，也重新定义了工业文明设计范式下混乱的“人—物”关系，使得消费模式朝着“高质量、少物质”的方向发展。竹类产品的精神价值的存在对自然环境的保护起着积极作用。

7.4 竹器制作工艺的质变

传统竹类产品的制作工艺，在后工业文明设计范式下也会发生重大变化。传统竹类产品的制作工艺在工业文明设计范式下被逐渐遗弃，但是由于人类对自身情感的精神需求不断增加，其价值在后工业文明设计范式下被人类重新认识。这种重新认识的出发点不单出于对传统竹类产品制作工艺的保护，还包括对人类情感和精神需求的满足。正如日本民间工艺创作人柳宗悦所说：“手与机器根本的区别在于，手总是与心相连，而机器则是无心的。所以手工艺作业中会发生奇迹，因为那不是单纯的手在劳动，背后有心的控制，使手制造物品，给予劳动的快乐，使人遵守道德，这才是赋予物品美之性质的因素。所以，手工艺作业也可以说是心之作业。”①柳宗悦所说的手工艺与人心的直接联系反映出人类的情感和体验与手工艺的关系。在后工业文明设计范式下，竹类产品的制作工艺发生了本质的变化。

一、同现代科技结合

在农业文明设计范式下，竹类产品的制作全部靠手工完成，这样的工艺应该称为实用的工艺或制作实用产品的工艺。而在工业化条件下，这些工艺因不能大批量生产竹类产品而被逐渐淘汰。但是，机器生产的产品终究与手工制作的产品不同，手工制作的产品融入了人类更多的情感，可在生产过程中随时进行调整。如遇到不合适的地方，制作者会马上进行调整，这种调整是根据制作者的亲身体验来进行的。机器生产的产品则不一样，产品设计一旦定稿，投入机器生产后，不管出现什么样的问题都无法更正，除非等到很多人使用以后都感觉不舒服，才会考虑进行调整，但是使用者已经体验了产品带来的不适感了。

大部分传统竹类产品在现代社会中已经没有生存空间。在后工业文明设计范式下，竹类产品的实用性是和现代科技相结合的。利用现代科技结合手工制作的品质生产出的实用产品，是融入了人的情感的现代科技产品，因而具有特殊的价值。

图 7-11 所示为意大利 Gervasoni 公司生产的竹制隔挡和屏风。隔挡全部用竹子制成，屏风则附加了一个胡桃木的框架。这两种产品是为现代家庭和室内空间设计的，采用了现代设计中简练的造型语言，对竹材进行了精致的处理。处理过程中既用到了机器，也用到了手工，是现代科技和手工艺相结合的典型案例。产品中自由的竹子造型仿佛在向我们大声宣告其身上手工艺的痕迹和品质。在后工业文明设计范式下，手工艺生产的竹类产品（图 7-12，图 7-13）和传统农业文明设计范式下的竹类产品有着本质区别。同样，这里的手工艺也同传统的手工艺有着本质区别，但两者的共同点是都通过手工对竹子进行了精心的处理。

① 柳宗悦．日本手工艺 [M]．张鲁，译．桂林：广西师范大学出版社，2006:3.

图 7-11　竹制隔挡 / 屏风（190cm×189cm；180cm×150cm）
（引自意大利 Gervasoni 公司官网）

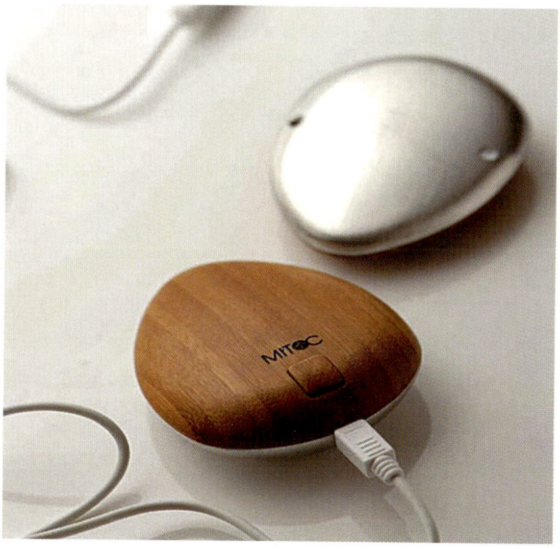

图 7-12　竹制鹅蛋形手持加热器
（中国台湾）

图 7-13　竹叶片电风扇
（中国台湾）

“我尝试在小范围里鼓励那些有能力做，并且想去做，但是工业逻辑又使之无法实现的想法……它还迫使我正视手工艺和一些仍然是个人制作或者说手工制作作品的重要性。如果讲到对设计文化的贡献，那么手工业与工业的区别其实并不大……我总是支持把手工业看作是工业研究的论坛——一个理想的论坛，没有投资商的压力，没有研究的风险，不讨论可能的结果，不论它是成功还是失败的。与手工艺师的合作造就了这样一个理想的实验室。对它将取得的显著作用我们不能仅用‘有潜质’这个词。我之所以经常提到‘理想’这个词是因为手工艺结合了高科技和人类的天赋、知识、感觉以后，手工艺设计必将打破所有表达情感的桎梏。”①

米歇尔·德·卢奇（Michele De Lucchi）表达了他对传统手工艺的看法，他热切期望现代设计同手工艺相结合，这是他的“理想”。这也成为许多现代设计师共同的理想，如伊高·莫勒（Ingo Maurer）、罗恩·阿拉德（Ron Arad）、飞利浦·斯塔克（Philippe Starck）等。目前，在日本已经有很多这样的产品，如图 7-14 所示，是用日本真竹制作的竹凳，其手工特色十分鲜明。

图 7-14 日本真竹制作的竹凳
（引自《日本竹器》）

① 米歇尔·德·卢奇. 2001 年国际设计年鉴 [M]. 黄睿智，译. 北京：中国轻工业出版社，2002:12.

在巴西、意大利等国也有类似的产品（图 7-15）。“所有的 Campanas 的家具都是以手工艺和工业化相混合为特征。许多新的产品，把自然纤维诸如波罗麻、麦秆和藤等同合成纤维的材料或者表面进行结合。其目的就是从传统工艺中吸取现代设计可以借用的技法，或者把简单的民间材料运用到工业化生产过程。他们声称，‘我们对天真的、浪漫的原始社会并没有兴趣，历史的进程不可能被阻挡。问题是要与转变共存，而不丢失蕴含在材料和技术中的知识。”①

图 7-15 Edra Spa（意大利）和 Campanas（巴西）合作设计的竹椅
（引自 Edra Spa 官方网站）

在后工业文明设计范式下，我们需要对传统工艺进行重新认识，而并不是直接拿来使用。对手工艺品质的追求会不断地促进现代科技同手工艺的结合，力图制造出具有手工艺品质的后工业时代产品，或者说具有高科技含量的手工艺产品。这是后工业文明设计范式下，竹类产品制造工艺的新的实用价值。由此可知，传统手工艺同现代科技的结合已经在世界各国得到一定程度的认同。这种结合不但体现了科技的人文化，也体现了传统工艺的价值。正如柳宗悦所说的“手工制作”直接意味着“优质品”②。

在我国，目前已经有不少企业在大力开发科技与传统工艺相结合的竹制品，如图 7-16 ～图 7-21 所示。这是一种可喜的局面，为我国竹材的转型发展提供了可以借鉴的思路和案例。

① LOVEGROVE R. The international design yearbook 2002 [M]. Laurence King Publishing, 2003:157.
② 柳宗悦 . 日本手工艺 [M]. 张鲁，译 . 桂林：广西师范大学出版社，2006:1-2.

图 7-16　iPad 保护壳
（浙江安吉某竹器材厂）

图 7-17　热水壶套件
（浙江安吉某竹器材厂）

图 7-18　全碳竹皮船桨

图 7-19　竹制现代灯具
（上海“十竹九造”生产）

图 7-20 竹制办公家具

图 7-21 竹制沙发套件

不过，有一点必须提及，即我们在前面讨论过的中国传统竹类产品在工业文明设计范式下的异化。在手工艺和现代科技结合的后工业文明设计范式下，竹类产品的制作应当以最简洁的造型完成最大限度的功能，而不是倾向于复杂化的异化状态。

二、同情感结合

在后工业文明设计范式下，竹类产品的传统工艺在同现代科技、文化等结合后，不仅产生了新的“实用”功能，而且具有更深层次的意义。在后工业文明时代下，传统的竹类产品制作工艺的“个人制作”性有了新的意义，这些意义体现在一种更高的“非物质”层面。

1.竹类产品制作工艺是一种非物质文化遗产

中国传承了数千年的竹类产品的制作工艺是中国劳动人民的智慧结晶，是中国民间意志的体现，但这些非物质文化遗产同有形的传统竹类产品相比，更容易被现代人所忽视。对于非物质文化遗产的保护实际上是对民族传统的保护，因此，竹类产品制造工艺在后工业文明设计范式下存在的首要“意义”是对民族文化的保护。

当然，保护传统竹类产品制作的工艺并不仅仅是将它们放到博物馆中陈列，更重要的是要让这些工艺发生合理转变，让它们能够传承发展下去。

对现代人进行工艺方面的教育，也有利于传统工艺的保留和发展。那么，什么样的人需要这样的手工艺呢？实际上，在我们的社会中有很多人对手工艺感兴趣，一方面，手工艺可以锻炼人的手、脑和身体的协调能力；另一方面，有利于丰富人们的业余生活。日本已出现类似的发展模式（图7-22），其针对的是年纪稍大的人，因为这些人一般已经退休，在时间上比较自由。日本在努力谋求传统技艺发展的同时，看到了有需要学习传统工艺的社会群体。在日本，老年人的需求推动了传统工艺的保护和发展。图7-23所示为中国台湾的竹工课学员的作品。

图7-22 日本大分县的老年竹工艺教室
（引自日本竹艺协会网站）

图 7-23　竹工课学员的作品

2. 竹类产品制作工艺是人与物之间情感的纽带

传统竹工艺在后工业文明设计范式下不只是为了制作产品，尤其是传统的实用产品，其更注重在竹类产品制作工艺中融入创作者本人的情感。传统竹类产品制作工艺是世代相传的手艺。在制作过程中，人们不仅能感受到喜悦之情，而且能体会到对技艺学习的乐趣和制作产品的成就感。这种体验更能够让制作者珍惜自己制造的竹类产品，从而能更深刻地理解人与物之间的情感纽带是如何形成的。

在工业文明设计范式下，“人—物”关系的表象化使得人和物之间几乎没有情感联系，在某种意义上也导致了物品“用后即弃”的现象，造成了巨大的资源浪费。传统工艺中由于人和物之间是直接联系的，所以，人对其制造的产品是有一定情感的，这种情感使得制造者、使用者都会比较珍惜其制造和使用的产品。普通百姓所使用的传统竹类产品通常要用上好几年，如竹篮一般可以使用 3 年，竹床则使用得更长。在竹类产品的使用过程中，使用者和产品之间的情感得到不断加强，形成一种以情感为纽带的“人—物”关系。

这种情感的“意义”对于后工业文明设计范式下竹类产品制作工艺来说是次要的。

三、结语

在后工业文明设计范式下，中国竹类产品的优势明显，不过，遗憾的是，在国际设计界，鲜有中国竹类产品的身影。这说明中国竹类产品目前仍然处于工业文明设计范式下，这也符合中国目前的国情。相信在不久的将来，后工业文明设计范式下的中国竹类产品的开发将日益兴盛。从中国丰富的竹类资源和竹文化资源，以及现代科技的发展来看，后工业文明设计范式将是中国竹类产品开发的必由之路。

7.5 后工业模式竹器案例

一、易设计（YII Design）的竹器

1. 易设计品牌的精神与内涵

为输出中国台湾文化价值，提升台湾形象，“台湾工艺研究发展中心”于2008年创立“YII”品牌。

“YII”发音同中文“易”，《易经》为东方哲理，具有“改变与转化”的意涵；其发音也同中文“艺”，代表精湛的工艺；其发音还同中文“意”，代表原创设计。

“YII”的中心思想一为“转变”，以当代设计转化传统工艺；二为“尊重”，大多数产品皆采取手工制作，并于制造流程中摒除造成环境负担的因素，以示尊重环境与大自然的决心；三为“融合”，以人文与自然之间、设计者与制造者之间、用户与创作者之间、传统与现代之间、东方与西方之间的和谐关系为出发点，并传达以精湛技法对产品制作质量的追求。

易设计经历3任创意总监，分别为石大宇（2007—2008）、海斯·巴克（Gijs Bakker，2009—2010）、朱利欧·赛皮（Giulio Ceppi，2012年至今）。其中，石大宇是第一任总监和创始人，为YII品牌的创立和发展奠定了基础，其本人设计了不少经典的现代竹产品，后文将对其进行单独介绍。

2. 易设计的工艺时尚计划

2007年，“工艺新貌跨领域创作应用计划”（第一期）启动。由当时的“台湾工艺研究所”与台湾创意设计中心合作共同成立策略联盟，召集8位工艺师，与该中心8位设计师进行配对创作，邀请石大宇担任创意总监。研发作品横跨木雕、细银、陶瓷、染织、竹编和竹器六大工艺领域，共计17组23件作品。

在2008—2012年，易设计又连续举办了四期“工艺新貌跨领域创作应用计划”活动，其运作模式和作品规模均和第一期相当。该计划主要是践行在设计中融合人文与自然、传统与现代等关系，并取得了一系列探索的成果，开发出一批新竹器。

3. 易设计的代表作品

易设计具有代表性的作品如图7-24～图7-47所列。

图 7-24 竹电风扇

（设计师：周育润；工艺师：陈高明；尺寸：高 25cm，宽 20cm，长 25cm；2008 年）

自然生长的材质，经过工艺家的巧手，呈现出工业产品的规律感，实为竹艺技法的高度成熟表现。设计思考与工艺技法的交集，让产品有了多层次的表现；细腻的情感包覆风扇的功能，让家电产品不再是冰冷的工业化制品，而是以自然的风格融入我们的生活环境。

图 7-25 竹凳

（设计师：周育润；工艺师：苏素任；尺寸：高 73cm，宽 45cm；2008 年）

图 7-26　明韵（竹眼镜架）
（设计师：陈俊豪；工艺师：黄多恩；尺寸：高 5cm，宽 14.5cm，长 14.5cm；2007 年）

图 7-27　花景
（设计师：廖柏晴；工艺师：林国隆；尺寸：高 32cm，宽 45cm，长 45cm；2007 年）

图 7-28 43 号椅
（设计师：Konstantin Grcic；
工艺师：陈高明；尺寸：高 77cm，宽 53cm，长 55cm；2008 年）

图 7-29 弓椅
（设计师：吴东治；工艺师：陈高明；
尺寸：高 78cm，宽 44.5cm，长 55cm；2008 年）

图 7-30 竹片
（设计师：朱志康；工艺师：叶基祥；
尺寸：高 200cm，宽 35cm，长 35cm；2008 年）

图 7-31 竹便当盒保护套
（设计师：张释文；竹工艺师：林群涵；
陶工艺师：汪弘玉；尺寸：高 24cm，直径 9cm；2008 年）

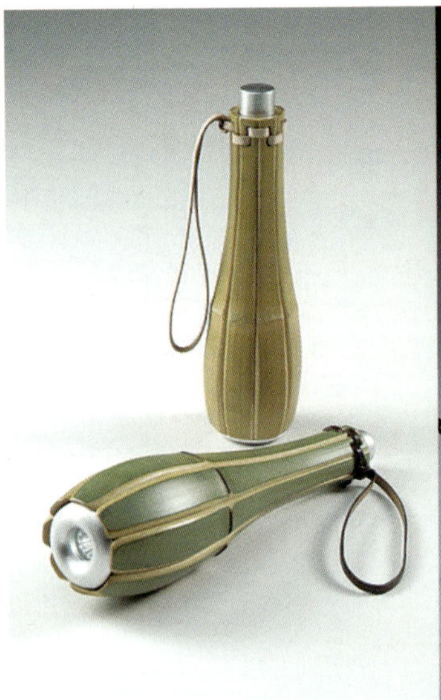

图 7-32　竹光
（设计师：吴东治；工艺师：林群涵；尺寸：高 25cm，宽 8cm，长 8cm；2008 年）

图 7-33　喵
（设计师：骆毓芬；工艺师：苏素任；尺寸：高 20cm，直径 45cm；2009 年）

图 7-34　世界杯：竹浪
（设计师：刘一德；工艺师：林群涵；尺寸：高 24cm，直径 9cm；2009 年）

图 7-35　作茧计划：沙发
（设计师：王俊隆；工艺师：陈高明；尺寸：高 80cm，宽 90cm，长 100cm；2008 年）

图 7-36　板凳
（设计师：徐景亭；工艺师：陈高明；尺寸：高 50cm，宽 33cm，长 40cm；2009 年）

图 7-37 曲竹三脚凳
（设计师：刘晨旭；工艺师：陈高明；尺寸：高 75cm，宽 38.5cm；2009 年）

图 7-38 竹心
（设计师：周育润；工艺师：苏素任；2009 年）

图 7-39 爱与巢
（设计师：卢家恩；工艺师：陈高明；
尺寸：高 66cm，宽 66cm，长 96cm；2009 年）

图 7-40 PO PO 椅
（设计师：林晓瑛；工艺师：邱锦缎；
尺寸：直径 65cm；2010—2011 年）

图 7-41 爆竹
（设计师：林桓民；工艺师：叶基祥；
尺寸：高 56cm，宽 66cm，长 50cm；2010—2011 年）

图 7-42 册椅
（设计师：刘一德；工艺师：陈高明；
尺寸：高 70cm，宽 50cm，长 60cm；2010—2011 年）

图 7-43 泡泡沙发
（设计师：周育润；工艺师：苏素任；
尺寸：高 52cm，宽 166cm，长 70cm；2010—2011 年）

图 7-44 蓬蓬裙椅
（设计师：骆毓芬，工艺师：苏素任；
尺寸：直径 35cm，高 50cm；2012 年）

图 7-45 竹躺椅
（设计师：Humberto and Fernando Campana，工艺师：叶基祥、李瑞科、林建成；尺寸：高 86cm，宽 50cm，长 84cm；2010—2011 年）

图 7-46 竹系 - 筑系
（设计师：林晓瑛；工艺师：邱锦缎；
尺寸：直径 36cm，高 78cm，直径 28cm，高 41cm；2012 年）

图 7-47 飘
（设计师：范承宗；工艺师：陈高明；
尺寸：高 60cm，宽 85cm，长 213cm；2012 年）

二、石大宇设计的竹器（图7-48～图7-58）

石大宇，美籍华人产品设计师。美国*Interior Design*杂志 “设计名人堂”正式成员、《安邸AD》杂志首届“AD100”建筑设计精英之一。祖籍重庆，1989年从美国纽约时尚设计学院（FIT）毕业，1992年起在美国珠宝公司任设计师，1996年获戴比尔斯国际钻饰设计大赛大奖（DeBeers Diamonds International Awards），同年返回台湾创立品牌“清庭”，引进全球顶尖设计生活物品，为消费者提供与全球同步的设计美学场所。

2007年开始，石大宇尝试自行设计开发文化创意产品，并进行跨领域艺术创作。设计作品“双泉提梁方圆壶”、竹椅“椅君子”、“椅琴剑”和展览装置“竹计划”连续4年获得德国红点产品设计奖，以及香港DFA Award、EDIDA国际设计奖等多项设计界重要奖项。石大宇对竹材料的反省设计引发广泛关注，被誉为“让迈入夕阳的台湾竹产业重新取得光亮”的第一人。

2010年，清庭设计中心落户北京，致力于将国际趋势的设计理念引入中国，研究属于中国人的独特文化。最新作品包括每年推出的生肖杯系列、获得2012年红点产品设计奖的“赞竹茶盘”、从武夷岩茶制作工艺中获得灵感的屏风“屏茶”、中式茶器“两忘壶杯组”，以及不断创新竹材制造工艺的竹家具系列——“架册”“柜茗器”“桌品茗”“椅刚柔”“凳君子”等。

图7-48 竹椅

图 7-49 椅君子

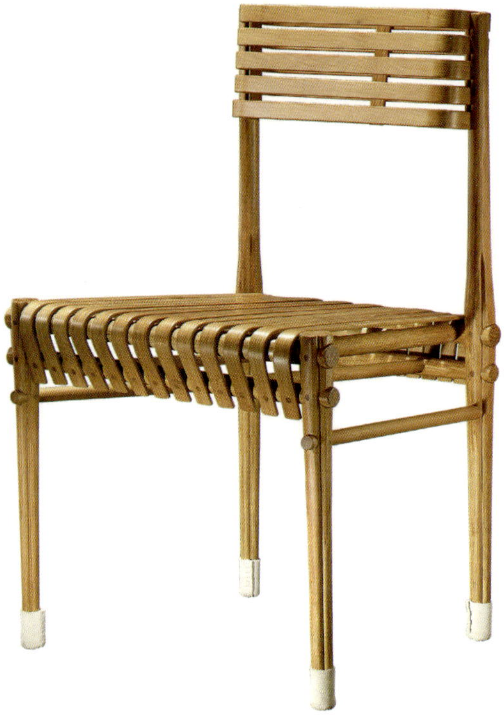

图 7-50 椅琴剑

图 7-51 琴室系列——椅满风

图 7-52　琴室系列竹产品

2015 年，米兰世博会中国馆在清华大学美术学院苏丹教授的策划下，邀请中阮大师冯满天在开幕舞剧中负责音乐创作。为了呈现更完整的中国文化和舞台效果，苏丹教授特邀石大宇为冯满天设计了两款专属的随身演奏椅。这是石大宇首次根据中国演奏家的音乐曲风与风格气质特别打造的坐具。

两款座椅名为“椅满风”和“椅满空”，均采用全竹材质，使用传统榫卯结构精心制作而成。两张椅子均参考了明朝交椅的形态，椅足呈交叉状，椅背、座面可拆卸，椅腿可折叠，便于巡演。“椅满风”的中轴宛若乐器的琴弦，线条流畅，向上延伸；“椅满空”则借椅背侧弯与微抱之势，寓意东方武林中人——站桩者追求内功抱空的意境。

除了两把座椅外，石大宇还设计了一款专门放置香炉和磬的全竹制边桌“桌阮咸”，与座椅类似，该款边桌同样遵循了明代交椅的传统设计风格。桌足呈交叉状，桌面与桌足可拆卸分体，体积轻巧，携带方便，有利于演奏家全球巡演。上层搁架为矩形，具有中国传统家具典型的古雅之感。

“架阮咸”为搁置中阮而特别定制。结构形态兼具骨力与韵味，琴架宛若回梁，结构舒朗，气势流畅。“架阮咸”为全竹制，兼具竹子的韧性与刚性的特点，底座稳固，不易移动。架托两侧皆置竹排琴挡，可依据琴身直径大小滑动调节用以固定琴身。琴头可妥善套嵌在架颈的 U 型环内。无论将阮琴静置于架，还是将“架阮咸”单独留于室内，皆有“余音绕梁，三日不绝”之感。

图 7-53　琴室系列——椅满空

图 7-54　琴室系列——桌阮咸

图 7-55　琴室系列——椅满空折叠形态

图 7-56　琴室系列——架阮咸

图 7-57　竹管灯

图 7-58　屏七贤

第8章

当下竹器设计的五大支点

8.1 多重设计范式的优势互补

前文已经详细地分析了在不同设计范式下竹类产品的利用规律。不同的设计范式在其所处的历史条件下为人类生活水平的提高做出了巨大的贡献。每一种设计范式有其独特的优势。比如，农业文明设计范式在较低的生产力情况下对“人一物”关系有良好的把握，人和物之间有着很好的情感基础；在工业文明的设计范式下，竹类产品的生产可以突破原有竹材尺度的限制，从而实现批量化生产，使得竹类产品可以更广泛地为大众所利用，而不局限于原有生产方式下的低效率生产；在后工业文明的设计范式下，竹类产品与人的情感纽带再次被人们重视，但是这是站在更高的生产力层次上的重视，同传统设计范式下的竹类产品与人的情感纽带有着本质区别，后工业文明设计范式更重视人类本身的“情感”诉求。

在竹类产品的设计中，设计者应站在不同设计范式的基础上，整合3种不同设计范式的优势，为广大使用者设计更符合其生活现状的竹类产品。即使科技再发达，人的观念再新颖，产品设计也必须为广大使用者服务，必须建立在使用者的生活系统的基础之上。正如前文所述，目前人们的生活系统的多样性决定了多重设计范式共存。多重设计范式必须为不同的生活系统服务，这决定了设计者必须采用“优势互补”的原则，推进竹类产品设计的发展。

8.2 竹材属性的约束

竹材的供给特性是竹类产品制作的先决条件，并在很大程度上造就了竹类产品的造型语言和造型特征。正因为竹竿有“细长”的供给特性，所以竹类产品的利用主要是“线材”的利用；正因为竹材有“中空性”的供给特性，所以竹类产品才会有的“空性设计”；正因为竹材有“柔韧性”的供给特性，竹类产品才会以自由、自然的形态出现。竹材的供给特性是竹类产品赖以生存的条件。

竹材的供给特性同时又是竹类产品设计的约束条件。比如，竹竿“细长”的供给特性使竹材在尺度上受到了极大的限制，即使是竹面材，也只能在二维尺度上拓展。竹材的“中空性”供给特性使得竹材不能像木材那样可以进行较为复杂的切分，如正心材、四方材、三方材、剥橘锯、回转锯等①（图 8-1），从而只能对竹材进行横向、纵向和横纵等较为简单的切分，其利用方式只能以线材为主。

因而，设计者要深刻认识到竹材供给特性既是竹类产品设计的先决条件，也是竹类产品设计的约束条件。当然，这并不是说违反供给特性的竹类产品不能被制作出来，只是这种利用方式不适合作为竹类产品开发的主流。

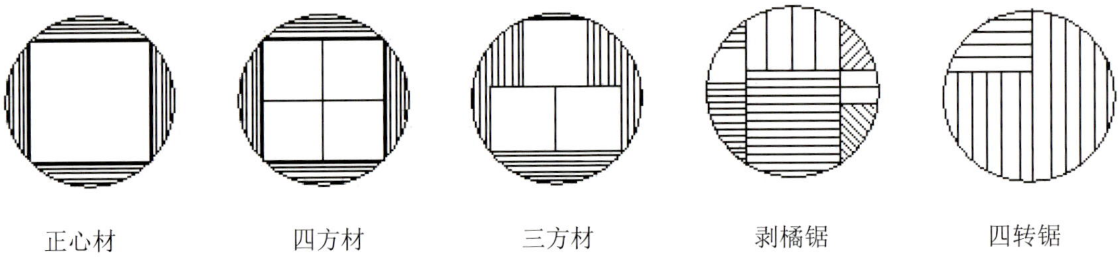

图 8-1 常用木材的取材方式②

① 张锡．设计材料与加工工艺［M］．北京：化学工业出版社，2005:143.
② 张锡．设计材料与加工工艺［M］．北京：化学工业出版社，2005:143-144.

8.3 现代科技是竹器演变的关键

在竹类产品的设计中，技术永远是推动竹类产品发展的关键因素。在农业文明设计范式下，竹类产品的开发是建立在农业文明的技术基础之上的，制作这些产品时用的都是农业文明设计范式下的各种工具，图 8-2 所示是一个普通竹匠的工具，基本上都是铁器。铁器是中国农业文明中具有较高技术含量的工具，这说明即使在相对落后的生产力条件下，竹类产品的制作使用的也是当时较先进的生产技术。我们可以想见，在铁器出现之前，竹匠切分竹材时使用的工具是多么简陋。同理，在工业文明设计范式下，竹类产品的制造已经改用更为先进的机器设备，甚至使用大型的机器进行批量生产。对竹类产品的表面处理工艺也产生了明显的变化，如传统竹类产品一般不进行表面处理或者只进行简单的油漆处理，但现在生产的竹类产品的表面处理工艺有漂白、炭化、防腐防蛀、高温烘烤等。

技术的更新是为了使竹类产品能够被更好、更方便地生产出来，正如机器生产比手工生产在效率方面具有更大的优势一样。现代产品是为了使更多人用上高质量的产品而生产的，在这种情况下，采用最新的技术是必然的，同时也要竭力避免技术带来的副作用。

图 8-2　制作传统竹类产品的工具

8.4　文化内涵是竹器演变的灵魂

竹类产品中所蕴含的文化内涵是竹类产品不变的灵魂。即使竹类产品不断变化发展，甚至有些竹类产品已销声匿迹，竹类产品中蕴含的文化要素也不会消失殆尽。

一些早期的产品，如竹笼、竹笾、竹篮、竹篁等几乎已经消失，但是其承载的历史文化内涵不可能消失。在现代，传统竹类产品如竹床、竹椅等在城市中已经很难见到，但是其所蕴含的各种“故事”和文化内涵并没有在城市中消失，反而能引起很多人的美好记忆，甚至能引起人们对竹文化、田园生活等的向往。这种文化因素是竹类产品的灵魂之所在，就像酒一样，越陈越香。在新时代下，我们对竹类产品中文化因素的继承，必须由新的竹类产品来承载，不能是“老酒老瓶”，而应当是“新瓶装老酒”。“老酒老瓶”只能是古董，而不能为现代人所使用。只有这样，才能创造出更多的具有深厚文化内涵的竹类产品，才能不断丰富中国的竹文化。

8.5 人的需要是竹器演变的推动力

在竹类产品的演变过程中，虽然有着各种因素的共同作用，但是最终推动竹类产品发展的是人的需求。在设计中最为本质的关系是“人—物”的关系，但是在“人—物”关系中，物是没有意识的，它不能决定自身的变化，而人具有主观能动性，这才是推动“人—物”关系发展的根本动力。因此，人的需要是竹类产品演变的推动力。

在农业文明设计范式下，制作者本身也是使用者，因此，制作者会根据自己的使用感受和需要来对竹类产品进行调整。即使是专业的竹匠，其手工制作的竹类产品数量也很有限，一年下来多的也不过数百件。在这数百件竹类产品的使用过程中，竹匠可以很轻松地获得使用者的反馈信息，主动地去改进，从而推动竹类产品的演变。这是一个小范围的互动过程，而且互动性非常好。在互动中，使用者、制作者共同推动竹类产品的演变。

但是，在工业文明设计范式下，竹类产品的设计者、制作者、使用者是相对独立的群体。这种产品可能会有数万甚至数十万人在使用，设计者设计的竹类产品很难满足所有使用者的需求，也很难获得相关的反馈信息，最终只能以自己的使用情况为标准。这往往会导致很多问题的出现，如设计者、制作者和使用者之间的互动变得很困难，最终推动竹类产品演变的“人”变成了设计者，而不是传统意义上的使用者，因此，设计者对竹类产品的演变负有更大的责任。维克多·帕帕纳克（Victor Papanak）曾说过：“有些职业甚至比工业设计对人类的危害更大，但这种职业只有很少几个。”[①]维克多·帕帕纳克所说的正显示了在工业文明设计范式下设计师责任之重大。

在后工业文明设计范式下，同一的“大众”变成了多样化的“分众”，竹类产品针对的使用者会适当地分流，设计师也会更加注重同使用者之间的互动，关注使用者的各种需求。信息技术的发展使这种互动有了更为坚实的基础，设计师可以更多地了解使用者的情况，使用者也可以适时地把自己使用的感受反馈给设计师。虽然这还是一定程度上的批量化生产，但是，竹类产品的演化是设计师和使用者经过更广泛的互动来共同推动的。使用者将会在这种互动中发挥越来越大的作用，并不断地推动竹类产品的发展。

① 艾伦·鲍尔斯．自然设计［M］．王立非，刘民，王艳，译．南京：江苏美术出版社，2001:8.

附录　竹类产品的色彩分析

1. 分析示例

本书主要根据以下 26 张竹器图片进行色彩的量化分析，分析工具是 Photoshop CS，通过一张图片多次取点的方式进行色彩分析。根据物体在光线下的本色的位置的特点，我们对图片的色彩进行采样，并最终用 RGB 色彩模式的数值来表示。最终对于每一个竹类产品上的色彩，我们用单一色块和 RGB 数值来表示。如附图 1 所示，白（红）色方框部位为采样点，这样的采样点在选区的过程中是经过多次比较，最后才确定下来的。取样以后，我们把样色制作成色块并标注其 RGB 值。针对不同的竹类产品，以及同一竹类产品中的不同色彩构件，我们会采集所有不同色彩的样本，以保证分析的准确性。

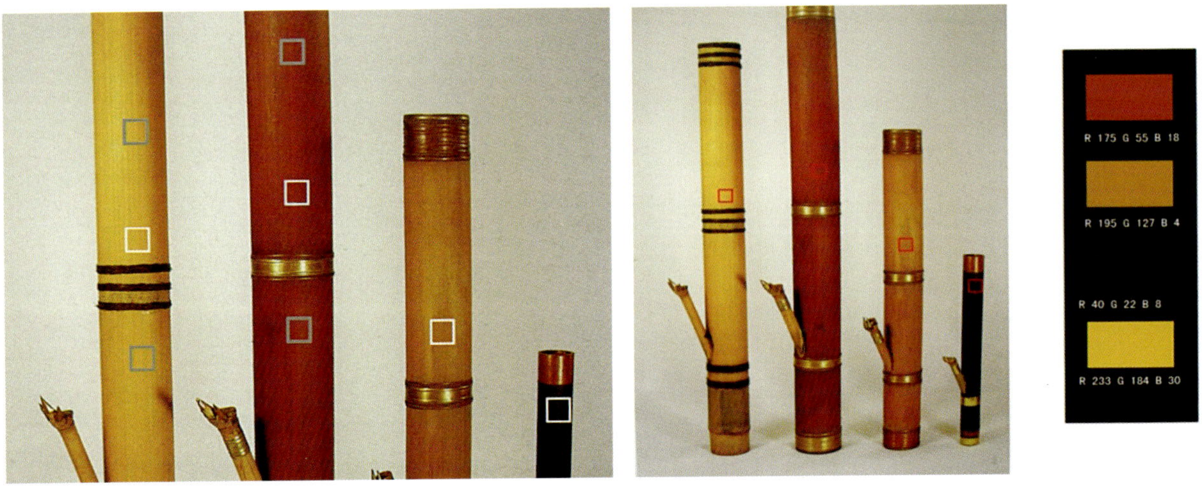

附图 1　竹类产品色彩取样示意图

2. 采样的竹类产品

本次色彩分析采样的 26 种竹类产品，如附图 2 所示。

第 1 件：煮酒酿用具
（采集点：福建）

第 2 件：竹制笊篱
（采集点：福建）

第 3 件：制作麻将竹席的点材
（采集点：福建）

第 4 件：摩托车用载物框
（采集点：福建）

第 5 件：正在编织的竹编
（采集点：安徽）

第 6 件：竹篮
（采集点：安徽）

第 7 件：竹扁担
（采集点：安徽）

第 8 件：竹椅
（采集点：安徽）

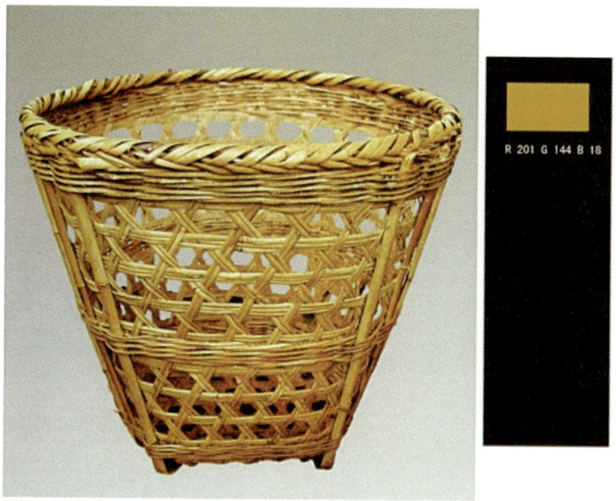

第 9 件：竹箩
（采集点：安徽）

第 10 件：竹筷笼
（采集点：江苏）

第 11 件：竹水烟筒
（采集点：云南）

第 12 件：竹筷笼
（采集点：浙江）

第 13 件：竹笊篱
（采集点：福建）

第 14 件：竹安全帽
（采集点：福建）

第 15 件：竹丝刷
（采集点：福建）

第 16 件：竹麻将席半成品构件
（采集点：福建）

第 17 件：竹饭罩
（采集点：福建）

第 18 件：竹箩底部
（采集点：福建）

第 19 件：新鲜竹篾
（采集点：福建）

第 20 件：竹篱笆
（采集点：福建）

第 21 件：竹饭罩
（采集点：福建）

第 22 件：竹鸡笼
（采集点：福建）

第 23 件：竹箩筐
（采集点：重庆）

第 24 件：竹椅靠背
（采集点：重庆）

第 25 件：竹簸箕
（采集点：重庆）

第 26 件：竹晾簸
（采集点：重庆）

附图 2　采样的竹类产品

3. 结果汇总

本次色彩分析的采样结果汇总如附图 3 所示。

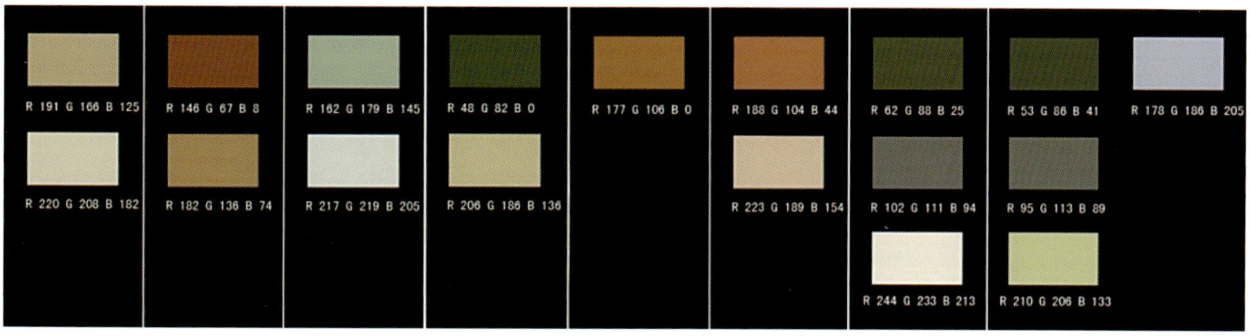

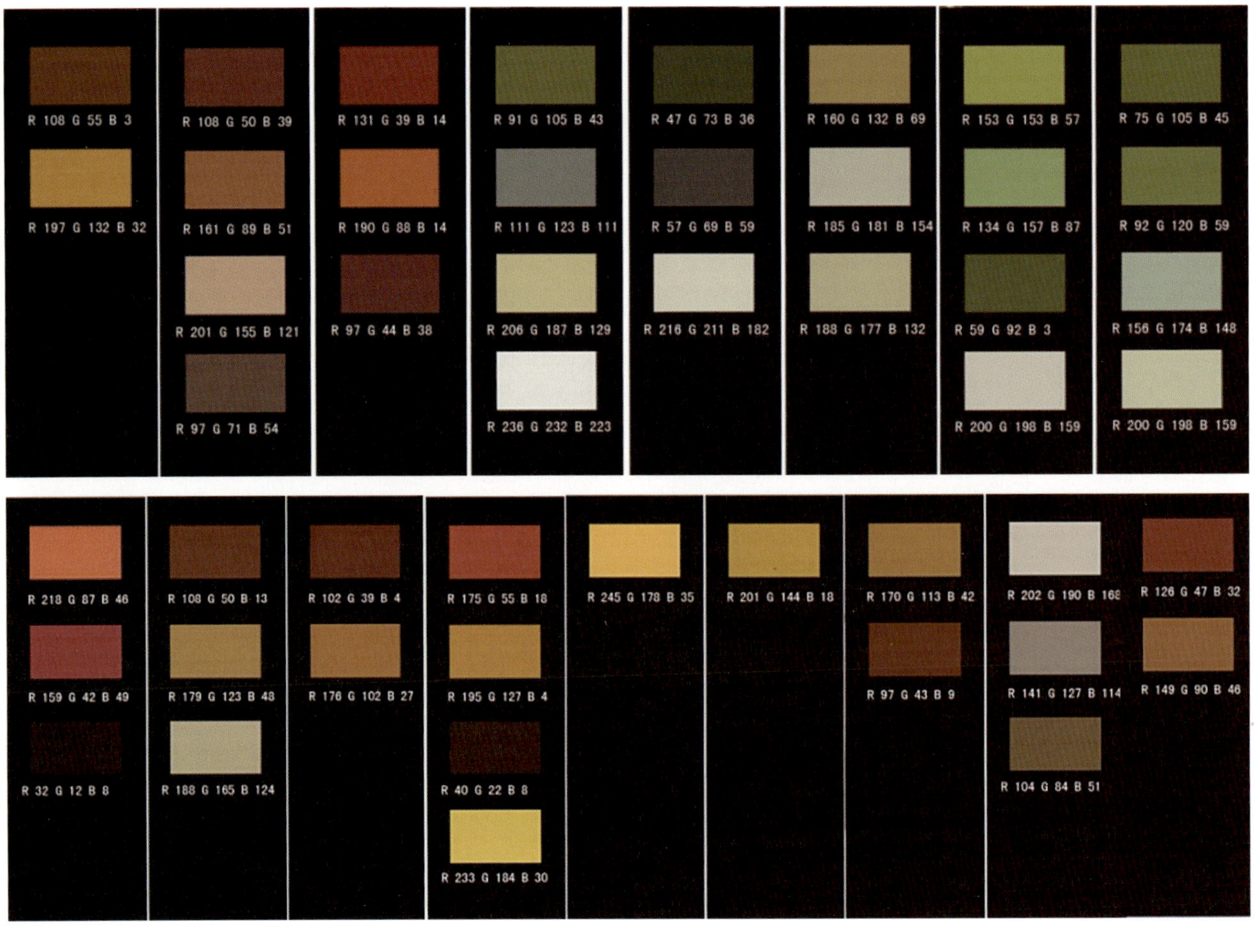

附图 3　采样结果汇总

4. 色系的筛选

笔者根据上述竹类产品的色彩统计，首先分出来红色和绿色两个色系。但是，如果仅将竹类产品分为红、绿两个色系，对实际的竹类产品来说过于简单和笼统，特别是竹类产品在使用一段时间后，与人体汗液长期接触后，会逐渐呈现以黄色为主的色彩。因此，本书将介于红、绿之间的黄色作为一个色系单列出来。这样就构成了红、黄、绿三种色系的竹类产品色彩。

竹类产品特别是一些户外的竹类产品在利用中，如果长时间暴露于空气中，其色彩很容易丢失，最后形成无色彩的竹类产品。从某种意义上说，这也是竹类产品的色彩之一，而且完全不同于竹类产品的其他 3 种色彩。因而，本书将无鲜艳色彩的青色系也作为一种独特的色系单列出来，从而得到了红、黄、绿、青 4 种色系。

此后，本书对这 4 种色系的竹类产品进行了分组，即为红色组、黄色组、绿色组和青色组，但在分组的过程中，研究人员发现有几种色彩是介于这 4 种主色之间的，如淡黄色既不能归为黄色组，也不能归为青色组，最后将分组后剩下的色彩进行再次分组，得出 4 个主色系之外的两个亚色系。

（1）红色系分组及其色彩综合值

共有 12 个红色块分到了红色系中（附图 4），通过对这 12 个红色系色块进行平均 RGB 值的计算（按四舍五入法取整，下同），得出了红色系的色彩综合值，见附表 1。

附图 4　红色系分组及其色彩综合值

附表 1　红色系色彩综合值统计数据

编　号	R	G	B
1	108	55	3
2	108	50	39
3	131	39	14
4	97	44	38
5	146	67	8
6	219	88	46
7	159	42	50
8	108	50	13
9	102	39	4
10	175	55	18
11	97	43	9
12	126	47	32
平　均	131.3	51.58	22.83

（2）黄色系分组及其色彩综合值

共有11个黄色块分到了黄色系中（附图5），通过对这11个黄色系色块进行平均RGB值的计算，得出了黄色系的色彩综合值，见附表2。

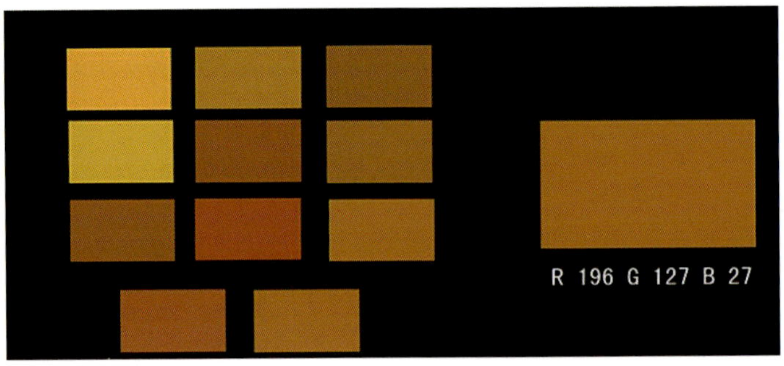

附图5　黄色系分组及其色彩综合值

附表2　黄色系色彩综合值统计数据

编　号	R	G	B
1	245	178	35
2	202	144	18
3	170	113	42
4	233	184	30
5	176	102	27
6	179	123	48
7	177	106	0
8	190	88	14
9	197	132	32
10	188	104	44
11	195	127	4
平　均	195.6	127.36	26.7

（3）绿色系分组及其色彩综合值

共有10个绿色块分到了绿色系中（附图6），通过对这10个绿色系色块进行平均RGB值的计算，得出了绿色系的色彩综合值，见附表3。

附图6 绿色系分组及其色彩综合值

附表3 绿色系色彩综合值统计数据

编　号	R	G	B
1	91	105	43
2	47	73	36
3	153	153	57
4	75	105	45
5	53	86	41
6	92	120	59
7	59	92	3
8	134	157	87
9	49	82	1
10	62	88	25
平　均	81.5	106.1	39.7

（4）青色系分组及其色彩综合值

共有 7 个青色块分到了青色系中（附图 7），通过对这 7 个青色系色块进行平均 RGB 值的计算，得出了青色系的色彩综合值，见附表 4。

附图 7　青色系分组及其色彩综合值

附表 4　青色系色彩综合值统计数据

编　号	R	G	B
1	111	123	111
2	57	69	59
3	156	174	148
4	162	179	145
5	179	186	205
6	102	111	94
7	95	113	89
平　均	123.14	136.4	121.6

（5）淡黄色亚系分组及其色彩综合值

共有12个淡黄色块分到了淡黄色亚系中（附图8），通过对这12个淡黄色的色块进行平均RGB值的计算，得出了淡黄色亚系的色彩综合值，见附表5。

附图8　淡黄色亚系分组及其色彩综合值

附表5　淡黄色亚系色彩综合值统计数据

编　号	R	G	B
1	206	187	129
2	216	211	182
3	188	177	132
4	236	232	223
5	205	198	179
6	200	198	159
7	220	208	182
8	206	186	136
9	223	189	154
10	244	233	213
11	210	206	133
12	188	165	124
平　均	211.8	199.16	162.16

（6）棕色亚系分组及其色彩综合值

共有 3 个淡棕色块分到了淡棕色亚系中（附图 9），通过对这 3 个淡棕色的色块进行平均 RGB 值的计算，得出了棕色系的色彩综合值，见附表 6。

附图 9　棕色亚系分组及其色彩综合值

附表 6　淡棕色亚系色彩综合值统计数据

编　号	R	G	B
1	32	13	9
2	97	71	54
3	40	22	8
平　均	56.3	35	23.6

通过上述分析，最终得出以下结论：

竹类产品的色彩变化的总规律：竹类产品的色彩共有四大的体系，分别为绿色系、红色系、黄色系、青色系，另外有两种色系在中间起着搭配、调和作用。结果见附表 7。

附表 7　采样竹类产品的色彩分析结果

色系	绿色系	红色系	黄色系	青色系	淡黄色亚系	棕色亚系
产品个数	7	8	9	2	——	——
色彩综合值	R 82 G 106 B 40	R 131 G 52 B 23	R 196 G 127 B 27	R 123 G 136 B 122	R 212 G 199 B 162	R 56 G 35 B 24
RGB 值	82　106　40	131　52　23	196　127　27	123　136　122	212　199　62	56　35　24

5. 小结

由于竹类产品经过照片拍摄、计算机取色样、后期的统计等过程，每一步都会造成颜色的偏差，甚至在特定情况下会有较大的偏差，但是最终统计的综合结果仍然是可以粗略区分传统竹类产品色系的。这种色彩分析方法所得到的最终结果与实际情况没有较大的出入，因而在一般性的分析中可以采用。

参考文献

专著：

1. MEREDITH T J. Bamboo for gardens[M]. Portland: Timber Press, 2001.
2. TASCHEN A. Bamboo style[M]. Koln: Taschen GmbH, 2006.
3. DATSCHEFSKI E. The total beauty of sustainable products[M]. Rotovision SA, 2001.
4. NORMAN D A. Emotional design: Why we like or hate everyday things[M]. Basic Books, 2004
5. JENSE R. The Dream Society[M]. New York: McGraw Hill, 1999.
6. DE LUCCHI M. The international design yearbook 2001[M]. London: Laurence King Publishing, 2002.
7. LOVEGROVE R. The international design yearbook 2002[M]. London: Laurence King Publishing, 2003.
8. RASHID K. The international design yearbook 2003[M]. London: Laurence King Publishing, 2004.
9. QUINN B. The art of living: Chinese style[M]. London: Conran Octopus, 2003.
10. WARMKE C. Designing across culture: How to create effective graphics for diverse ethnic groups[M]. Ohio: HOW Design Books, 2002.
11. MACKENZIE D. Green Design: Design for the environment[M]. London: Laurence King, 1997.
12. WESTPHAL U. The Bauhaus[M]. London: Studio Editions, 1991.
13. MEEUS C. Bauhaus source book: Bauhaus style and its worldwile influence[M]. Phaidon Press Limited, 1990.
14. SANDWES B. A complex fate: Gustav Stickley and the craftsman movement[M]. New York: John Wiley&Sons, Inc. , 1996.
15. BERRY S, YMARTIN J. Design with color: how the language of color works and how to manipulate it in your graphic designs[M]. Quarto Publishing plc, 1991.
16. DURSTON D. Japan Crafts sourcebook: A Guide to today traditional handmade objects[M]. Tokyo: Kodansha International Ltd., 1996.
17. HASLAM M. Art Deco: A buyer' s guide to the decorative arts 1919-1939[M]. London & Sydney: Macdonald & Co Ltd., 1987.
18. ZIMMERMANNN M H, BROWN C L. Trees structure and function[M]. New York: Springer-Verlag, 1974.
19. GENDERS C. Sources of Inspiration[M]. London: A&G Black, 2002.
20. MILLER H M L. Archaeological approaches to technology[M]. London: Elsevier, 2007.
21. TADSSHII I, MITSUKUNI Y. The Traditional Crafts of Japan—wood and bamboo[M]. Tokyo: Diamond Inc., 1992.

22. 朝日新聞社．竹の博物志：日本人と竹 [M]．東京：朝日新聞社．
23. 安德鲁·戴维．精细设计：匠心独具的日本产品设计 [M]．鲁晓波，覃京燕，梁峰，译．北京：清华大学出版社，2004.
24. 玛乔里·艾略特·贝弗林．艺术设计概论 [M]．孙里宁，译．上海：上海人民美术出版社，2006.
25. 荣久庵宪司，野口瑠璃，伊坂正人，等．不断扩展的设计：日本GK集团的设计理念与实践 [M]．杨向东，詹政敏，詹懿虹，译．长沙：湖南科学技术出版社，2004.
26. 威廉·利德威尔，克里蒂娜·霍尔登，吉尔·巴特勒．最佳设计100细则 [M]．刘宏照，王秀萍，王爱琴，译．上海：上海人民美术出版社，2005.
27. 艾伦·鲍威尔．自然设计 [M]．王立非，刘民，王艳，译．南京：江苏美术出版社，2001.
28. 大智浩，佐口七朗．设计概论 [M]．张福昌，译．杭州：浙江人民美术出版社，1991.
29. 斯丹法诺·马扎诺．飞利浦的设计思想：设计创造价值 [M]．蔡军，宋煜，徐海生，译．北京：北京理工大学出版社，2002.
30. 丹尼尔·贝尔．后工业社会的来临：对社会预测的一种探索 [M]．高铦，王宏周，魏章玲，译．北京：商务印书馆，1984.
31. 莫里斯．手工艺的复兴 [M]// 奚传绩．设计艺术经典论著选读．南京：东南大学出版社，2005.
32. 柳宗悦．日本手工艺 [M]．张鲁，译．桂林：广西师范大学出版社，2006.
33. 托马斯·库恩．科学革命的结构 [M]．金吾伦，胡新和，译．北京：北京大学出版社，2003.
34. 阿尔文·托夫勒．第三次浪潮 [M]．北京：生活·读书·新知三联书店，1984.
35. 米歇尔·德·卢奇．2001年国际设计年鉴 [M]．黄睿智，译．北京：中国轻工业出版社，2002.
36. 马克·第亚尼．非物质社会：后工业世界的设计、文化与技术 [M]．滕守尧，译．成都：四川人民出版社，1998.
37. 亨利·佩卓斯基．器具的进化 [M]．丁佩芝，陈月霞，译．北京：中国社会科学出版社，1999.
38. 柳宗悦．工艺文化 [M]．徐艺乙，译．桂林：广西师范大学出版社，2006.
39. 金伯利·伊拉姆．设计几何学：关于比例与构成的研究 [M]．李乐山，译．北京：中国水利水电出版社，2003.
40. 塞缪尔·亨廷顿．文明的冲突与世界秩序的重建 [M]．周琪，刘绯，张力平，等译．北京：新华出版社，2002.
41. 世界环境与发展委员会．我们共同的未来 [M]．王之佳，柯金良，等译．长春：吉林人民出版社，1997.
42. 芭芭拉·沃德，勒内·杜斯博．只有一个地球：对一个小小星球的关怀和维护 [M]．长春：吉林人民出版社，1997.
43. 江泽慧．世界竹藤 [M]．沈阳：辽宁科学技术出版社，2002.
44. 张福昌．现代设计概论 [M]．武汉：华中科技大学出版社，2007.
45. 张福昌．感悟设计 [M]．北京：中国青年出版社，2004.
46. 诸葛铠．设计艺术学十讲 [M]．济南：山东画报出版社，2006.
47. 吴晨荣．思想的设计：黑川雅之与日本的当代设计文化 [M]．上海：上海书店出版社，2005.
48. 简召全．工业设计方法论 [M]．北京：北京理工大学出版社，2001.
49. 张齐生，程渭山．中国竹工艺摄影集 [M]．北京：中国林业出版社，1997.
50. 胡长龙．竹家具制作与竹器编织 [M]．南京：江苏科学技术出版社，1980.
51. 周芳纯．竹林培育学 [M]．北京：中国林业出版社，1998.
52. 程瑞香．木材与竹材的粘接技术 [M]．北京：化学工业出版社，2006.
53. 张锡．设计材料与加工工艺 [M]．北京：化学工业出版社，2004.
54. 王琥．中国传统器具设计研究 [M]．南京：江苏美术出版社，2004.

55. 何明，廖国强．中国竹文化研究 [M]．昆明：云南教育出版社，1994.
56. 辞海编辑委员会．辞海 [M].1999 年版缩印本．上海：上海辞书出版社，2002.
57. 简召全，冯明，朱崇贤．工业设计方法学 [M]．北京：北京理工大学出版社，2000.
58. 喻湘存，熊曙初．系统工程教程 [M]．北京：清华大学出版社，2006.
59. 张道一．工业设计全书 [M]．南京：江苏科学技术出版社，1994.
60. 杭间．中国工艺美学思想史 [M]．太原：北岳文艺出版社，1994.
61. 中国社会科学院语言研究所词典编辑室．现代汉语词典 [M]．5 版．北京：商务印书馆，2005.
62. 柳冠中．工业设计概论 [M]．哈尔滨：黑龙江科学技术出版社，1997.
63. 李砚祖．装饰之道 [M]．北京：中国人民大学出版社，1993.
64. 柳冠中．工业设计概论 [M]．哈尔滨：黑龙江科学技术出版社，1997.
65. 叶森筠．徽州民俗集锦 [M]．皖内部图书（2003）第 101 号，2003.
66. 徐艺乙．中国民间美术全集・器用编・工具卷 [M]．济南：山东教育出版社，1994.
67. 陈绶祥．中国民间美术全集・起居编・陈设卷 [M]．济南：山东教育出版社，1995.
68. 李泽厚．美学三书 [M]．合肥：安徽文艺出版社，1999.
69. 杨裕富．创意活力：产品设计方法论 [M]．长春：吉林科学技术出版社，2004.
70. 吴增基，吴鹏森，苏振芳．现代社会学 [M]．上海：上海人民出版社，1997.
71. 童星．现代社会学理论新编 [M]．南京：南京大学出版社，2003.
72. 杨雅彬．简明社会学 [M]．北京：中国地质大学北京管理干部学院、中国文化书院，1987.
73. 陈立旭．社会学概论 [M]．北京：中共中央党校出版社，2005.
74. 符祥青．工业社会学 [M]．广州：中山大学出版社，1990.
75. 王雅林．人类生活方式的前景 [M]．北京：中国社会科学院出版社，1997.
76. 朱长超，江世亮．现代科学技术新概念手册 [M]．杭州：浙江科学技术出版社，1989.
77. 王受之．世界现代设计史 [M]．广州：新世纪出版社，1995.
78. 李乐山．工业设计思想基础 [M]．北京：中国建筑工业出版社，2001.
79. 张福昌．造型基础 [M]．北京：北京理工大学出版社，1994.
80. 许平．造物之门 [M]．西安：陕西人民美术出版社，1998.
81. 何明，廖国强．竹与云南民族文化 [M]．昆明：云南人民出版社，1999.
82. 于雄略．中国传统竹雕 [M]．北京：人民美术出版社，2006.
83. 戴吾三．考工记图说 [M]．济南：山东画报出版社，2003.
84. 徐飚．成器之道：先秦工艺造物思想研究 [M]．南京：南京师范大学出版社，1999.
85. 徐艺乙．身边的艺术 [M]．济南：山东画报出版社，2001.
86. 张福昌．中国民俗家具 [M]．杭州：浙江摄影出版社，2005.
87. 柳冠中．世界成功产品造型设计大图典 [M]．长春：吉林科学技术出版社，1996.
88. 邱紫华．东方美学史 [M]．北京：商务印书馆，2004.
89. 王受之．世界现代建筑史 [M]．北京：中国建筑工业出版社，1999.
90. 吴永建，王秉鉴．工业产品形态设计 [M]．北京：北京理工大学出版社，2003.
91. 李彬彬．设计心理学 [M]．北京：中国轻工业出版社，2001.
92. 张夫也，孙建君．传统工艺之旅 [M]．沈阳：辽宁美术出版社，2001.
93. 湖南省博物馆，中国科学院考古研究所．长沙马王堆一号汉墓 [M]．北京：文物出版社，1973.
94. 王荔．中国设计思想发展简史 [M]．长沙：湖南科学技术出版社，2003.

95. 刘力，俞友明，郭建忠．竹材化学与利用 [M]. 杭州：浙江大学出版社，2006.
96. 刘叔成，夏之放，楼昔勇，等．美学基本原理 [M]. 上海：上海人民出版社，1984.
97. 谢孝福．观赏竹 [M]. 北京：中国农业出版社，1999.
98. 欧阳志云．中国生态建设与可持续发展 [M]. 北京：科学出版社，2007.
99. 丁玉兰．人机工程学：第 3 版 [M]. 北京：北京理工大学出版社，2005.
100. 刘吉昆．产品价值分析 [M]. 哈尔滨：黑龙江科学技术出版社，1997.
101. 张岱年．中国哲学大纲 [M]. 北京：中国社会科学出版社，1987.
102. 2006 亚洲国际研讨会实行委员会．利用地方资源，振兴地域经济 [C]. 无锡：江南大学，2006.
103. 南华大学应用与艺术设计学系．2006 两岸艺术与设计学术研究成果发表会论文集 [C]. 无锡：江南大学，2006.

学术论文：

1. YOU H, CHEN K. Application of affordance and semantics in product design[J]. Design Study, 2007(1): 23-24 .
2. BRUCE G. Jetlagged in Mianyang[J]. Innovation, 2006(Spring): 40-43.
3. SPEER L. The next decade in design: paradigm shift[J]. Innovation, 2006(Spring): 31-35.
4. IDSA. 2003 Design Trends Report[J]. Innovation, 2003(Summer): 37-50.
5. MARZANO S. Design for diversity, let us begin![J]. Innovation, 2003(Spring): 40-46.
6. BUCHNER D. The role of meaning and intent[J]. Innovation, 2003(Spring): 17.
7. HUANG T. The myths of Chinese industrial design demystifying China[J]. Innovation, 2006 (Spring): 18-20.
8. MARZANO S. A question of choice[J]. Innovation, 2006(Spring): 26-30.
9. ZEC P. Designing across cultures: an introspective view on globalization[J]. Innovation, 2007 (Summer): 18-21.
10. MCCULLAGH K. Crossing cultures: thinking local to design global[J]. Innovation, 2007 (Summer): 22-25.
11. CARUSO J F, ROBERTS J L. Design thinking for global products: familiar solutions for new problem[J]. Innovation, 2007 (Summer): 32-35.
12. SIEGEL R S. No more mystery, design takes the leader[J]. Innovation, 2006 (Winter): 36-37.
13. UMBACH S R. The changing scale of design[J]. Innovation, 2006 (Winter): 44-47.
14. DAVIS G. Big-box retailing: predicament or opportunity?[J]. Innovation, 2007 (Spring): 7-9.
15. HARDEN D. Collide-o-scope[J]. Innovation, 2003 (Spring): 32-36.
16. MARTIN A. In a cold, dark stall[J]. Innovation, 2003 (Summer): 32-35
17. BRUCE G. Same needs, different solution: the chapattis and the tortilla[J]. Innovation, 2002 (Summer): 50-54.
18. KEMNITZER R B, GRILLO A C. Design culturally enriched products for international markets[J]. Innovation, 2002 (Winter): 50.
19. Yu WK, CHUNG K F, Chan S L. Axial buckling of bamboo columns in bamboo scaffolds[J]. Engineering

Structures, 2005 (27) :61-73.
20. SUDIN R,SWAMY N,Bamboo and wood fibre cement composites for sustainableinfrastructure regeneration[J]. J Mater Sci ,2006(41):6917 - 6924.
21. 熊文愈.Prospects for bamboo development in the world[J]. 竹类研究,1993(1).
22. 周芳纯. 竹材的物理性质 [J]. 竹类研究，1991(1):43.
23. 周芳纯. 竹材的缺陷及其处理 [J]. 竹类研究，1991(4): 72.
24. 汪奎宏，李琴，高小辉. 竹类资源的利用现状及深度利用 [J]. 竹子研究汇刊，2000(4):74.
25. 刘志坤，胡娜娜. 竹木复和集成材生产工艺研究 [J]. 林产工业，2007(5):26-29.
26. 易中天. 设计文化与文化设计 [C]// 中国工业设计协会. 中国工业设计协会十年优秀论文选. 北京：中国轻工业出版社，1998:14-18.
27. 徐恒醇. 产品设计中对功能概念的拓展 [C]// 中国工业设计协会编中国工业设计协会十年优秀论文选. 北京：中国轻工业出版社.1998:176-178.
28. 柳冠中. 工业设计的方法论：产品、商品、用品的统一 [C]// 中国工业设计协会. 中国工业设计协会十年优秀论文选.1998:24.
29. 蓝晓光. 从马王堆看中国汉代的“竹子文明”[J]. 竹子研究汇刊，2003(1):70.
30. 关传友. 论竹的崇拜 [J]. 竹子研究汇刊，1998 (4):64-70.
31. 陈之佛. 对于中国美术工艺的感想 [J]. 装饰，1997(2):58.
32. 张福昌. 弘扬民族文化，振兴传统手工艺产业 [M]// 张福昌. 感悟设计. 北京：中国青年出版社，2004:678-679.
33. 诸葛铠. 适者生存：中国传统手工艺的蜕变与再生 [J]. 装饰，2003(4):4.
34. 胡平. 中国传统手工艺的复兴 [J]. 装饰，1999(6):10.
35. 许平. 文化的互补：作为产业经济的文化基础的传统手工艺 [J]. 装饰，1997(2):11.
36. 卢向虎，朱淑芳，张正河. 中国农村人口城乡迁移规模的实证分析 [J]. 中国农村经济，2006(1):35.
37. 诸葛铠. 社会经济类型与设计的价值取向 [J]. 南京艺术学院学报（美术与设计版），2006(3):21.
38. 李雁. 艺术拓扑学简介 [J]. 装饰，1994(2):53-54.
39. 李丛芹. 人际和谐与中国生活方式：吕品田访谈录 [J]. 装饰，2005(10):52-54.
40. 汪燕翎.“竹”与现代设计断想 [J]. 装饰，2005(10):52-54.
41. 吕品田.“手”与手工文化建设 [J]. 装饰，1997(2):9-11.
42. 尚没.2000 年传统手工艺与艺术设计教育研讨会纪要 [J]. 装饰，2000(4):12.
43. 朱铭. 传统工艺的当代问题 [J]. 装饰，1997(2):6-7.
44. 长北. 传统文化与民族振兴 [J]. 装饰，2006(9):8.
45. 张道一. 从传统工艺到现代设计：《中国设计史》序 [J]. 装饰，2005(1):5.
46. 钱正坤. 从后现代主义到后信息时代 [J]. 装饰，2000(8):5-6.
47. 李莉婷. 从设计自然到自然设计 [J]. 装饰，2000(8):15-16.
48. 凌继尧. 大审美经济形态中的艺术设计教育 [J]. 装饰，2006(8):89-90.
49. 张建春. 当代设计师的社会责任 [J]. 装饰，2007(9):113-114.
50. 陈立勋，杨茂川. 后现代主义的文化与设计 [J]. 装饰，1996(6):57-59.
51. 袁源，吴智慧. 留住手艺：工业时代的手工业 [J]. 装饰，2005(3):18-19.
52. 向华. 论产品的情感化设计与资源的合理利用 [J]. 装饰，2006(2):95.
53. 邱坚. 论传统手工艺的现代发展之路 [J]. 装饰，2005(8):94-95.

54. 左铁锋．论体验经济条件下的产品体验设计 [J]．装饰，2004(10):12-13.
55. 田少煦．民间工艺的文化启迪：可持续发展的设计观与本土文化精神 [J]．装饰，1998(4):43-46.
56. 柳宗悦．民艺学概论 [J]．陈建，译．装饰，1997(3):.39-43.
57. 柳冠中，唐林涛．设计的逻辑：人、环境、还是资本 [J]．装饰，2003(5):4-5.
58. 胡鸿．手工艺与“后现代”设计 [J]．装饰，1995(4):48-49.
59. 倪峰．维克多·佩帕尼克的真实世界 [J]．装饰，2006(7):26.
60. 赵江洪．未来的起点在过去：从现代设计与社会经济的关系看二十一世纪的工业设计 [J]．装饰，1994(4):12-14.
61. 安秀．信息化时代艺术设计的改变模式与设计 [J]．装饰，2005(5):24.
62. 张道一．中华传统艺术论 [J]．装饰，1998(5):53-55.
63. 郑娟．竹与华夏文化 [J]．装饰，2004(9):89-90.
64. 诸葛铠．自然与设计的不解之缘 [J]．装饰，2006(2):8-9.
65. 张小开，张福昌．徽州民间竹资源的综合利用研究 [J]．竹子研究汇刊，2007,26(3):1-5，11.
66. 关传友．论先秦时期我国的竹资源及利用 [J]．竹子研究汇刊，2003,23(2):9-64.
67. 沈法，张福昌．民间竹器物的形式特征及本原思想研究 [J]．竹子研究汇刊，2005，24(4):1-8，23.
68. 杨淑敏，江泽慧，任海青．青皮竹研究进展及展望 [J]．竹子研究汇刊，2007，26 (1):15-19，26.
69. 张齐生．我国竹材加工利用要重视“科学”和“创新” [J]．竹子研究汇刊，2002,21(4):12-15.
70. 钟懋功．我国竹业现状与发展探讨 [J]．竹子研究汇刊，2002,21(4):22-27.
71. 雷达，吴良如，陈斗斗，等．现代原竹家具：传统形式意味与现代审美方式之融合 [J]．世界竹藤通讯，2004，2(4):41-43.
72. 李琴，汪奎宏，华锡奇，等．小径杂竹制造重组竹的试验研究 [J]．竹子研究汇刊，2002，21(3):33-36.
73. 胡敏君，赵月．再设计对提高竹产品市场竞争力的作用 [J]．世界竹藤通讯，2006，4(1):24-28.
74. 何晓琴．中国传统竹家具的文化特征 [J]．世界竹藤通讯，2006，4(2)42-45.
75. 陈勇．中国竹产品市场现状及发展趋势 [J]．世界竹藤通讯，2003,1(4):10-15.
76. 王树东．中国竹业的回顾、展望与思考 [J]．竹子研究汇刊，2002，21(4):5-11.
77. 虞华强．竹材材性研究概述 [J]．世界竹藤通讯，2003，1(4):5-9.
78. 刘志坤．竹材加工剩余物综合利用研究（一）[J]．竹子研究汇刊，2003，22(1):55-59.
79. 刘志坤，邵千钧，余养伦，等．竹材加工剩余物综合利用研究（二）[J]．竹子研究汇刊，2003，22 (3):44-61.
80. 江泽慧，王朝晖，费本华．竹材利用标准及其国际标准化的需要 [J]．木材工业，2002(11):3-9.
81. 郑凯，陈绪和．竹材人造板在预制房屋建造中的应用前景 [J]．世界竹藤通讯，2006，4 (1):1-5.
82. 林举娟，关明杰，朱一辛．竹集成材明式家具的探讨 [J]．竹子研究汇刊，2007,26(2):40-42，55.
83. 董文渊，赵敏燕．竹林生态旅游环境解译系统的构建研究 [J]．竹子研究汇刊，2004，23 (4):51-55.
84. 赵仁杰，张建辉．竹林资源加工利用的科技创新 [J]．竹子研究汇刊，2002，21(4):16-21.
85. 叶东蕾，朱友君．竹资源在发展生态旅游中的文化价 [J]．竹子研究汇刊，2005，24(4):60-62.
86. 李征．情感设计与人本设计 [J]．装饰，2004(6):15.
87. 王冲．情感：人与产品的纽带 [J]．包装工程，2007，28(3):127-129.
88. 许懋琦，王新燕，范大伟．情感设计的情感表达 [J]．东华大学学报（自然科学版），2007,33(3):407-410.
89. 毕留举．当代室内设计的情感关注 [J]．天津城市建设学院学报，2003，9(3):153-155.
90. 陈泰松，翁徐得．台湾地区胶合竹材制品的发展 [J]．台湾工艺，2001(2):4-11.

91. 吕明灿，林秀凤，张华容．竹材工艺景观之开发利用 [J]. 台湾工艺，2001(2):25-40.
92. 林秀凤．日本第十三届国民文化祭·大分县98“亚洲竹文化祭典”参观纪实 [J]. 台湾工艺，2001(2):41-56.
93. 台湾工艺研究所．竹篱笆创造，编织梦想家园 [J]. 台湾工艺竹工艺特辑，2006，20:28-38.

学位论文：

1. 杨瑞．天声人语：中国传统木设计文化研究 [D]. 北京：清华大学，2004.
2. 胡飞．巧适事物：从“金”探究中国古代设计思维方式 [D]. 北京：清华大学，2005.
3. 李吉庆．新型竹集成材竹家具的研究 [D]. 南京：南京林业大学，2004.
4. 何灿群．地方传统产业振兴研究：益阳地区竹资源的综合开发 [D]. 无锡：江南大学，2001.
5. 朱宁嘉．竹的研究之：嵊州竹编产业及其产品的研究与开发 [D]. 无锡：江南大学，2002.
6. 沈法．民间竹器物的生态“设计”研究：基于象山县民间竹器物的调查研究 [D]. 无锡：江南大学，2003.
7. 张玲．解析竹建构：竹材在室内设计中的应用 [D]. 南京：南京林业大学，2005.
8. 刘彤扬．中国竹制品区域性比较研究 [D]. 无锡：江南大学，2002.

鸣　谢

作者在写作本丛书过程中，先后得到以下协作单位、指导专家和热心人士提供的不同形式的帮助，在此谨向他们表示衷心的感谢！

协作单位（排名不分先后）：

中国竹子博物馆
蜀南竹海博物馆
南山竹海竹文化园
北京故宫博物院
台北故宫博物院
南京博物院
湖北省博物馆
贵州民族博物馆
湖南省博物馆
荆州博物馆
信阳博物馆
铜绿山铜矿遗址博物馆
瑞昌博物馆
四川省博物馆
南投县竹山文化园
南投县竹艺博物馆
中国竹艺城
上海竹产业博览会
中华民族园
云南民族村
丽江木府民俗馆
林芝八一镇尼洋阁
《竹子学报》杂志社
江南大学设计学院
江南大学设计科学与文化研究所
福建农林大学
南京林业大学
上海金融学院
天津城建大学
天津市城市艺术研究会
丹麦 VIA 大学学院
竹器图片被本书收录的竹器厂家
竹器图片被本书收录的竹器店

指导专家（排名不分先后）：

张福昌（江南大学）
过伟敏（江南大学）
李亮之（上海金融学院）
吴智慧（南京林业大学）
张清萍（南京林业大学）
董建文（福建农林大学）
吴良如（国家林业局竹子研究开发中心）
寻胜兰（江南大学）
王安霞（江南大学）
张　燾（江南大学）
李世国（江南大学）
尚金凯（天津城建大学）
Jan Uwe Wolff（丹麦 VIA 大学学院）
Torben Lundberg（丹麦 VIA 大学学院）
汤礼广（合肥工业大学出版社）
张秋玲（清华大学出版社）
孙学瑞（天津市政协）
牟　跃（天津师范大学）

热心人士（排名不分先后）：

黄映镭（无锡）
黄　河（广州）
张　迅（美国西雅图）
沈卓娅（广州）
张寒凝（无锡）
王庆斌（郑州）
沈　法（宁波）
李凌虹（苏州）
许继峰（南京）
植田宪（日本千叶）
赵英玉（日本神户）
陈立萍（宁波）
郭洪刚（天津）
华亦雄（苏州）
王　珊（青岛）
许衍凤（烟台）
赵熙斌（北京）
刘婷玉（六盘水）
张嘉诚（遵义）
皮永生（重庆）
陈　晨（天津）
蒋　兰（沈阳）
葛亚平（驻马店）
岳　婷（德宏）
唐　蓉（荆门）
吴　淼（焦作）
张宗登（株洲）
傅儒牛（天津）
张嘉琪（天津）
陆冀宁（重庆）
郭　菲（成都）
刘传兵（深圳）
陈庆军（上海）
吴振韩（南京）
顾媛媛（南京）
高锐涛（广州）
冯　鸣（大连）
李　鹏（南京）
任新宇（南京）
张　雯（苏州）
蒋　励（苏州）
吕太锋（青岛）
邵　丹（大连）
李巨韬（天津）
兰　娟（天津）

任文永（宁波）
郑　翔（武夷山）
巫远福（无锡）
丁荣纯（黄山）
夏柱仁（黄山）
夏　玲（合肥）
傅启华（建瓯）
何继新（天津）
殷陈君（天津）
王　璞（天津）
郑志恒（天津）
黄　迪（天津）
晋海燕（天津）
吴雪妍（青岛）
唐国庆（青岛）
张　月（天津）
赵　值（杭州）
孙　振（合肥）
李　娟（合肥）
王　磊（合肥）
孙婷婷（合肥）
孙冠荣（南京）
张　刚（南京）
董春华（天津）
王　珊（天津）
赵　丽（石家庄）
杨婧艺（杭州）
尹沛祯（天津）
张文静（天津）
张　希（天津）
赵宇耀（天津）
刘　薇（天津）
万　源（天津）
李诗楠（天津）
张乐乐（天津）
倪晓雨（天津）
王　娜（天津）